BEITRÄGE

ZUM

RÖMISCHEN STAATSRECHT

VON

DR. ADOLPH NISSEN,
PROFESSOR AN DER UNIVERSITÄT STRASSBURG.

STRASSBURG.
VERLAG VON KARL J. TRÜBNER.
1885.

Buchdruckerei von G. Otto in Darmstadt

INHALTSANGABE.

Als ich in meiner Untersuchung über das Justitium auf das Pomerium kam,[1] fühlte ich aufs Neue den Boden unter meinen Füssen weichen. Ich liess daher die ganze Frage aussen vor, um abschliessen zu können und erst jetzt kehre ich zu ihr und dem was ihr anhängt zurück. Die Bezeichnungen und Erklärungen, denen wir in der Literatur begegnen, sind von einer nahezu erdrückenden Mannigfaltigkeit. Bald soll das Pomerium die Stadtgrenze,[2] die äusserste Grenze des städtischen Anbaus, des geistigen Stadtgebiets[3] sein, bald der heilige Umkreis der Stadt,[4] — Andre erklären es für den ganzen innern Stadtraum,[5] — wieder Andre halten es für den Mauerzug,[6] oder für die muri sacratiores;[7] noch Andre erklären es für einen Raum hinter der ideellen Mauer,[8] oder für einen die ganze Stadt ausserhalb der Mauer umziehenden Streifen zur Einholung städtischer Auspizien.[9]

[1] vgl. mein Justitium. Leipzig 1877 S. 95.

[2] Terminos urbis. Tacitus 12, 23. Termini consecrati Livius 1, 44.

[3] Bunsen, Rom 1, 137 ff.

[4] Weissenborn zu Liv. 1, 44, 8.

[5] Dacier zu Festus; Minutoli, Ant. Rom. diss. 3 (Salengre 1, 45); Huschke, Servius Tullius 102. Göttling, röm. Staatsverf. 17 u. 46.

[6] Panvinius in Graevius thes. 3, 283. Faunus in Salengre 1, 194.

[7] Rycquius, de capitol. Rom. S. 10.

[8] Hartung, Religion der Römer 1, 114.

[9] Rodbertus in Hildebrand Jahrb. für Nationalökon. 1874, 2, 36 ff.

Nissen [1] sieht darin die Tesca des städtischen Auguraltemplum und die Area der Mauer, will aber sogar um die einzelnen Stadtviertel je ein Pomerium ziehen. [2] Niebuhr [3] hielt es für einen Borgo, insbesondere für eine der Stadt einverleibte Vorstadt. Vaniček giebt es durch Maueranger, Zwinger, Grenze, Mark wieder. Karlowa [4] hält es für den Grenzsaum zwischen Urbs und Ager, und Mommsen endlich nennt es bald Ringmauer, heiliger Mauerring, bald Mauerweg, hinter der Mauer freizulassende Laufstrasse,[5] oder hinter der Mauer laufende Wallgasse,[6] bald Stadtgrenze,[7] bald die Linie zwischen der Wallstrasse und dem innern Häuserraum, [8] bald den von den Mauern umschlossenen innern Stadtraum, die Binnenstadt. [9]

Diesen sachlichen Schwierigkeiten gehen topographische zur Seite; man hat sich nicht darüber verständigen können, wo das Pomerium Roms zu suchen sei. Lag es innerhalb der Stadtmauer? [10] oder ausser-

---

[1] pompej. Studien S. 475, 470.

[2] Templum S. 147.

[3] röm. Gesch. (3) 1, 319.

[4] röm. Rechtsgesch. 1, 60.

[5] röm. Staatsrecht (2) 2, 716.

[6] röm. Staatsrecht (2) 1, 61, 2.

[7] ibid. 1, 62.

[8] Hermes 10, 43.

[9] röm. Forsch. 2, 30.

[10] Minutoli, de urb. Rom. topogr. (Salengre 1, 45 ff.). Dacerius in Lindemann Corp. gramm. lat. 2, 613. Klenze, Phil. Abhdlgn. 157. Göttling, röm. Staatsverf. 17. Nissen, Templum 73. Mommsen, röm. Forschung. 2, 23 (wo die Arbeit aus Hermes 10 überarbeitet abgedruckt ist.) röm. Staatsrecht 1, 61, 2. 2, 716. Jordan, Topogr. 1, 163 ff.

halb derselben?[1] oder ausserhalb und innerhalb der Mauer?[2] oder gar zwischen Mauer und Graben?[3]

Ein jeder dieser Schriftsteller beruft sich auf die spärlichen Quellenstellen, in denen er seine Ansicht klar ausgesprochen findet. Es handelt sich nur um folgende Sätze, die gleich hier zusammengestellt werden sollen. Livius schreibt 1, 44:

„Pomerium verbi vim solam intuentes postmerium interpretantur esse. Est autem magis circa murum locus, quem in condendis urbibus quondam Etrusci, quo murum ducturi erant, certis circa terminis inaugurato consecrabant, ut neque interiore parte aedificia moenibus continuarentur, quae nunc vulgo etiam conjungunt, et extrinsecus puri aliquid ab humano cultu pateret soli. hoc spatium, quod neque habitari neque arari fas erat, non magis quod post murum esset, quam quod murus post id, pomerium Romani appellarunt et in urbis incremento semper quantum moenia processura erant, tantum termini hi consecrati proferebantur."

Varro sagt L. L. 5, 143:

---

[1] Trekell, Antiq. Rom. 1, 2, 1 u. 10. (als Regel) Ambrosch, Studien S. 140. Gilbert, Rom im Alterthum 1, 116 ff. Herzog, röm. Staatsverf. 1, 20, 3. Nissen, pompej. Studien S. 470 ff.

[2] Faunus, Ant. U. Rom. Salengre 1, 194. Panvinius, descr. U. Rom. Graevius 3, 282. Trekell, Antiq. Rom. 1, 2, 10 für Rom insbesondre. Scheller v. pomoerium. Becker, Topographie 96. Huschke, Servius Tullius 102. Hartung, Religion d. Röm. 114. Rein in Pauly v. Pomerium. Schwegler 1, 447. Müller-Deecke, Etrusker 2, 151. Nissen, pompej. Stud. 466 ff. Wordsworth, Fragm. of early latin 502. Karlowa, röm. Rechtsgesch. 1, 60.

[3] Tzetzes, Allegor. Iliadis 8, 86. Cramer, Anecdota graeca 3, 383. Crawford, Etruscan inscriptions 265 schreibt: „the city walls might be either on one side or the other of the pomerium . . pomerium thus resolving into the Bi-mûrom, the space at, by or near the walls."

„Oppida condebant in Latio Etrusco ritu ut multa id est junctis bobus, tauro et vacca interiore, aratro circumagebant sulcum. Hoc faciebant religionis causa die auspicato, ut fossa et muro essent muniti. Terram unde exsculpserant, fossam vocabant et introrsum jactam murum. Post ea qui fiebat orbis urbis principium, qui quod erat post murum postmoerium dictum, eoque[1] auspicia urbana finiuntur. Cippi pomeri stant et circum Ariciam (?) et circum Romam. Quare et oppida, quae prius erant circumducta aratro, ab orbe et urvo urbes, et ideo coloniae nostrae omnis in literis antiquis scribuntur urbeis, quod item conditae ut Roma, et ideo coloniae ut urbes conduntur, quod intra pomerium ponuntur."

Gellius endlich schreibt 13, 14:

„Pomerium quid esset, augures populi Romani, qui libros de auspiciis scripserunt, istius modi sententia definierunt. „Pomerium est locus intra agrum effatum per totius urbis circuitum pone muros regionibus certis determinatus, qui facit finem urbani auspicii."

Eine Festus-Stelle ist so lückenhaft, dass sie nur aus diesem Material ergänzt und verständlich gemacht ist; wir kommen auf dieselbe später zurück; nur das mag noch bemerkt werden, dass Paullus zu ihr sagt: „Posimirium pontificale pomoerium ubi pontifices auspicabantur. Dictum autem pomoerium quasi promurium id est proximum muro."

Um das Mass voll zu machen, ist man über das Wort selbst nicht einig. Auf Grund der überkommenen Steine und der besten Handschriften sieht man Pom*e*rium als richtig an, während man früher vielfach Pom*oe*-

[1] so liest jetzt auch Mommsen nach Jordans Vorschlag statt „ejus quo".

rium schrieb[1]. Varro und Livius sprechen allerdings von Postmoerium, das soll jedoch nur durch das Bedürfniss sachlicher Erklärung hervorgerufen sein. Pomerium andrerseits bietet das Bedenken, dass es gegen die Lautgesetze verstosst, die keine Umwandlung von oe in e kennen. Mommsen nimmt daher an, dass in diesem Fall die Umlautung v o r den Lautgesetzen erfolgt sei. — Paullus giebt zu der Festus-Stelle „Posimirium," aber dieses Wort ist unbekannt und wird daher allgemein verworfen. Schon Ursinus schlug statt dessen „Prosimurium" vor, ihm folgten Scaliger und Dacerius, (letzterer mit dem Zusatze: „Prosmurium, Prosmoerium,") so wollte auch Nardini[2] und unter den Neueren Döderlein[3] lesen. Marlianus[4] schlug „Postmurum" vor. Ritschl[5] empfahl „Posimerium", Huschke[6] „Prosemurium" und später „Psimoerium, Promurium quasi Prosimurium". Mommsen[7] will mit Corssen, Aussprache 1, 184 Postmerium lesen, weil Posimirium sprachlich ganz unerklärlich sei.

Ich bin ausser Stande, darüber zu urtheilen, welche Bedeutung es hat, wenn uns ein Wort etruskischer Herkunft unerklärlich erscheint. Livius legt 1, 44, 4 d i e S a c h e den Etruskern, d e n N a m e n (der nach Plutarch, Romul. 11 durch Synkope gebildet sein soll) den Römern bei, ob aber Pomerium sich als Ableitung oder Corruption eines altetruskischen Wortes erweisen

---

[1] vgl. Mommsen, röm. Forsch 2, 24, 4.
[2] Roma antica 1, 34.
[3] Synonym. 6, 276.
[4] urb. Ro. Topogr. in Graevius Thes. 3, 128.
[5] Op. 2, 551 f.
[6] Servius Tullius 102. Iguvische Tafeln 100.
[7] röm. Forsch. 2, 24, 5.

lässt, das ist eine Frage, die ich Andern überlassen muss. Nur will mir scheinen, dass wenig gewonnen ist, wenn man an die Stelle eines unerklärlichen Wortes eine unerklärliche Umlautung giebt. Und je unsicherer das Wort selbst ist, um so weniger kann es geeignet sein, den Ausgangspunkt sachlicher Untersuchung zu bilden[1].

Mommsen ist andrer Ansicht. Nach ihm muss man davon ausgehen, dass das Wort „hinter der Mauer" bedeute und da Livius mit dieser sprachlich unantastbar gegebenen Basis nicht vereinbar ist, insofern er von einem Pomerium zu beiden Seiten der Mauer spricht, so wird sein Zeugniss als eine Spitzfindigkeit der augusteischen Archäologen verworfen. Livius sei zu seinem Missverständniss dadurch gekommen, dass er sich die Mauer als Linie vorgestellt habe, daher habe er es erklären müssen, weshalb Theile dem Privateigenthum auf beiden Seiten entzogen seien. — Die Ansicht, als ob das Pomerium ausserhalb der Mauer liege, sei dem Alterthum fremd und mit der Grundbedeutung des Wortes unvereinbar. Bei allen Bezeichnungen, die auf ein Schliessen hinauslaufen, werde nach einfachem Gesetz der Logik „vor" und „hinter" in allen Sprachen der Regel nach so gehandhabt, dass der Eingeschlossene den Blick nach aussen, nicht der Ausgeschlossene den Blick nach innen richte. „Hinter der Mauer" sei daher der durch die Mauer abgesperrte Raum, nicht etwa ein innen längs der Mauer sich hinziehender Streifen, sondern der Raum, welcher für die städtischen Zwecke freigegeben sei. Pomerium, urbs, ager effatus seien sachlich durchaus zusammenfallende Begriffe; Mauer, Graben

[1] so schon Bunsen, Rom 1, 137.

und Feldflur seien überall gleichmässig ausgeschlossen, der Unterschied liege nur darin, dass bei Pomerium an das örtliche Verhältniss zur Mauer, — bei urbs an die städtische, bei ager effatus an die religiöse Zweckbestimmung gedacht sei. Regelmässig habe das Pomerium sich in mässiger Entfernung von der Mauer hin erstreckt, um den Aufgang auf die Mauer zu ermöglichen; aus besondern, vorzüglich militärischen Gründen sei man in grossem Abstand geblieben, dadurch erkläre es sich, dass der Aventin von der Mauer, aber nicht vom Pomerium umfasst wurde.

Von dieser sprachlichen Basis aus wirft Mommsen alles aus seinem Wege, was mit ihr nicht übereinstimmt.

Da ist zunächst die Angabe des Tacitus, welche das Pomerium der palatinischen Stadt unten um den Berg legt, während doch alle Mauerreste sich auf dem Berge halten, also innerhalb des Pomerium einen engern Kreis beschreiben. — Tacitus, meint Mommsen, hat vielleicht, wie Livius, den Begriff des Pomerium zu weit gefasst und ihn irrig auf das Aussenglacis mitbezogen. (S. 39.)

Papinian sagt in l. 5 D. de serv. export. 18, 7 „cui pomerio civitatis interdictum est, urbe etiam interdictum esse videtur," — Mommsen sagt: offenbar verhalten sich ihm die beiden Begriffe ungefähr wie Stadt und Vorstadt, — er ist von dem livianischen Irrthum beeinflusst. (S. 28 n. 13.)

L. 5 C. Theod. de locat. fund. 10, 3 spricht von „rei publicae loca, quae aut includuntur moenibus civitatum, aut pomeriis sunt connexa," — der Concipient, meint Mommsen, steht unter dem Einfluss der Schulerklärung und verwerthet das im praktischen Gebrauch damals verschollene Wort mit löblichem Schülerfleiss. (S. 26 n. 12.)

Aggenius schreibt zum Frontin 57. (Feldmesser) „Pomerium antem urbis est, quod ante muros spacium sub certa mensura demensum est," — Mommsen erklärt ihn für einen ganz schlechten, jeder eignen Anschauung baaren Commentator. (S. 26 n 12.)

Varro sagt „cippi Pomerii stant circum Romam," — Mommsen entgegnet, das können Pomeriensteine nicht gewesen sein, die standen innerhalb nach der Stadtseite zu. (S. 37.)

Ein Pomeriumstein der Colonie Capua[1] ist uns erhalten, der die Inschrift trägt: „jussu imp. Caesaris qua aratrum ductum est." Mommsen schreibt S. 35 n. 28: „Da in der fossa, wie der Wortlaut eigentlich besagt, diese Steine unmöglich gestanden haben können, so ist nichts im Wege, sie an der innern Mauerseite aufgestellt zu denken."

Der Zauberspruch, den das „post murum" an die Hand gegeben hat, lässt alle Kritik verstummen. „So gewiss die Mauer hinter dem Graben, so gewiss ist das Pomerium hinter der Mauer." (S. 29.) Es ist ein Glaube, der Steine versetzet!

Nur Jordan Topographie 1, 168 ff. hat sich Mommsens Ansicht angeschlossen. Dagegen ist dieselbe von Nissen in seinen pompej. Studien S. 466 ff. bekämpft worden. Auch Nissen geht freilich von dem Wort aus, aber der natürliche Gedankengang des „vor" und „hinter" beim Schliessen ist nach seiner Meinung durch den technischen der Auguraldisciplin umgekehrt. Für den Augur, der sich innerhalb der Stadt befinde, sei „hinter" der Mauer ausserhalb, so habe man Messalla

---

[1] I. R. N. 3590.

und Varro zu verstehen, die mit der Bezeichnung der spätern Kaiserzeit, welche das Pomerium ausserhalb der Mauer lege, gar nicht im Widerspruch ständen. Die Zunahme der Bevölkerung habe später die Mauerfessel gesprengt, dadurch sei das Pomerium seiner praktischen Bedeutung entkleidet und zu einer Antiquität geworden, an der man sich oft ohne Erfolg den Kopf zerbrochen habe; so Plutarch, wenn er es für den Namen der Mauer halte; so Tacitus, wenn er das Auspflügen des Mauerrings sinnloser Weise auf die Terminirung des Pomerium übertrage. — Der Zweck sei, die Unverletzlichkeit der Mauer zu gewährleisten, das Pomerium sei gleichsam die Area der Mauer. Es müsse daher, wie Livius sage, auf beiden Seiten terminirt sein und müsse abgegrenzt werden, ehe die Bürger anfangen könnten, die Mauer aufzuschütten; ob nachher eine Mauer errichtet werde, das sei für die Terminirung durchaus gleichgültig.

Diesen Standpunkt haben angenommen Gilbert, Rom im Alterthum S. 114 ff. und Herzog, röm. Staatsverf. 1, 20, 3. Der letztere treibt die Wortargumentation noch um etwas weiter, indem er versichert, dass zwar beide Seiten der Mauer frei sein müssten, dass es aber „ebenso klar" sei, dass der Ausdruck Pomerium nur die eine Seite bezeichnen könne.

Neuerdings hat Karlowa[1] darauf hingewiesen, dass die Argumentation aus dem Begriff des Schliessens deshalb unzulässig sei, weil man nicht behaupten könne, dass der Begriff des Schliessens überhaupt mit dem Pomerium verbunden sei. Dagegen lässt sich wohl Nichts einwenden. Karlowa will statt dessen das „hinter

[1] römische Rechtsgeschichte 1, 60.

der Mauer" so verstehen, dass die Bezeichnung von den Priestern ausgehe, welche auf der Mauer auspizirten; für diese sei der Streifen neben der Mauer, sowohl nach der Stadt wie nach dem Aussenlande zu, „hinten" gewesen. Allein die Auspicationslehre hält an der ihr eignen Orientirung in allen Fällen fest, es wäre nicht möglich für die auspizirenden Priester innerhalb derselben Lehre sich antica und postica nach Belieben zu wählen. Nehmen wir südliche Orientirung an, so würde was nach Süden zu liegt, auch nie „post" liegen können; ausserdem sind aber Priester, die auf der Mauer auspiziren, zum Mindesten nicht beglaubigt.

In allen diesen Erklärungen kehrt dieselbe Methode wieder. Man sucht den Inhalt des Instituts aus dem Worte zu ermitteln. Ich glaube die Erfahrung zeigt, dass diese Methode falsch ist; sie führt je nach Wunsch zu ganz entgegen gesetzten Resultaten. Es ist nichts damit gewonnen, dass man nach logischen Regeln uns vordeduzirt, was ein Wort bedeuten müsste; das Leben spottet dieser angeblichen Regeln und wenn auch die Sprache selbst ihren eigenen Gesetzen folgt, so lässt sich aus der Wortbildung die Wortbedeutung doch nicht entnehmen. Der alltägliche Verkehr zeigt uns, dass man Wörter aufgreift, neu bildet, überträgt, in völlig anderem Sinn verwendet, als man dem blossen Wortlaut nach annehmen würde. Das gilt besonders dann, wenn das Wort eine spezifisch technische Verwendung erhalten hat. Welchen Eindruck würde es machen, wenn Jemand uns vordeduziren wollte, dass die „Hinterhand" in der Anatomie und im Kartenspiel dieselbe Bedeutung habe?

Das „Pomerium" aber ist ein technischer Ausdruck.

Wir müssen daher die bisher verwandte Methode zurückweisen und uns bemühen, den sachlichen Inhalt aus den Andeutungen zu ermitteln, welche die Quellen uns überliefern. Vielleicht gelingt es auf diesem Wege, die Widersprüche als scheinbare aufzulösen und einige der Classiker von dem Tadel zu befreien, den moderne Forscher nur zu freigebig auf das häufen, was sich ihren Theorieen nicht fügen will.

§ 1.

Wir beginnen mit einer Prüfung der Städte-Gründung nach etruskischer Art. Das Eigenthümliche derselben besteht darin, dass ein den Göttern geweihtes, unter ihren besonderen Schutz gestelltes Stück des Bodens in besonderer, sakraler Form zum Templum [1] herausgehoben wird, von dem ringsum liegenden Lande durch feierliches Gebet losgesprochen und für die Stadt bestimmt wird. Dies ist der ager effatus, er giebt, wohl regelmässig durch Bäume bestimmt, die Grenzen der künftigen Stadt, die „effati urbi fines", wie es bei Gellius 13, 14 [2] heisst. Dieser Act unterscheidet sich im Grossen und Ganzen nicht von der Errichtung eines jeden Templum, dessen Zweck stets darin besteht, einen Ort zu gewinnen, in welchem man unter besonderem Götterschutz, in besonderen Verkehr mit den Göttern treten kann, „ubi mysteria fiunt", wie Varro 7, 10 es be-

[1] Karlowa, röm. Rechtsgesch. 1, 60 will jetzt urbs und ager beide als Templum ansehen. Das scheint mir mit den Erfordernissen eines Templum unvereinbar.

[2] Mommsen, Forsch. 2, 30 Note 21 und 23 liest wohl mit Unrecht urbis fines.

zeichnet. Aber während ein nur für vorübergehende Zwecke errichtetes Templum keine besonderen Massregeln fordert, um seine Existenz zu sichern und dauernd zu erhalten, muss für die neu zu gründende Stadt zu Zeichen geschritten werden, welche die Dauer verbürgen. Das geschieht durch Umziehen des ager effatus mit einer Pflugfurche, dem sulcus primigenius, welcher die vier Winkel des ager effatus miteinander verbindet und so das heilige Quadrat des Templum körperlich herstellt. Dabei ist geboten, die Umpflügung mit einer Kuh und einem Stier vorzunehmen, die Kuh innen gehend, zur Symbolisirung der Fruchtbarkeit, der Stier aussen gehend, zur Andeutung des Schutzes, der Abwehr äusserer Feinde.[1] Wonach sich dieses „innen" und „aussen" bestimmt, kann nicht wohl zweifelhaft sein und ist auch m. W. überhaupt nicht bezweifelt worden, „innen" geht dasjenige Thier, welches den kürzeren Weg hat, welches dem Mittelpunkt des Templums, der Decussio, am nächsten geht. Der Pflügende selbst hat, verhüllten Hauptes, im Mysterium, darauf zu achten, dass bei seiner links herum gezogenen Furche die Erde einwärts, d. h. nach der decussio zu fällt, was bei dem alten Pfluge, der ja nur ein grader Zahn ohne abwerfende Seite war, nicht ohne grosse Schwierigkeiten gewesen sein muss. Plutarch, Romulus 11 lässt desshalb eine besondere Schar am Pfluge befestigen und das Gefolge die falsch fallenden Schollen richten. Ausserdem darf der Pflüger den ager effatus nicht völlig vom Umlande trennen, weil er sonst die

[1] Varro, L. L. 5, 143. Dio, Fragm. 5, 2. Jordan, Topographie 1, 166.

Möglichkeit des weltlichen Verkehrs ausschliessen würde; das Stadttemplum hat stets drei Zu- resp. Ausgänge, der Pflug wird bei dem Umzuge drei Mal gehoben und solchergestalt werden die Thore, die „portae" der Stadt hergestellt.[1] Hierin liegt ein spezifischer Unterschied des Stadttemplum einerseits von dem gewöhnlichen Templum, welches nur einen einzigen Zugang hat, und andrerseits von dem Lagerschema, welches stets vier Thore aufweist. Man hat die an sich sehr fruchtbare Analogie zwischen Stadt und Lager nicht selten bis ins Mechanische übertrieben, wovon wir später noch ein Beispiel erhalten werden; um so wichtiger ist es, die unterscheidenden Momente nicht aus den Augen zu verlieren.

Mit dieser körperlichen Herstellung des Templum ist die Urbs fertig,[2] sie wird „die auspicato" „fossa et muro" ausgerüstet,[3] denn die von dem Pflug nach innen geworfene Erde war sakral die Mauer, die Pflugfurche war sakral der Graben der neuen Stadt und beide führten daher auch in der Sakralsprache der Etrusker diese Namen; Varro a. a. O. sagt: „Terram unde exsculpserant fossam vocabant et introrsum jactam murum".

Wäre es nun so, wie Mommsen, Forsch. 2, 34 annimmt, und hätte man sich wirklich bei der Städtegründung mit der symbolischen und rechtlichen Seite

---

[1] Servius ad Aeneid. 1, 422: apud conditores Etruscarum urbium non putatas justas urbes fuisse, in quibus non 3 portae essent dedicatae.

[2] lex coloniae Genetivae cap. 73.

[3] Varro 5, 143: hoc faciebant ... die auspicato ut fossa et muro essent muniti.

über die praktische hinweg gesetzt, so hätte man es hierbei bewenden lassen. Das hat man jedoch keineswegs gethan, sondern der Gründungsakt geht aus praktischen Gesichtspunkten über diese symbolischen Handlungen hinaus und sorgt gleich für einen Schutz des neuen Gemeinwesens, der handgreiflicher ist als murus und fossa des Sakralrechts. Man theilt von dem umpflügten ager effatus in seiner ganzen Ausdehnung ringsum einen Streifen ab, der nach dem sakralen Schema für die weltliche Befestigung dienen soll, einen Streifen von solcher Breite, dass nicht nur der Raum für eine künftige Mauer mit Graben ausgeworfen, sondern zugleich dafür gesorgt wird, dass von innen die städtischen Bauten, von aussen der Landbau sich nicht unmittelbar an die künftigen Befestigungen hinan legen kann.

Dieser sakrale Streifen ist das Pomerium. Alle Schriftsteller sagen nichts andres. Gellius 13, 14 nennt es einen „locus intra agrum effatum per totius urbis circuitum"; Livius sagt, es sei „locus quem in condendis urbibus quondam Etrusci, qua murum ducturi erant, consecrabant", ein „spatium, quod neque habitari neque arari fas erat." — Offenbar liegt dieser Streifen „hinter der Mauer"; Varro sagt: „qui quod erat post murum postmoerium dictum", auch Plutarch, Romulus 11 erklärt: *καλεῖται κατὰ συγκοπὴν πωμήριον οἷον ὄπισθεν τέιχους ἢ μετὰ τεῖχος*", aber beide Schriftsteller sprechen nur von der Gründungsceremonie, ihre Mauer ist nicht etwa die faktische Befestigung, sondern der sakrale murus. Die Neueren hätten den ganzen Streit vermieden, wenn sie den deutlichen Wink beherzigt hätten, den Livius mit den Worten: „qua ducturi erant" giebt. Sobald man einmal die Gründung von der späteren Gestaltung scheidet, schwinden alle Schwierigkeiten. Auch die Gelliusstelle steht damit im Einklang, indem sie das Pomerium „pone muros“ verlegt. Rührt der Plural hier wirklich von Messalla selbst her, so erklärt er sich leicht aus dem Umstande, dass der Murus in der That aus drei Stücken bestand, welche durch die drei Thore von einander getrennt waren, sich daher ebensowohl als ein Ganzes wie als ein Ganzes bildende Stücke ansehen liessen, wie wir ja auch die faktische Mauer häufig als muri und moenia bezeichnet finden. — Das war mit dem Pomerium nicht anders, es folgte ringsum dem sakralen murus; wo dieser fehlte, da fehlte auch das Pomerium, d. h. den Thoren in der sakralen Mauer entsprachen die Wege durch das sakrale Pomerium, die dasselbe ebenfalls in drei Stücke zertheilten. So finden wir denn auch neben „Pomerium“ die Bezeichnung „Pomeria“,[1] die Mommsen[2] irriger Weise für incorrect oder gar für einen Hinweis auf das doppelte Pomerium des Livius ansieht, obgleich Livius von einem doppelten Pomerium überhaupt nicht spricht.

Dieser Pomerium-Streifen ist nach aussen hin durch den sulcus primigenius, nach innen durch eine Linie begrenzt, welche den städtischen Baugrund angiebt. Dadurch entsteht ein doppelter Begriff des Wortes „urbs“, es ist einmal der bereits umpflügte ager effatus, dieser bildet die sakrale Stadt; Urbs ist aber

---

[1] Servius ad Aeneid 6, 179: ager effatus post pomeria. Lucan, Pharsal. 1, 595 Auch Cicero deutet mit „idem„ pomerium auf diese Möglichkeit hin.

[2] Römische Forsch. 2, 28, 13.

auch die Stätte der wirklichen Besiedelung, des Häuserbaus, d. h. die weltliche Stadt, welche innerhalb des Pomerium sich aufbauen soll. Diese beiden Bedeutungen sind in den Quellenschriftstellern deutlich nebeneinander gestellt. Messalla sagt bei Gellius: das Pomerium ziehe sich auf dem ager effatus „per totius urbis circuitum" hin; er spricht von der sakralen urbs. Das thut auch Varro, wenn er den Namen der Urbs von dem Umpflügen herleitet, aber er stellt den zweiten weltlichen Sinn unmittelbar daneben, wenn er die Linie, welche das Pomerium nach innen abgrenzt, als „urbis principium" bezeichnet, oder wenn er uns sagt, dass urbes sich von oppida dadurch unterscheiden, „quod intra pomerium ponuntur". Sprach man von der weltlichen Stadt, dann gehörte allerdings das Pomerium nicht zu ihr, denn sie hörte auf, wo das Pomerium anfing. Aber doch konnte diese weltliche Stadt das um sie herumgehende Pomerium nicht entbehren, denn nur durch dieses Pomerium als Schutz wurde sie zur Urbs. Zum sakralen Begriff „Urbs" gehörte das Pomerium als Theil, es bildete die Tesca des Stadttemplum. Mit Recht bemerkt Nissen,[1] dass man ebensogut behaupten könne, unser Haus habe keine Wände, als die Urbs sei ohne Pomerium.

Die auguralen Handlungen der Gründung haben mit der Herstellung des ager effatus, der sakralen urbs und ihrer Abgrenzung von der weltlichen urbs noch nicht ihr Ende erreicht. Die Auguren haben ausser-

[1] Pompej. Studien 471. Gilbert 118, 2.

dem dafür zu sorgen, dass ihre Anordnungen nicht zerstört oder verdunkelt werden, sie müssen ihre Linien mit Steinen „cippi“ versehen. Nach dem Gesagten kann es sich dabei nur um zwei Linien handeln, nämlich um die Begrenzung des Pomerium innen und aussen, und es ist wohl auch ohne directes Zeugniss anzunehmen, dass beide Linien versteint worden sind; voraussichtlich so, dass die cippi pomerii ihre Inschrift der Stadt resp. dem Lande zukehrten, um der Ueberschreitung von beiden Seiten her sichtbaren Widerspruch entgegen zu setzen. Da auf dem Pomerium selbst kein Verkehr gestattet war, so hätte eine dorthin gerichtete Inschrift kaum einen Zweck gehabt. Aber die innere Linie unterscheidet sich insofern erheblich von der äusseren, als für sie und ihre Cippi später ein Ersatz geschaffen wird, der ihre besondere Markirung überflüssig macht. Die erbauten Häuser selbst markiren die Linie unzweifelhaft durch die Bauflucht, und es liegt daher für die Erhaltung dieser Cippi kein weiterer Grund vor; sie werden ausgegraben oder vielleicht in die Häuser eingemauert sein. Dies scheint mir der Sinn einer Stelle des Varro zu sein. Er führt 5, 42 unter den Beweisen für die Existenz einer alten Urbs Saturnia auf dem Kapitolium den Umstand auf, dass die hinter dem Saturnustempel belegenen Häuser in ihren Verkaufsacten mit „muri postici“ erwähnt würden. Müller[1] hat dies von der postica pars einer alten Stadt verstanden, dem scheint mir stehen Bedenken aus der Tempel-Orientirung entgegen. Nissen[2] bezieht es auf Häuser, welche

[1] Archaeologie und Kunst (Böttiger) 1 S. 78.
[2] Pompej. Studien 472.

ausserhalb des Pomerium gelegen hätten; mir scheint das würde „aedes“, nicht „muri“ fordern, auch vermag ich einen Zusammenhang zwischen posticus und aussen nach dem Pomerium zu gelegen nicht zu erkennen. Ich möchte glauben, dass die Hausmauern, welche die innere Linie des Pomerium berührten, selbst wenn sie etwa die Fronten der Häuser bildeten, als postici bezeichnet wurden, weil sie vom Mittelpunkt des Stadttemplum aus die hintersten waren, die man in den Kaufverträgen der Baubeschränkung halber ausdrücklich bezeichnete.

Die zweite, d. h. die äussere Linie des Pomerium, wurde, wie wir sehen, durch die Pflugfurche gebildet und die Cippi Pomerii standen daher in ihr. Selbst wenn man die Angaben des Tacitus erschüttern könnte: dass nämlich der „sulcus designandi oppidi“ das romulische Pomerium angebe und „certis spatiis interjecti lapides“ ihn bezeichneten, so würde der oben schon berührte Stein von Capua [1] für jeden Unbefangenen nicht den geringsten Zweifel lassen, dass die Grenze zwischen dem urbi effatus ager und der übrigen Feldmark durch Steine in der fossa abgemarkt war. Nissen, pompej. Studien 474 nimmt Anstoss daran, dass Tacitus das Auspflügen des Mauerrings auf die Terminirung des Pomerium übertrage; und Mommsen erklärt es für unmöglich, dass Pomeriensteine in der fossa gestanden hätten. Aber sobald man sich nur vergegenwärtigt,

[1] „jussu imp. Caesaris, qua aratrum ductum est“ I. R. N. 3590.

dass der Pflug nicht den Mauerring, sondern die sakrale Mauer schuf und dass die fossa nicht der Stadtgraben, sondern die heilige Pflugfurche war, dann wird man die angegebenen Zeugnisse durchaus correct finden.

Mit dem, was wir bisher betrachteten, sind die Gründungsfeierlichkeiten beendet. Was des Weiteren geschieht, ist selbständiges Thun der staatlichen Macht resp. des Bürgerthums. Ob die physische Mauer wirklich der sakralen folgt, das hängt von Umständen ab, die sich ohne concrete Kenntnisse nicht beurtheilen lassen. Es mag an Geld fehlen, es mag die ganze Gründung verwischt werden durch freiwilliges Verlassen oder durch die Macht des Feindes, der, vielleicht demselben Ritus folgend, den Pflug über die junge Stadt gehen lässt, — das sind Fragen, die von der sakralen Gründung ganz unabhängig sind. Dagegen streitet durchaus nicht, dass man bei der Gründung schon Rücksichten auf die künftige factische Befestigung nimmt und sich nach ihr richtet. Das wird besonders hinsichtlich der Breite [1] des Pomerium geschehen sein, die offenbar wesentlich davon beeinflusst werden musste, ob und welche Befestigungen man beabsichtigte. War die Urbs klein, so konnte auch nicht von ausgedehntem Pomerium die Rede sein; lag sie etwa in natürlich geschützter Lage, z. B. auf einem Berge, so war man vielleicht von Beginn an darüber einig, dass eine physische Mauer nicht erforderlich sei; eines breiten

[1] Karlowa 1, 61 meint, es sei eine constante Breite sakralrechtlich vorgeschrieben gewesen; dafür sehe ich keinen Grund.

Pomerium bedurfte es dann nicht, weil auf demselben überhaupt nicht gebaut werden sollte. Als Schema aber müssen wir ansehen, dass man das Pomerium breit genug machte, um nicht nur die Befestigung darauf anzulegen, sondern auch auf beiden Seiten so viel freies Land zu behalten, dass die Anlagen gegen den täglichen Verkehr, den Hausbau von innen, den Landbau von aussen gesichert waren. Wurde dann später Mauer und Graben aufgeführt, dann befand sich in der That das Pomerium nicht nur unter, sondern auch zu beiden Seiten der Befestigung und man konnte wohl wie Livius davon sprechen, dass die Mauer sich hinter dem Pomerium und das Pomerium sich hinter der Mauer befinde; man mochte auch von einem „circamoerium" sprechen, ohne Gefahr zu laufen, sachlich missverstanden zu werden. Sagte doch Livius zugleich, dass der Name „Pomerium" dem Lande gegeben sei, ehe noch die Mauer auf demselben stand, damit gab er selbst den Massstab an die Hand, den man an seine philologischen Versuche anlegen sollte.

Herzog meint, es sei klar, dass der Ausdruck nur die eine der beiden freigelassenen Seiten habe bezeichnen können und auch Nissen[1] glaubt, dass die sinnliche Wahrnehmung die Abstraction Lügen strafe und man für den täglichen Verkehr verschiedene Namen für die verschiedenen Seiten verwandt haben müsse, Pomerium habe vielleicht den innern, Antemerium den äussern Streifen bezeichnet, oder Pomerium den äussern und Intervallum nach Analogie des Lagers den innern. Allein es fehlt dafür durchaus an Zeugnissen und ich

---

[1] Pompej. Studien S. 476.

möchte nicht annehmen, dass wir Angesichts dessen berechtigt sind, jenem angeblichen Bedürfniss des täglichen Verkehrs so breiten Spielraum zu lassen. Die erforderliche Abstraction ist keineswegs so gross, dass sie zu solcher Annahme zwingt. Wir dürfen nicht übersehen, dass ein Pomerium ohne faktische Befestigung bestehen konnte und wir werden gleich sehen, dass dies in der That häufig der Fall war; aber selbst wenn dem nicht so war, so braucht man doch nur einmal verstanden zu haben, dass der Name vor der Anlage gegeben war, um jene Abstraction ohne Schwierigkeiten zu vollziehen, wie das auch heutzutage Jedermann mit dem Ausdruck „Festungsterrain“ thut. Wären aber auch thatsächlich verschiedene Namen gebräuchlich gewesen, so dürften sie uns doch den Begriff der Einheit nicht in irgend einer Weise verdunkeln, sonst verwischt sich uns sofort der Unterschied zwischen dem sakralen Recht und der an dasselbe sich anlehnenden Einrichtung.

Mommsen hat, gestützt auf den Wortlaut, es für unmöglich erklärt, dass das Pomerium sich ganz oder theilweisse ausserhalb der Mauer habe befinden können. In der Hauptsache ist das durch den aufgedeckten Unterschied zwischen der faktischen und der sakralen Mauer erledigt; sogar der Wortlaut findet seine volle Befriedigung, wenn man nur keine Schlüsse von der sakralen Mauer auf die faktische Befestigung zieht. Nur Ein Punkt, auf welchen Mommsen seine Theorie mit besonderem Nachdruck stützt, bedarf noch der Erwähnung. Er sagt,[1] „dass in dem Lagerschema eine entsprechende Vorschrift über das Aussenglacis

[1] Röm. Forsch. 2, 38, 26.

fehlt, beweist nach meiner Meinung unwiderleglich, dass in der schematischen Stadtanlegung ein solches ebensowenig Platz gefunden hat". Der ausserhalb der Stadtmauer befindliche freie Raum soll daher nur ein militärisches Glacis sein, welches die klassischen Schriftsteller bisweilen mit dem Namen des Pomerium fälschlich belegen. Dem ist Jordan, Topographie 1, 169 ff. 268 beigetreten. Allein es liegt zu diesem Vorwurf gegen die Classiker keinerlei Grund vor; sie hatten völlig Recht, wenn sie uns berichten, dass ausserhalb der Befestigungsanlagen sich ebenfalls ein Theil des Pomerium befinde; bei dem gewöhnlichen Oppidum mag man das als blosses militärisches Glacis ansehen, bei der Urbs ist es der aussen freigelassene Theil des Pomerium. Und wenn Mommsen durch die Analogie des Lagerschema die Frage für erwiesen ansieht, so wäre vor Allem nöthig ein Lagerschema mit einem Pomerium nachzuweisen, die blosse Behauptung Klenzes, dass Intervallum und Pomerium sich entsprächen, reicht dazu nicht aus. Thatsächlich erledigt sich dieses Argument daran, dass nur Urbs und Colonia ein Pomerium haben und ein Lager niemals mit sulcus primigenius und Pomerium aufgeschlagen wurde.

Wir müssen also festhalten, dass die thatsächliche Befestigungsanlage sich aus dem Pomerium nicht erkennen lässt. Schon Nissen hat pompej. Studien 477 mit Recht gesagt, dass die Terminirung des Mauerlandes nicht davon abhängig sei, ob eine Mauer gebaut werde oder nicht. Er hätte nur einen Schritt weiter zu gehen gehabt, um die Lösung aller Widersprüche zu finden.

Damit ist denn zugleich die Frage nach der fortifikatorischen Bedeutung des Pomerium erledigt: es hat an sich gar keine. Möglicher Weise ist es als Vorbereitung für fortifikatorische Zwecke gedacht, aber begrifflich haben diese nichts mit ihm zu schaffen. Es kann ein Pomerium geben ohne Befestigung und eine Befestigung ohne Pomerium. Jedes Oppidum, welches nicht ritu Etrusco gegründet ist, kann selbstverständlich Mauer und Graben, innere Wallstrasse und äusseres Glacis haben, aber es hat kein Pomerium. Und andrerseits fordert jede Urbs ein Pomerium, aber nicht etwa eine Befestigung und wenn eine Befestigung angelegt wäre, so brauchte sie nicht auf dem Pomerium der Urbs zu sein.

Das Pomerium bildet auf dem ager effatus die Tesca des städtischen Templum. Daher erscheint es nur als Consequenz, dass dieses vom Pomerium umschlossene Templum der einzige Ort ist, auf welchem städtische Auspizien angestellt werden können. „Eoque auspicia urbana finiuntur“ sagt Varro 5, 143 und ebenso Gellius 13, 14: „qui facit finem urbani auspicii.“ Rodbertus hat das so aufgefasst, dass die städtischen Auspizien nur auf dem Pomerium abgehalten werden durften[1] und die Worte des Paullus zu Festus „Posimerium pontificale pomerium, ubi pontifices auspicabantur“ sagen das ja allerdings; allein die übrigen Stellen lassen sich

[1] Karlowa 1, 60 will jetzt sogar nicht einmal das ganze Pomerium sondern nur die Stadtmauer zu Auspizien freigeben; aber wie soll es denn mit einer Urbs gehalten werden, die keine Stadtmauer hat?

damit theils gar nicht, theils nur in Folge der Verstümmelung von Rodbertus in Einklang bringen. Livius sagt 5, 52, 15. „quae auspicato agimus omnia fere intra pomerium" und die Geschichte zeigt zur Genüge, dass „intra pomerium" und nicht „in pomerio" auspizirt wurde. Innerhalb des Stadttemplum kann man nicht nur, sondern man soll streng genommen sich in naher Verbindung mit den Göttern fühlen. Mit dem Pomerium endet dieses Templum; im Pomerium sind daher auspicia urbana nicht anstellbar. Diese Tesca[1] zog wie jede andre die unübersteigliche Grenze für die religiöse Handlung. — So liess das Pomerium den innern Raum, das zur Besiedelung angewiesene Stück zugleich zum Zweck der städtischen Auspizien frei. Nehmen wir nun an, dass eine Befestigung auf dem Pomerium angelegt sei, so würde dadurch sich nichts ändern, man würde nach wie vor auf dem Pomerium nicht auspiziren dürfen. Im Resultat stimmt hiemit auch Mommsen überein, obschon er auf anderm Wege hierher gelangt; auch er nimmt an, dass Mauer, Graben und Vorland den städtischen Auspizien verschlossen gewesen und die innere Linie des Pomerium ihre Grenze gezogen habe. Gilbert 1, 119, Note meint, diese Ansicht Mommsens „richte sich selbst", allein ich halte dafür, dass Gilbert irrt und dass auf Mauer, Graben und Vorland keine städtischen Auspizien möglich waren, stets vorausgesetzt, dass jene Anlagen auf dem Pomerium sich befanden. Es lässt sich daher aber auch das „finem facere urbani auspicii" nicht mit Nissen pompej. Studien 473 als Beweis dafür verwenden, dass das Pomerium ausserhalb der Mauer gelegen sei.

[1] Lübbert, Comm. pontif. 33.

Aber lassen wir die Befestigung bei Seite, um nicht in der richtigen Betrachtung gestört zu werden. Das Pomerium lässt einen Theil des ager effatus frei. Göttling, röm. Staatsverf. 17, 3 und Mommsen, röm. Forsch. 2, 30 meinen, dies sei der ganze ager effatus, aus den Worten des Messalla bei Gellius geht jedoch hervor, dass dies ein Irrthum ist; das Pomerium ist ein „locus intra agrum effatum". Der ganze ager effatus ist durch die Umpflügung bestimmt und von ihm wird ein Theil durch das Pomerium vorweg genommen, das übrige Innere bleibt für Ansiedlung und städtische Auspizien. Dieser Rest hat genau die Lage zum Pomerium wie das Pomerium zum Murus und daher sagt auch Servius ad Aen. 6, 197 „ager post pomeria ubi captabantur auguria dicebatur effatus." Mommsen röm. Forsch. 2, 28, 13 meint, die nächstliegende Erklärung sei, dass Servius hier unter Pomeria den Wallraum verstehe, der Plural scheine sogar auf das doppelte Pomerium das Livius hinzuweisen. Dem vermag ich nicht zu folgen; es scheint mir, dass der Plural sich aus den Stücken des Pomerium zur Genüge erklärt und dass kein Anlass vorliegt anzunehmen, dass Servius nicht von dem wirklichen Pomerium spreche.[1]

Manche wollen freilich nichts von alledem anerkennen; nach ihrer Meinung soll der ager effatus nicht das städtische Gebiet, die urbi effati fines bedeuten, sondern sie erklären das übrige Feld, das Aussenland für den ager effatus, so dass derselbe ausserhalb des Pomerium[2] oder ausserhalb der Stadtmauer[3] beginne.

---

[1] Karlowa 1, 61 versteht dies von ausserstädtischen Auspizien.
[2] Rein in Pauly v. Pomerium. Karlowa 1, 60.
[3] Jordan, Topographie 1, 167.

Rodbertus a. a. O. S. 40 führt des Weiteren aus, „effari" sei ein indifferenter Ausspruch der Auguren, der einen Ort so gut zum fanum als zum profanum machen könne und hier das Vorland zum profanum erkläre, um den Gegensatz zu dem geweihten Auspizienstreifen des Pomerium auszusprechen. — Das lässt sich jedoch nicht aufrecht erhalten; die Welt ist profan, ohne dass es dazu besonderer Massregeln bedürfte und wenn die Augurn zum „effari" schreiten, so heben sie ein bestimmtes Stück Landes zu sakralem Zweck heraus; mit vollem Recht nennt schon Brissonius das Templum einen locus effatus.[1]

Auspicia urbana können also nur in demjenigen Theile des ager effatus vorgenommen werden, der nicht von dem Pomerium vorweg genommen ist. Man kann diesen Theil vom Standpunkt der Auspizien aus unbedenklich als d e n ager effatus bezeichnen, wie Servius das thut, sobald man nur damit nicht ausdrücken will, dass der durch das Pomerium den Auspizien entzogene Theil nicht auch zum ager effatus gehöre.

Soll ausserhalb der Urbs auspizirt werden, so bedarf es dafür einer neuen besondern Massregel, um auf herausgesprochenem Grunde ein spezielles Templum für den vorübergehenden Zweck herzustellen. Dieses Templum hat wie das der Urbs seine Tesca, aber es darf nur einen einzigen Zugang haben für denjenigen, der in feierlicher Stille mit den Göttern in Mysterien-Verkehr treten will. So verstehe ich Varro 6, 53 „Effata

[1] Daher kann man auch nicht wie Karlowa 1, 60 die effati urbi fines und den ager effatus unterscheiden und beide für Templa erklären. Das Aussenland kann kein Templum sein, Karlowa selbst sagt, Templum sei ein abgesteckter Raum.

dicuntur, qui[1] augures finem auspiciorum caelestium extra urbem agris sunt effati". Mommsen, röm. Forsch. 2, 30, 23 übersetzt dies mit: „sie haben die Grenzen der Himmelszeichen dem ausserstädtischen Lande gegenüber abgesprochen" und nach seiner Meinung ist hier sehr deutlich die Identität von Pomerium und Urbs ausgesprochen, insofern Wallstrasse und Wall hiernach wie ausserhalb des ager effatus so auch ausserhalb der urbs sich befänden. Davon vermag ich in der Stelle nichts zu entdecken. M. Er. stellt Varro hier dem ager effatus der Urbs das Effatum ausserhalb der Urbs gegenüber und erklärt das Letztere für ein ausserhalb der Urbs zu vorübergehendem Auspizialzweck herausgesprochenes Stück Land, welches (um seiner Grösse willen) nicht mit dem Namen „ager" bezeichnet werde, sondern ein blosses „effatum" sei.[2]

Das Ergebniss lässt sich demnach dahin zusammenfassen, dass an dem Einen Gründungstage die Urbs auf einem ager effatus mit murus und fossa umgeben und mit einem Pomerium versehen wird, welches den eigentlichen Wohnraum abgrenzt, der seinerseits ebenfalls als Urbs bezeichnet wird. Damit ist Mommsen's Behauptung, dass Pomerium, urbs und ager effatus, sachlich durchaus zusammenfallende Begriffe seien,[3] unvereinbar.

§ 2.

Mit den eben gewonnenen Resultaten wenden wir uns jetzt zu Rom selbst. Es ist bekannt, dass Rom

[1] Mommsen will „quia" lesen.

[2] Servius ad Aen. 3, 463: loca sacra id est ab auguribus inaugurata effata dicuntur. Karlowa 1, 61 versteht es ebenfalls von ausserstädtischen Auspizien.

[3] Röm. Forschungen 2, 30.

eine Urbs war[1] und das für sie daher erforderliche Pomerium beschreibt uns Tacitus[2] folgendermassen:

„Igitur a foro Boario, ubi aereum tauri simulacrum adspicimus, quia id genus animalium aratro subditur, sulcus designandi oppidi coeptus, ut magnam Herculis aram amplecteretur. Inde certis spatiis interjecti lapides per ima montis Palatini ad aram Consi, mox ad Curias veteres, tum ad sacellum Larium.“[3]

Diese Angaben ziehen um das unregelmässige Viereck des Palatin aller Wahrscheinlichkeit nach ein Quadrat; zwischen dem Erzbild des Stieres, welches Tacitus noch sah, und dem sacellum Larium fehlen nähere Einzelheiten. Das hat zu der Meinung geführt, als ob hier durch sumpfiges Terrain das Pomerium, die Befestigung überflüssig gewesen sei;[4] wir haben nicht nöthig zu wiederholen, dass die Befestigung mit dem Pomerium in einem solchen Zusammenhang nicht steht und dass es durchaus nothwendig ist, dass das Pomerium ringsum gegangen sei. Am einfachsten erscheint es daher anzunehmen, dass die von Tacitus unverbunden angegebenen zwei Punkte, das Bild des Stiers und das sacellum Larium durch eine grade Linie verbunden waren, welche die eine Seite des Quadrats der Umpflügung bildete. Wusste man, was ein Pomerium sei, so konnte dieser Abschluss offenbar ohne jede Gefahr eines Missverständnisses unerwähnt bleiben. — Auf dieser Grenze, in der fossa des sulcus primigenius standen die

---

[1] Dio fr. 5, 2.

[2] Annal. 12, 24.

[3] Ob die folgenden Worte: forumque Romanum hierher gehören, ist zweifelhaft. Jordan 1, 163, 20 zieht sie hinzu, Becker 1, 93 und Gilbert 1, 128 nehmen sie zum folgenden.

[4] Bunsen 1, 137.

Cippi. Tacitus erwähnt dieselben zwar nur für die Strecke zwischen der Ara Herculis und dem sacellum Larium und möglicher Weise standen sie zu seiner Zeit nur auf diesen Seiten; dass sie aber ursprünglich der Pflugfurche ganz herum folgten, ist wohl nicht zu bezweifeln. Für Jordans Annahme,[1] dass Tacitus überhaupt nicht die ursprünglichen Pomeriensteine vor Augen gehabt, dass vielmehr in spätrer Zeit die Grenzen authentisch bestimmt und dann auch die Cippi aufgerichtet seien, dafür fehlt es an genügendem Anhalt.

Diese Angaben des Tacitus haben grosse Schwierigkeiten bereitet, die man regelmässig so gelöst hat, dass man Tacitus den Glauben verweigert. — Auf der Höhe des Palatin sind die Spuren der nicht einmal den ganzen Hügel umfassenden Mauer blosgelegt; wie ist das mit Tacitus zu vereinigen? Die Mauer beschreibt offenbar die engere Linie, das Pomerium die weitere! Das Pomerium soll doch nach dem klaren Sinn des Wortes hinter der Mauer sein, und das Pomerium thut nicht, was es soll.

Jordan[2] hält es für unzweifelhaft, dass der ursprüngliche Zustand ein Zusammenfallen von Mauer und Pomerium enthalte, er ist daher zu der bereits von Niebuhr[3] ausgesprochenen Ansicht zurückgegangen, dass unten im Thal die Mauern und Thore der palatinischen Stadt zu suchen seien. Diese Mauer ist freilich nirgends erwähnt, auch sind keinerlei Spuren je aufgefunden worden; aber Jordan denkt, dass die Alten in Verwirrung gerathen seien angesichts der Schwierigkeiten, welche

[1] Topographie 2, 270.
[2] Topographie 1, 171.
[3] Röm. Gesch. (³) 1, 319.

durch den faktischen Zustand, seinen Widerspruch mit der Angabe der Auguren und die schwer damit zu vereinigende Stadterweiterung gegeben waren. Die Neueren hätten diese Verwirrung durch künstliche Mittel zu beseitigen gesucht.

Mommsen [1] hat sich dazu verstanden, diese Ansicht als einen möglichen Ausweg aus dem Labyrinth anzusehen. Die von Lanciani aufgestellte, von Nissen [2] getheilte Meinung, dass ausserhalb der auf dem Hügel gefundenen Mauerreste bis an die von Tacitus bezeichnete Linie das Pomerium sich befunden habe, diese Meinung erklärt Mommsen für unmöglich, weil sie mit dem aus dem Wortlaut entnommenen Begriff nicht in Einklang zu bringen ist. Mommsens eigene Ansicht geht dahin, dass Tacitus wie Livius den Begriff des Pomerium missverstanden und über die eigentliche Grenze ausgedehnt habe; die Versteinung werde das Aussenglacis der palatinischen Stadt bedeutet haben. — Die Folge davon würde sein, dass die palatinische Stadt ihren Abschluss mit der Mauerlinie fände, welche die Trümmer anzeigen; innerhalb dieser Linie hätte sich das Pomerium befunden. Die Nachricht des Tacitus, dass unten um den Palatin der sulcus primigenius gehe, müsste demnach falsch sein.

Das wird denn auch von Einigen geradezu ausgesprochen. Nissen, der das Pomerium ausserhalb der Mauer erkennt, und insofern keinen Grund hat, Tacitus nicht zu folgen, erklärt doch,[3] dass Tacitus Pomerium und sulcus primigenius in sinnloser Weise

[1] Röm Forschungen 2, 39.
[2] Pompej. Studien 472.
[3] Pompej. Studien 474.

zusammen werfe. Nissen erblickt in der Pflugfurche die Linie des Mauerrings, was ihn ebenfalls dahin führt, die Stadt mit der Mauer abzuschliessen und ein Pomerium anzunehmen, welches nicht blos ausserhalb der Mauer, sondern auch ausserhalb der sakralen Urbs liegt, da letztere zweifellos durch den sulcus primigenius begrenzt wird. Gilbert geht auf diesem Wege weiter: Tacitus vermengt nach seiner Ansicht hier ganz verschiedene Begriffe, Dio löse die Schwierigkeiten, indem er sage, dass Romulus die Umpflügung „*ἐπὶ τοῦ Παλλαντίου*“ vollzogen habe. Das soll nach Gilbert „auf der Höhe des Palatin“ heissen und die Linie der Mauertrümmer bezeichnen. Von dieser Linie bis zu der durch Tacitus bezeichneten Grenze habe sich das Pomerium erstreckt. — Die missliche Consequenz dieser Ansichten besteht in der nothwendigen Annahme, dass nur der kleine Raum, den die Mauerlinie umschliesst, für Häuserbau und Ackerbau freigegeben wäre, der Rest des Hügels dagegen unter sakralem Verbot stände. Zudem erhalten wir ein Pomerium, welches ausserhalb der Pflugfurche und des ager effatus läge, obgleich die Quellen es innerhalb legen. Dass Dio keineswegs so verstanden werden muss, wie Gilbert will, bedarf keiner Erörterung, sein *ἐπι τοῦ Παλλαντίου* lässt sich recht wohl so verstehen, dass er mit Tacitus völlig übereinstimmt und von einer Umpflügung des ganzen Hügels spricht. — Von anderer Seite hat man die Frage so lösen wollen, dass Tacitus von einem späteren erweiterten Pomerium spreche, welches er irriger Weise für das romulische halte; dies war die Ansicht Niebuhrs und Bunsens. Die Angaben Tacitus mit den durch Ausgrabungen ermittelten Verhältnissen in Einklang zu bringen, ist bisher nicht gelungen, und da Tacitus mit den verschiedenen Ansichten nicht übereinstimmt, so ist es offenbar das einfachste, dass Tacitus sich irrt. — Die Schwierigkeiten sind angeblich so unübersteiglich, dass Mommsen diese Frage „vielleicht das schwierigste aller Probleme der römischen Topographie“ nennt.

Alle diese Schwierigkeiten sind lediglich die Folge davon, dass man sich zu keiner Zeit den Gründungsact und seine technischen Ausdrücke selbständig vorgestellt hat. So ist man dazu gekommen, die Auspflügung mit der Mauerlinie zu identificiren, während sie nur den sakralen murus liefert, und das Pomerium hinter der factischen Mauer zu suchen, während es hinter der sakralen liegt.

Von unserm Standpunkt aus ist die Frage durchaus einfach. Tacitus ist in allen seinen Angaben glaubwürdig. Er giebt uns in jener Stelle die Pflugfurche als die äussere Grenzlinie des Pomerium an, was sie in der That ist; die innere Grenze erwähnt er nicht. Wir haben auch keinen anderweiten Anhalt sie zu bestimmen. Nachdem wir aber einmal gegen den Irrthum geschützt sind, als ob die faktische Mauer und das Pomerium zusammen fielen, wird es äusserst bedenklich erscheinen, mit dieser innern Grenze bis an die Mauertrümmer hinauf zu gehen, weil die unausbleibliche Folge wäre, dass wir den ganzen von der Mauer nicht umschlossenen Raum des Hügels und seiner Hänge der Ansiedlung und dem Anbau entziehen müssten. Am einfachsten ist es wohl anzunehmen, dass die innere Grenze irgend wo am Abhang hin lief und gleich der äusseren mit

Steinen bezeichnet war, von denen man zu Tacitus Zeiten keine Kenntniss mehr hatte.

Dieses Pomerium bildete die Urbs Roma, die von dem sakralen Tempelquadrat den Namen Roma quadrata erhielt, „quod ad aequilibrium fuit posita“ wie Varro sagt.[1] Nicht die Gestalt der Stadtmauer war damit bezeichnet, wie Mommsen[2] meint, auch nicht die Gestalt der Burgmauer, wie Jordan[3] will, ebensowenig die nahezu viereckige Gestalt des palatinischen Hügels, wie Herzog S. 21 vorschlägt, sondern die sakrale Form des Templum, dem auf dem Schneidepunkt des Decumanus und Cardo maximus jene Grube entsprach, in welche man boni ominis causa bei der Gründung Gegenstände versenkte und die als das nöthige Correlat des ausgepflügten Quadrats ebenfalls häufig mit dem Namen „Roma quadrata“ belegt wird.[4]

Breit brauchte dieses Pomerium nicht zu sein. Von Anfang an, als man sich entschloss, die kleinen Siedelungen auf dem Palatin durch feierlichen Act zur Urbs zu einigen, wusste man, dass man sich der günstigen Lage des Berges anvertrauen konnte. Das Pomerium sollte daher weder Mauer noch Graben tragen. Jordans Annahme einer um den Palatin sich ziehenden Mauer hat nur das für sich, dass sie als die richtige Consequenz einer irrigen Theorie erscheint. Es gab keine Mauer im Thal, Rom war eine mauerlose, eine offene Stadt, nur von sakralem Murus und Fossa umgeben. Droben auf der Höhe des Berges hatte man den bevor-

---

[1] Solin 1, 18.
[2] Röm. Forschungen 2, 36, 29.
[3] Topographie 1, 168, 26.
[4] Festus 258. Pauly, Roma 2, 495.

zugten Gipfel[1] mit Mauern versehen, welche in die offene Stadt hinein eine befestigte Burg stellten, die den festen Kern der städtischen Siedelung bildete; Wohnung und Landbau stand auf dem übrigen Plateau des Hügels und auf den Hängen frei bis zu einer nicht zu bestimmenden Entfernung von der Taciteischen Linie der Pflugfurche.

Von hier aus tritt denn auch die verwickelte Frage der Thore der palatinischen Stadt in ein ganz anderes Licht. Es ist festgestellt, dass man noch zu Augustus Zeiten einen wirklichen Aufweg zum Palatin hatte, während man vom Forum boarium und vom Vestatempel her auf Treppen hinaufsteigen musste. Zu jener Zeit kannte man noch „das alte palatinische Thor", wie Jordan[2] sagt. Ausserdem nennt Varro 5, 164 drei Thore, von denen man intra muros spreche: „in Palatio Mucionis .. alteram Romanulam ... tertia est Janualis". Ueber die Lage giebt er keinen weitern Aufschluss; aber Festus 262 sagt: „porta Romana instituta est a Romulo infimo clivo Victoriae", die Porta Romana soll also unten am Palatin sein. Diese Angabe ist von ersichtlichem Einfluss auf Jordan's Annahme einer unten um den Palatin laufenden Mauer gewesen, während Jordan sich zugleich abmüht, für die auf dem Hügel nachgewiesene Mauer die nöthigen drei Thore aufzufinden

[1] Rosa in Bulletino 62 S. 231. Lanciani, Annali 1871. S. 41 ff. Wendt, Bulletino 82 S. 53 ff. Gilbert 96 ff. Mommsen, röm. Forschungen 2, 36 ff.

[2] Topographie 1, 174.

und „das alte palatinische Thor“ damit in Einklang zu bringen.

Sicherlich hatte Rom drei Thore, wir wissen, dass es ritu Etrusco gegründet war und es steht nach Servius[1] fest, dass keine Stadt ritu Etrusco gegründet war, „in quibus non tres portae essent dedicatae“. Wer ohne nähere Kenntniss des Gründungsrituals auf diese Frage zutritt, der wird selbstredend sich nach der Stadtmauer und deren Thoren umsehen; Plinius wenn er 3, 66 schreibt: „urbem tres portas habentem Romulus reliquit“, hat gewiss an Nichts andres gedacht. Seit wir aber wissen, was die Urbs ist, können wir auch jene Thore nur dort suchen, wo sie nach dem Gründungsritual sein müssen, d. h. in der Pflugfurche. Wenn auf dem Pomerium eine Stadtmauer thatsächlich errichtet wurde, wie wir dies z. B. von Iguvium wissen, dann entsprachen selbstredend den sakralen portae die Thore in der Stadtmauer. Von Rom aber wissen wir, dass es nur ein Pomerium und keine Stadtmauer hatte; seine drei Thore können wir daher auch nur als Lücken in der von Tacitus beschriebenen Pfluglinie suchen, denen Wege durch das Pomerium entsprechen mussten. Dass man diese wahrscheinlich durch cippi abgegrenzten Wegethore mit Eigennamen belegte, bedarf keiner weitern Erklärung. Eins dieser sakralen Thore haben wir in der porta Romana oder Romanula infimo clivo Victoriae vor uns; es gab deren noch zwei weitere, wir sahen vorhin, dass noch zu Augustus Zeiten die drei Aufgänge zum Palatin erhalten waren. Innerhalb des Pomerium resp. nach Beendigung der Treppen verzweigten

[1] Zur Aen 1, 422.

sich die Wege je nach lokalem Bedürfniss durch Garten, Feld und Häuser. Aber durch die Burgmauer führte nur ein einziger Weg in die Arx hinein, auf welchen die andern Wege daher einmündeten; noch am Ende der Republik kannte man „das alte palatinische Thor". Die Regeln der Städtegründung und der Arx erweisen sich als streng beobachtet.

Ein städtisches Templum ist in gewissem Sinn ein gottesdienstlicher Ort, der unter besonderem Schutz besonderer Götter steht. Daher kann man in ihm fremde Götter nicht dulden und noch vom Jahre 701 d. St. berichtet Dio 40, 47, dass der Senat Roms die missbräuchlich eingedrungnen Culte fremder Gottheiten aus der Stadt weist.[1] Aus gleichem Grunde schützt man das Templum so weit möglich vor allem Unreinen, namentlich vor der Berührung mit Leichen, die man in die Urbs zu bringen oder in ihr zu behalten nicht erlaubt. Jede Todtenbestattung, auch die Feuerbestattung ist daher innerhalb des Pomerium verboten. Die 12 Tafeln 10, 1 wiederholen sicherlich einen uralten Satz, wenn sie sagen: „hominem mortuum in urbe ne sepelito neve urito". Die lex col. Genetivae c. 73 zeigt, dass man an diesem Satze auch bei Colonien festhielt, „ne funestentur sacra civitatis". In Rom hat man dies ausnahmslos beobachtet, bis Trajan die alte Sitte brach und „legibus solutus" sich ein Begräbniss errichtete, „solus omnium intra urbem" wie Eutrop 8, 5 sagt.

Mit dem gleichen Gedanken steht auch die bei ge-

---

[1] vgl. Livius 25, 1. 39, 12 ff.

wissen Anlässen oder in bestimmten Perioden vollzogene Reinigung der Stadt in Verbindung Es ist bekannt, dass bis in die Kaiserzeit herab die alte palatinische Stadt in feierlichem Umzuge von den Luperci lustrirt wurde. Diese Prozession ging vom Lupercal aus, kehrte dorthin zurück und benutzte zu diesem Zuge das von Tacitus beschriebene Pomerium, welches offenbar sakralrechtlich für solche Zwecke bestimmt war und seine Erhaltung hauptsächlich dieser Lustration verdanken dürfte. Varro 6, 34 sagt „lupercis nudis lustratur antiquum oppidum Palatinum gregibus humanis cinctum", Mommsen hat an den letzten Worten Anstoss genommen, Varro könne höchstens in einer Satire aber nicht in einer ernsten Schrift die Luperker skurriler Weise als „Menschenherde" bezeichnen; er werde geschrieben haben: „a regibus Romanis moenibus cinctum". An dieser Conjectur hält Mommsen fest [1] auch gegenüber dem Widerspruch Jordans, der darauf hinweist, dass nirgend sonst von mehreren Königen gesprochen werde, die an der Mauer gebaut hätten. Wir können noch einen Schritt weiter gehen: es war nicht einmal eine Mauer vorhanden, von der man sagen konnte, dass sie den Palatin umgebe. — Ob nun Varro die Luperker skurriler oder ernsthafter Weise als „Menschenherde" bezeichnen könnte, das wollen wir dahin stehen lassen, denn m. Er. bezieht sich der Ausdruck „gregibus humanis cinctum" überhaupt nicht auf die Luperker sondern auf die dicht umdrängenden Zuschauer, die man ohne Weiteres „greges" nennen kann, so gut wie Valerius Maximus

---

[1] Röm. Forschungen 2, 38, 33.

[2] Valerius Maximus 5, 2, 10. 5, 31, 1.

4, 7, 6 von „totum beatae turbae gregem“ spricht und wie man den gemeinen Soldaten „gregarius miles“ nennt.[1]

§ 3.

Was wir bislang betrachteten, bietet nichts Eigenthümliches; es könnte sich bei jeder andern Urbs genau so wieder finden. Aber Cicero sagt,[2] dass Rom seinen eigenen Weg ging und ein spezifisch römisches „Jus pomerii“ ausbildete, von welchem die Etrusker nichts wissen konnten, obgleich man den Etruskern doch die sakrale Städtegründung und mit ihr das Pomerium entlehnte. Es fragt sich daher, worin bestand dieses „Jus pomerii“? Bislang ist es m. W. nicht einmal dem Namen nach bekannt.

Möglicher Weise hat Cicero bei jenem Ausdruck schon die Entwickelung im Auge gehabt, welche den ganzen Rechtsverkehr und die Rechtsbildung in die Hände der Priester und des Priesterkönigs legte; das, was man gemeiniglich das Sakralrecht nennt. Dasselbe war wohl zweifellos ein spezifisch römisches Recht und seine Vorschriften über das Pomerium könnte man recht wohl ein Fas pomerii nennen. Wir werden später sehen, dass einige Bestandtheile des ciceronianischen Jus pomerii sicher auf dieser sakralen Grundlage ruhen. Auf die sakrale Epoche aber gradeswegs einzugehen, halte ich für misslich, weil ich den Eindruck habe, dass man aller Mühe ungeachtet kaum zu sichern Resultaten gelangen wird. Bleiben wir lieber auf festem Boden, indem wir zu ermitteln suchen, wie es um das Recht

---

[1] Valerius Maximus 5, 2, 10. 5. 31, 1.

[2] de divin. 2, 35, 75.

des Pomeriums bestellt ist zu einer Zeit, in der es den sakralen Windeln bereits entwachsen war.

Laelius Felix soll uns den Weg weisen; er sagt bei Gellius 15, 27:

„centuriata comitia intra pomerium fieri nefas esse, quia exercitum extra urbem imperari oporteat, intra urbem imperari jus non sit."

Man versteht diesen Satz regelmässig so, dass erst mit der Errichtung der Centurienverfassung die Vorschrift entstanden sei, sich ausserhalb Roms zu versammeln; die Centurien seien ursprünglich eine blosse Heeresorganisation gewesen, auf welche erst später das Recht des Volksschlusses für Wahlen und Gesetze übergegangen sei. In früherer Zeit wären alle comitia curiata, auch die militärischen, in Rom abgehalten worden, denn der König habe den Heerbann auch in der Stadt gehabt,[1] daraus erkläre sich, dass die comitia curiata auch dann noch in der Stadt gehalten wurden, als ihre militärische Aufgabe auf die Centurien übergegangen sei. — Ich halte das nicht für richtig. Es ist eine irrige Annahme, dass die Könige in der Stadt den Heerbann, das Imperium militare hatten, das wird sich später des Näheren ergeben. Des Weiteren weist Nichts darauf hin, dass Servius mit seiner Einrichtung etwa alte Königsrechte aufgab oder schmälerte; nicht die Centuriencomitien wurden zuerst vor die Stadt verwiesen, sondern von der Gründung Roms an galt der Satz, dass im Stadttemplum Waffen und Waffengewalt nicht herrschten, auch die comitia curiata wurden, soweit sie militärisch waren, extra pomerium abgehalten, wie Livius 1, 16, 1

[1] v Jhering, Geist des röm. Rechts [3] 1, 250.

Romulus den Census des Heeres in campo halten lässt, und auf die Centurien wurde der alte Satz nur angewandt, weil sie das Heer waren. — Die Worte des Laelius Felix zeigen deutlich, dass der Satz älter ist als die Centuriatcomitien; er giebt als den Grund jenes Verbotes, sich in der Stadt zu versammeln, ausdrücklich den Rechtssatz an, dass das Heer nur ausserhalb der Urbs dem militärischen Befehl unterstellt werden dürfe. Auffallend ist dabei freilich, dass Laelius Felix die Grundvorschrift dem Jus, die Folge dagegen dem Fas zuschreibt; ein solches Verhältniss zwischen den beiden Sätzen ist wohl unannehmbar; indess dürfte es sich dabei nur um eine Incorrectheit des Ausdruckes handeln, die man so oder anders erklären mag, die aber nicht geeignet erscheint, das Verhältniss der Sätze selbst zu ändern.

Für diesen Satz, dass die Heeresversammlung ausserhalb des Pomerium stattfinden muss, besitzen wir einen interessanten Beleg in der Vorschrift der Iguvischen Tafeln, welche das Heer mit seiner besondern Lustration ebenfalls vor die Stadt verweist. Huschke[1] nahm an, dass sich daraus für Iguvium eine ähnliche Umwälzung ergebe, wie Rom sie unter Servius erlebte. In Wahrheit liegt die Sache umgekehrt, die einfacheren Verhältnisse in Iguvium führen uns denjenigen Stand der Dinge vor Augen, der in Rom vor der servianischen Centurienverfassung galt und sich in Iguvium erhielt, während in Rom durch Servius eine zweite Eintheilung vorgenommen wurde.

Von Altersher war domus und militia getrennt.

[1] Iguvische Tafeln S. 232.

Diese Unterscheidung ist zwar längst Gemeingut, aber man hat doch weder ihren Zusammenhang mit dem Jus pomerii beachtet, noch hat man ihre richtige Bedeutung erfasst, weil dieselbe durch die Herbeiziehung der Stadtmauer verschleiert wurde. Nicht die Stadtmauer, sondern die sakrale Mauer bezeichnet die Grenze und somit ist nicht etwa blos in der palatinischen Burg, sondern bis an die von Tacitus beschriebene Gründungsfurche hinab die Versammlung des Heeres verboten. Das ist der erste Satz des Jus pomerii: eine militärische Versammlung im Pomerium ist durch ihn ausgeschlossen.

Mommsen [1] verwendet diese Stelle des Laelius Felix dazu, um seine vermeintliche Identität von Urbs und Pomerium zu stützen, die hier selbst im strengen Sprachgebrauch verwechselt seien. Das erscheint mir nicht zutreffend; das Pomerium ist hier nur als der äusserste Theil der sakralen Urbs oder als die umgebende Schale der weltlichen Urbs gebraucht; für die Frage eines verbotenen Inhalts ist das augenscheinlich gleich wirksam, ohne dass man deshalb die Identität der beiden Begriffe annehmen dürfte.

Wenn nach dem Jus pomerii die Heeresversammlung nicht intra pomerium stattfinden darf, so liegt die Frage nahe, ob es im freien Belieben des Magistrates stand, die Bürger extra pomerium militärisch zu versammeln.

Cicero [2] sagt: „Consuli, si legem curiatam non habet, attingere rem militarem non licet.“

[1] Röm. Forschungen 2, 30, 23.
[2] de lege agraria 2, 12, 30.

Das Heer zu befehligen, den Bürgern soldatische Stellung zu gebieten, ist zweifellos eine „res militaris“. Wir müssen daher auf Ciceros Autorität hin die Frage so beantworten, dass der Magistrat zu solcher Heeresberufung nur dann befugt ist, wenn er die lex curiata hat. Es fragt sich, was ist das?

Lange Zeit hat man nach Gruchius Vorgang die lex curiata als eine zweite Wahl angesehen, der sich alle höheren Magistrate zu unterziehen hätten. Diese Ansicht stützte sich auf Äusserungen Ciceros, die wir später näher zu prüfen haben; sie ist mit Recht heute völlig aufgegeben. Aber zu einer communis opinio ist man auch heute noch nicht gelangt. Besonders eingehend hat Rubino[1] die Frage erörtert. Nach seiner Meinung ist die lex curiata kein Theil der Wahl, auch keine zweite Wahl, sondern die Handlung eines gewählten Magistrats, der zu mannigfachen Amtshandlungen vorher schon berechtigt und verpflichtet ist. Nur das militärische Imperium, das richterliche Imperium, das Recht Centuriatcomitien zu halten setzen die lex curiata voraus, durch welche der Magistrat die hohe obrigkeitliche Gewalt über die Bürger erhält und diese ihm zum Gehorsam verpflichtet werden. Die lex selbst ergiebt sich für Rubino dadurch als nothwendig, dass die Wahl dem Vorgänger gegenüber erfolgt sei und die mit diesem abgeschlossene Verbalobligation nicht für den Dritten Rechte erzeugen könne. Daraus soll sich erklären, dass die Könige, in aller Weihe und Würde ihres Amts dem Volk entgegentretend, die Anerkennung ihres Gebieterrechts in eigner Person ein-

[1] Untersuchungen über röm. Verfassung S. 360 ff. 428.

forderten. Die Fortdauer dieses Acts sei bewirkt durch den Umstand, dass die, eine lex curiata ertheilenden Comitien unter besonders feierlichen Auspizien gehalten wurden, so dass es unerlaubt erschien, die wichtigeren Geschäfte des imperium vorher zu beginnen. Zu Ciceros Zeit sei die ursprüngliche Bedeutung der lex nicht mehr klar hervorgetreten und Cicero könne daher mit Recht sagen, dass sie ein alter Brauch sei, den man um der Auspizien willen beibehalte. — Allerdings hätten die Curiatcomitien die lex verweigern können; dann hätte man durch Concessionen, Vorstellungen, Versprechungen diesen Widerstand beseitigen müssen; aber praktisch dürfte das überhaupt nicht vorgekommen sein. Es sei nicht zu erwarten gewesen, dass dieselbe Volksversammlung dem eben gewählten Könige die Anerkennung des Imperiums versage und so habe der Act gleich Anfangs den Character blosser Förmlichkeit angenommen, den er während der Republik beibehielt. Einem Magistrate, den eben Menschen und Götter geweiht, diese Zusage zu weigern habe als Impietät erscheinen müssen, auch sei zu diesem äussersten Mittel um so weniger Anlass gewesen, als durch die Volkstribunen genügende Gelegenheit geboten sei, missfälligen Beamten Schwierigkeiten zu bereiten.

Diese Ansicht Rubinos ist der Hauptsache nach die heute herrschende. Man sieht in der lex curiata eine vertragsmässige Unterwerfung des Volks,[1] die aber eigentlich überflüssig ist, weil sie nicht verweigert werden kann; stünden nicht Gründe der Auspizien ent-

---

[1] v Jhering, Geist d. röm. Rechts [3] 1, 254. Danz, röm. Rechtsgesch. 1, 16, b. Christiansen, röm. Rechtsgesch. 1, 258.

gegen, so würde man sie längst aufgegeben haben.[1] Mommsen[2] hat diesen Standpunkt noch mehr zugespitzt. Nach ihm ist der eigentliche Kern der obersten Beamtengewalt in dem militärischen Oberbefehl zu erblicken, der formell von ihr untrennbar ist; einen Oberbeamten ohne das Recht der Heerbildung und Heerführung habe es niemals gegeben, sie seien alle „cum imperio" gewesen, obgleich man technisch diesen Ausdruck für den ausserordentlichen Heerführer allein verwandt habe. Die lex curiata soll daher eine Verpflichtung der Bürgerschaft sein, welche dem verfassungsmässig ins Amt gekommenen Magistrat nicht geweigert werden könne. Daher erkläre es sich leicht, dass die Bürgerschaft selbst sich nicht einfinde, sondern 30 Lictoren die Curien vertreten. Die lex curiata gebe dem Beamten streng genommen kein Recht, welches er nicht bereits habe; sie lasse sich der Huldigung vergleichen. Gegen das Ende der Republik sei sie von wesentlicher Bedeutung nur noch für die Abhaltung der auf dem militärischen Imperium ruhenden Centuriatcomitien und für die Ausübung der Civiljurisdiction gewesen.

Herzog[3] geht über diese Ansichten nicht hinaus, er verleiht ihnen nur einen minder bündigen Ausdruck; ihm ist die lex curiata die stehende Formel der Gehorsamspflicht, deren Verweigerung nicht bekannt sei, — der Schlussact der gesetzlichen Formalitäten, — für Justiz und Heerführung erforderlich. — Auch Soltau[4] sieht diese Lehre im Wesentlichen als richtig an.

---

[1] Lange, röm. Alterth. 1, 307. 410. 463.
[2] Röm. Staatsrecht [2] 1, 114. 588 ff.
[3] S. 1061. 583. 679.
[4] Altröm. Volksversammlungen S. 66 ff. 120. 179. 290.

Spärliche Versuche andrer Auffassung sind allerdings gemacht worden. Puchta [1] glaubte, die lex curiata verwandle die faktische Macht in eine rechtliche; dem folgte im Wesentlichen Bethmann-Hollweg, [2] der durch die lex curiata die obrigkeitliche Gewalt d. h. die allgemeine Vertretung des Staates, nach Aussen in Krieg und Frieden, nach Innen durch Gebot und Rechtsspruch ertheilen lässt. Huschke [3] sieht in ihr die Heiligung nach göttlichem Recht, damit stimmt in der Hauptsache überein Hüllmann, [4] der von der Uebertragung der geistlichen, kirchlichen Macht spricht. Keiner dieser Versuche ist aber durchgearbeitet worden, keiner hat Anerkennung gefunden und h. z. T. hält man es nicht einmal der Mühe Werth, ihrer überhaupt zu gedenken.

Einen theilweise andern Weg hat jetzt Karlowa [5] eingeschlagen. Nach ihm soll die lex curiata das Imperium militare verleihen, welches innerhalb der Stadt aber nicht seinem vollen Inhalte nach, sondern nur hinsichtlich gewisser Befugnisse ausgeübt werden dürfe, die sich als städtische Geschäfte an den militärischen Kern angeschlossen hätten. Ohne dieses Imperium habe der Magistrat sein Amt nicht führen können, im Fall der Verweigerung der lex curiata habe er daher abdanken müssen. Für Magistrate, die kein Imperium militare erhalten sollten, bestätigte nach Karlowa's Ansicht die lex curiata die Wahl des Volks.

Wer diesen Lehren unbefangen gegenüber tritt, der

[1] Institutionen 1, 137.
[2] Civilprocess 2, 85.
[3] Servius Tullius S. 408.
[4] jus pontif. S. 49.
[5] Röm. Rechtsgeschichte 1, 84. 130. 134.

wird sich eines seltsamen Eindrucks nicht erwehren können. Mit der grössten Gelassenheit dreht man sich in einem Kreise der schreiendsten Widersprüche. Wie kann man sagen, dass die lex curiata dem Magistrat nichts gab, was er nicht bereits hatte und zugleich behaupten, sie sei bis an das Ende der Republik zur Abhaltung der Centuriatcomitien und für die Civiljurisdiction erforderlich gewesen? — Wie kann man die lex curiata für eine blosse Förmlichkeit erklären und zugleich versichern, dass ohne sie der Magistrat weder den militärischen Oberbefehl übernehmen, noch Justiz üben, noch die Centuriatcomitien berufen konnte? — Wie ist es zu erklären, dass die Volkstribunen sich an die „Förmlichkeit" mit ihrer Intercession machen, wenn dieselbe werthlos war, nichts gab, als was der Magistrat hatte? — Welchen Sinn hat es denn, dass man in demselben Athem uns versichert, die lex curiata sei die Voraussetzung des Triumphes gewesen?[1] — Wer hört denn noch gläubig zu, wenn man behauptet, dass 30 Lictoren es in ihrer Macht hatten, den Magistrat durch Verweigerung der lex curiata zur Abdankung zu zwingen?

Alle diese Behauptungen entbehren durchaus der Anschauung. Sie stellen uns die Verhältnisse des öffentlichen Rechts in Rom als eine Komödie der Widersprüche dar, in welcher man bei dem ersten Schritt ins Leben hinaus zum Straucheln kommen muss; ein Triumph unpraktischer Gelehrsamkeit. Und (was vom Standpunkt der Methode besonders ins Gewicht fällt,) mit der grössten Unbefangenheit schiebt man Cicero

[1] Mommsen 1, 591, 1.

bei Seite. Es ist freilich ein längst anerkannter Satz der Kritik, dass unser Verständniss der römischen Zustände von der geschichtlich beglaubigten, d. h. ciceronianischen Zeit ausgehen muss; sobald aber Cicero mit den Cirkeln der Doctrin nicht im Einklang steht, da beseitigt man einfach seine unbequeme Autorität durch Wendungen wie „rednerische Uebertreibung“ oder „politische Argumentation“, die man nicht so genau nehmen dürfe.

Mommsen hat einen orginellen Versuch gemacht, dem Labyrinth der Widersprüche ein praktisches Verständniss abzugewinnen; die Magistrate sollen nach seiner Meinung alles, was ihnen die lex curiata scheinbar gebe, schon vorher haben, nur sollen sich diese Befugnisse in einem ruhenden Zustande befinden. Aber die Existenz von obrigkeitlichen Befugnissen, die zum Ruhen verurtheilt sind, bietet kaum ein Interesse dar; der Vorgang, welcher dieses Ruhen bräche und die wirkliche Uebung der Befugnisse ermöglichte, dieser Vorgang wäre praktisch doch von entscheidender Wichtigkeit. Was soll es uns helfen, wenn wir uns den Magistrat noch im Ende der Republik vorstellen als mit ruhender Befugniss für Civiljustiz und Abhaltung der Centuriatcomitien ausgerüstet, wenn wir gleichzeitig erfahren, dass erst eine lex curiata dieses Ruhen beseitigt? Was nützt es, diese lex curiata mit der Huldigung zu vergleichen, wenn man doch zugleich annimmt, sie sei zur Vornahme gewisser Staatsgeschäfte erforderlich? Ich glaube nicht, dass wir durch diese Versuche in der Erkenntniss des staatsrechtlichen Verhältnisses gefördert sind.

§ 4.

Wir wollen nun versuchen, die lex curiata ohne Rücksicht auf die herrschende Lehre an der Hand der Quellen zu erörtern. Sollte sich herausstellen, dass Cicero uns ein in sich übereinstimmendes, praktisch brauchbares Institut überliefert, so würde ein solches Ergebniss offenbar allen Speculationen vorzuziehen sein. Zuerst wollen wir den Inhalt der lex curiata prüfen, später lässt sich dann die Entstehung derselben untersuchen.

Den Ausgangspunkt bildet das, worüber alle einig sind: die lex curiata überträgt das militärische Imperium. Cicero[1] sagt, wie wir vorhin schon sahen: „Consuli, si legem curiatam non habet, attingere rem militarem non licet." Damit stimmt überein, was Livius 5, 52, 15 sagt: „comitia curiata, quae rem militarem continent". Was also mit militärischen Dingen zusammenhängt, das kann der Consul nur dann erledigen, wenn er die lex curiata erhalten hat. Die Grenze liegt in der Ertheilung des militärischen Befehls; die Aushebung ist ein nichtmilitärisches Geschäft, ein Consul kann sie vornehmen, auch ohne dass er eine lex curiata hätte, falls nur der Senat ihm die Autorisation dazu ertheilt. Aber die Stellungsordre ist ein Act, welcher militärische Competenz erfordert, zu ihm ist daher der Consul erst nach erlangter lex curiata fähig. Ohne dieses rechtliche Erforderniss besteht keine Verpflichtung der Bürger zu soldatischem Gehorsam.

Dies ist heut zu Tage auch durchweg anerkannt; nur Mommsen ist der Ansicht, dass trotz Cicero und

[1] de lege agr. 2. 12, 30.

Livius der Consul (und auch der Interrex) militärisches Imperium auch ohne lex curiata gehabt habe. Das lasse sich freilich nicht geradezu beweisen, aber es ergebe sich aus dem ganzen Zusammenhang, den Mommsen durch eine zwiefache Gedankenreihe erläutert.

Zunächst sei es nicht annehmbar, dass kein Commandoberechtigter vorhanden gewesen sei, falls die Stadt vor ertheilter lex curiata oder während eines Interregnum angegriffen wäre. — Mit diesem Satz ist nichts auszurichten; wir wissen bereits, dass nach dem Jus pomerii es rechtlich unerlaubt war, in der Stadt die Bürger militärisch zu versammeln; Mommsen würde daher seinen Commandoberechtigten ohne Commandoverpflichtete haben, einen General ohne Armee. Aber wir werden später sogar sehen, dass nach dem Jus pomerii ein Commandoberechtigter überhaupt nicht in der Stadt sein durfte, einerlei ob er diese Berechtigung mit oder ohne lex curiata besass. Sobald daher der Consul die lex curiata erhielt, hatte er die Stadt zu verlassen, und wenn wir von einer Vertheidigung der Stadt ausserhalb, vor den Thoren absehen, so war Niemand weniger geschickt, Rom zu vertheidigen als der Mann, dem man das militärische Imperium übertragen hatte. Das von Mommsen betonte Bedürfniss ist unverkennbar, aber es lässt sich auf dem von ihm vorgeschlagenen Wege schlechterdings nicht befriedigen. Wir werden später darlegen, dass nur der Senat im Stande ist zu helfen, indem er das Jus pomerii beseitigt und die Entwicklung militärischer Kräfte in Rom selbst gestattet. Dabei war es dann aber nicht von Gewicht, ob dem Senat ein Magistrat ohne oder mit lex curiata zur Verfügung stand, er verlieh in solchen Nothfällen irgend welchen Notabeln das militärische Imperium.

Damit ist zugleich der Behauptung der Boden entzogen, dass der Interrex militärisches Imperium gehabt haben müsse. Seine Stellung ist so vorübergehend, dass er mit seiner fünftägigen Herrschaft eigentlich nur für die Wahlen in Betracht kommt. Aus Utilitätsgründen gestattet man ihm die Ertheilung von Fristen [1] und die Autorisation von Freilassungen, [2] im Uebrigen hat er weder mit bürgerlichen noch mit militärischen Geschäften etwas zu thun. Gewiss könnte der Senat im Fall der Noth ihn so gut wie jeden andern mit Imperium bekleiden, daraus lässt sich aber Nichts dafür entnehmen, dass der Interrex ohne solchen Beschluss das Imperium habe. Auch die Stelle, auf welche Mommsen [3] das Imperium des Interrex stützen will, enthält dasselbe nicht. Nach Sallust hist. 1, 48, 22. (Dietsch) beschliesst der Senat: „uti Appius Claudius cum Q. Catulo pro consule et ceteris quibus imperium est, urbi praesidio sint operamque dent, ne quid respublica detrimenti capiat". Hier wird der Interrex Appius Claudius keineswegs den „ceteris quibus imperium est" gleich, sondern vielmehr gegenüber gestellt; der Ausdruck würde nicht anders lauten können, wenn hätte gesagt werden sollen, dass Appius Claudius sine imperio sei, man könnte ohne Weiteres die Worte einschalten. Es ist in der Stelle weder eine Anerkennung noch eine

---

[1] Cicero, ad fam 7, 11, 1.

[2] Livius 41, 9, 11.

[3] Röm. Staatsrecht 1, 637, 5. röm. Forschungen 1, 271. Lange 1, 291, 10.

Verleihung des Imperium enthalten. Ich habe bereits im „Justitium“ S. 94 dargelegt, dass ein solcher Beschluss nur die Provokation und Intercession aus dem Wege räumt, mit dem militärischen Imperium aber nichts gemein hat.

Der zweite Grund, aus welchem Mommsen folgert, dass militärisches Commando den Magistraten auch ohne lex curiata zugestanden habe, besteht in einer Reihe von Fällen, in denen nach der Ueberlieferung die Magistrate ohne lex curiata wirklich Truppen führten. Wir müssen diese Fälle einzeln prüfen.

1. C. Flaminius trat im Jahre 537 sein Consulat in Ariminum an und ging ohne lex curiata sofort zum Heer. Früher nahm Mommsen an, sein College habe sie für ihn beantragt, das hat er jetzt aufgegeben. Auch ich halte es für ausgemacht, dass Flaminius ohne lex curiata das Commando übernahm. Für die rechtliche Würdigung des Falles ist jedoch von entscheidender Wichtigkeit, dass Livius 21, 63 hinzu fügt, der Consul habe kein „justum imperium“ gehabt, und dass daraus sich sein trauriges Schicksal, der Verlust der ganzen Armee erkläre. In der That waren die römischen Soldaten nicht gehalten, sich diesem Consul militärisch zu fügen, sie zogen mit ihm ins Feld nicht anders als eine Freiwilligen-Schaar. Das zeigt sich deutlich an dem Fall des Appius Claudius, der im Jahre 575 ebenfalls ohne lex curiata zum Heer ging;[1] ihm fügten die Truppen sich nicht, Offiziere wie Mannschaften weigerten ihm den Gehorsam und weit entfernt etwa zu revoltiren,

[1] Livius 41, 10, 5.

waren sie damit so sehr in ihrem Recht, dass dem Consul nichts übrig blieb, als nach Rom zurück zu gehen und das Versäumte nachzuholen.

2. Als zweiten Fall stellt Mommsen Camillus hin, für dessen Dictatur man nur die Wahl habe, ob das Curiatgesetz von einem andern Beamten für ihn eingebracht oder das Commando ohne lex curiata von ihm geführt worden sei. Livius sagt 5, 46, 10:

„accepto inde senatus consulto uti comitiis curiatis revocatus de exilio jussu populi Camillus dictator extemplo diceretur militesque haberent imperatorem quem vellent . . . . — quod nec injussu populi mutari finibus posset nec nisi dictator dictus auspicia in exercitu habere. lex curiata lata est dictatorque absens dictus".

Sicher ist danach, dass Camillus den Oberbefehl als Dictator übernahm, ohne eine lex curiata persönlich gestellt zu haben. Ob das für ihn durch einen andern Beamten geschah, oder ob man die Beschlüsse der Comitien über Rückberufung und Dictatur als genügend ansah, das lässt sich bei dem vorhandenen Material nicht beantworten. Livius geht davon aus, dass ein Dictator dictus die Auspizien im Heer habe; er spricht an anderer Stelle davon, dass der Dictator seine lex curiata beantrage. Hier rief eine lex curiata den Camillus aus der Verbannung zurück im Einvernehmen mit dem Senat; das mag Livius als gleichbedeutend mit der sonstigen Form einer dictio und nachträglicher lex curiata gehalten haben. Nach seinen Worten erblickt er die Irregularität darin, dass ein absens zum Dictator ernannt werde,[1] obgleich er selbst von einer

[1] So auch Valerius Maximus 4, 1, 2.

Ernennung nicht spricht. — Allein wie man diese Stelle auch auffassen möge, jedenfalls haben wir einen Ausnahmefall vor uns. Camillus erhielt den Oberbefehl in regelwidriger Weise und deshalb wurde auch ein jussus populi eingeholt, um die Entschuldigung gleich neben diese Ausnahme zu stellen. Schlussfolgerungen für reguläre Zustände, insbesondere auf ein Imperium ohne lex curiata lassen sich daraus nicht ziehen.

3. Endlich beruft sich Mommsen [1] auf die vor Cäsar mit Pompejus flüchtenden Consuln des Jahres 705. Dio 41, 43 sagt von ihnen, dass sie das Curiatgesetz nicht erhalten hatten und dass es aus diesem Grunde nicht möglich gewesen sei, in Thessalonich neue Consuln durch sie wählen zu lassen. Mommsen sagt, dies habe die Consuln nicht gehindert, sich für 706 proconsularisches oder vielmehr consularisches Commando beizulegen.

Ich glaube nicht, dass Mommsen diese Stelle richtig auffasst. Dio berichtet, dass Pompejus am Ende des Jahres den Wunsch hatte, sich im Interesse seiner Partei mit neuen Consuln zu versehen, wie das ja auch Cäsar that, um den Schein aufrecht zu erhalten, dass die eigentliche Staatsleitung in seinem Lager sich befinde. Man hatte bereits alle Vorbereitungen für eine Wahl getroffen, da ergab sich, dass die beiden Consuln ohne lex curiata waren und daran scheiterte der Plan; es blieb nichts übrig, als das neue Jahr mit Proconsuln zu eröffnen, da man Consuln nicht haben konnte. — Von militärischem Befehl sagt Dio nichts und Mommsen trägt denselben in die Stelle hinein, wie das auch schon

[1] I, 590, 5.

(mit einiger Abweichung) von Rubino S. 371 geschehen ist. Die Consuln hatten in der That gar kein Imperium militare, der einzige Commandirende war Pompejus, und auch falls die Consuln etwa unter ihm Truppen führten, würde das bekanntlich nicht ausreichen, ihnen das Imperium militare beizulegen.

Demnach sind die von Mommsen vorgelegten Materialien nicht geeignet, den Satz Ciceros zu erschüttern, dass ein Consul ohne lex curiata keine militärische Competenz habe. Wohl ist der Versuch gemacht worden, sich als Magistrat ohne lex curiata an die Spitze der Truppen zu stellen, aber gelingen kann dieser Versuch nur bei freiwilliger Zustimmung des Heeres, wie Flaminius und der erste plebejische Dictator[1] sie aufzuweisen hatten. Und sein geschichtlich beglaubigtes Misslingen zeigt deutlich die Richtigkeit der von Cicero und Livius aufgestellten Lehre: die lex curiata überträgt dem Magistrat das Imperium militare.

Nach der herrschenden Meinung soll auch das richterliche Imperium auf einer lex curiata beruhen; die Gemeinde habe auch die Jurisdictio durch einen besonderen Curienbeschluss anzuerkennen, die Pflicht des Gehorsams zu übernehmen, ehe der Magistrat Justiz üben könne. Das soll nach Einiger Meinung nicht bloss für Criminalsachen, sondern auch für alle Civilsachen erforderlich sein,[2] nach Andern soll es nur die judicia

---

[1] Livius 7, 17, 6.
[2] Rubino S. 368.

legitima treffen,[1] während Andere wiederum nur judicia publica von der lex curiata abhängen lassen wollen.[2] Das Volk soll, wie Mommsen es formulirt, durch eine einzige lex curiata den Magistraten gelobt haben, ihnen nach Massgabe ihrer verfassungsmässigen Competenz Gehorsam zu leisten.

Die Stelle, auf welche diese Behauptungen gegründet werden, ist Dio 39, 19:

„*ὁ γὰρ Κλώδιος, ὅπως ἐπὶ πλεῖον ποιοίη, οὐκ εἴα τὸν φρατριατικὸν νόμον ἐσενεχθῆναι. πρὶν γὰρ ἐκεῖνον τεθῆναι, οὔτ᾽ ἄλλο τι τῶν σπουδαίων ἐν τῷ κοινῷ πραχθῆναι οὔτε δίκην οὐδεμίαν ἐσαχθῆναι ἐξῆν*“. Die lateinische Uebersetzung hat: „quae priusquam ferretur, neque ullam rem seriam in republica geri neque de causa ulla cognosci in judicio fas erat“.

Dass man aus dieser Stelle Ansichten von so verschiedener Tragweite entnehmen kann, spricht bereits gegen ihre Bedeutung. Mir scheint es nicht möglich, die Lehre von der Gehorsamsgelobung durch die lex curiata auf sie zu stützen. Möglich wäre, dass Dio hier nur von einer geschäftlichen Bevorzugung in dem Sinn spräche, dass eine lex curiata vor allen anderen Geschäften einen Vorrang habe, der sich aus der Wichtigkeit des Imperium militare zur Genüge erklären würde und von Dio 36, 22 ähnlich für die Wahlen behauptet wird; — möglich auch, und dies erscheint mir wahrscheinlicher, dass es sich um die lex curiata handelte, durch welche Pompejus in den Stand gesetzt werden sollte, seinen Getreideauftrag in Angriff zu nehmen,

[1] Mommsen 1, 589, 5. 593, 2.
[2] Karlowa 1, 130.

dieselbe, die ihn mit seinem militärischen Befehl in den folgenden Jahren ausserhalb der Stadt hielt und ohne die Pompejus in der That nichts Ernstliches anfassen, auch kein Gericht halten konnte. Für diese letztere Ansicht spricht, dass es sich bei Dio um Massregeln handelt, durch welche Clodius den Pompejus persönlich zu belästigen beabsichtigt.

So lange man der Ansicht ist, dass dem Consul in einer lex curiata Gehorsam gelobt wird, so lange hat es nichts befremdendes, dass man auch für den Rechtsbefehl ein besonderes Gelöbniss fordert. Seit wir aber gesehen haben, dass die lex curiata für den Consul gänzlich überflüssig ist, sofern er nichts mit militärischen Dingen zu thun hat, seitdem fehlt es an jedem Anlass für die Jurisdiction eine derartige Unterwerfung anzunehmen. Insonderheit würde es zu widersinnigen Resultaten führen, wenn wir in einer einzigen lex curiata diese verschiedenen Fragen erledigen wollten: wir würden dem Consul ein Imperium militare ertheilen ohne jeglichen Zweck. Ist unsere Ansicht über den Consul richtig, so wird die herrschende Lehre über die Justiz falsch sein. Wir müssen annehmen, dass der Consul wie der Prätor für alle ihre Amtsgeschäfte „domi" ohne lex curiata legitimirt waren. Ciceros Worte, dass dem Consul die Erledigung militärischer Geschäfte ohne lex curiata nicht freistehe, sind nicht dahin zu ergänzen, dass Cicero vom Prätor sprechend gesagt haben würde, er könne ohne lex curiata nicht Jurisdiction üben; vielmehr gelten sie für den Prätor genau so wie für den Consul; auch der Prätor konnte militärische Geschäfte nur erledigen, wenn ihm durch eine lex curiata das Imperium militare ertheilt war.

Endlich soll nach der herrschenden Meinung die lex curiata für Abhaltung der Centuriatcomitien erforderlich sein. Rubino sagt S. 368: diese Volksversammlungen seien als militärische in den Formen des Imperium zusammen berufen worden, obgleich man sonst bei den Abstimmungen Alles vermieden habe, was daran erinnern könnte. Ein Magistrat könne allerdings die Curien und Tribus ohne Weiteres berufen, dagegen habe man es für unzulässig gehalten, dass ein Magistrat, der das Imperium nicht feierlich übernommen hatte, davon bei den Centuriatcomitien Gebrauch mache, und da besonders heilige Handlungen, wie z. B. die Wahlen, in Frage ständen, so habe man hier noch strenger, als im Kriege bei der Heerführung, an der Nothwendigkeit einer lex curiata festgehalten. Das habe die Pompejaner in nicht geringe Verlegenheit gebracht; als sie in Thessalonich für das Jahr 706 neue Consuln wählen lassen wollten, hätten sie darauf verzichten müssen, weil sich herausstellte, dass die Consuln ohne lex curiata und desshalb unfähig waren, Centuriatcomitien abzuhalten. [1] — Diese Ansicht ist allgemein angenommen. [2] Bis an das Ende der Republik soll der Magistrat ohne lex curiata nicht fähig gewesen sein, die auf dem militärischen Imperium ruhenden Centuriatcomitien abzuhalten.

Auch dies erscheint mir nicht haltbar. Mag immerhin die Centurienverfassung ursprünglich eine rein militärische gewesen sein, so ist doch unzweifelhaft, dass man später, als die Centuriatcomitien Antheil an Ge-

---

[1] Dio 41, 43.
[2] Lange (3) I, 307. Mommsen 1, 593.

setzgebung und Wahlen erhielten, diese Versammlungen von den militärischen gesondert hat. Der „exercitus comitiorum causa eductus“ [1] oder „exercitus urbanus“ ist mit dem „exercitus armatus“, dem „classis procinctus“ (von unfassbaren Uebergangszeiten abgesehen) nie vermengt worden. Allerdings bestand das Heer aus Centurien, und es war damit die Möglichkeit gegeben, auch im Felde Centuriatcomitien abzuhalten, aber desshalb waren noch nicht die Centurien das Heer. Und zweifellos ruhten die Centuriatcomitien nicht, wie Mommsen es ausdrückt, auf dem militärischen Imperium. Im Gegentheil wird es als Ausnahme berichtet, wenn in ihnen z. B. zur Leitung der Wahlen ein Magistrat cum imperio erscheint und den Versuch macht, nicht etwa alle Bürger als Soldaten zu behandeln, aber doch von seinem Imperium militare Gebrauch zur Ueberwältigung Einzelner zu machen.[2] Regelmässig also legte der zur Wahl nach Rom berufene Feldherr sein Imperium ab, bevor er in den Centuriatcomitien erschien; eine deutlichere Widerlegung jener Lehre kann es m. E. nicht geben. — Damit stimmt überein, was Gellius 10, 15, 3 den Fabius Pictor berichten lässt: es ist religio für den Flamen Dialis „classem procinctum extra pomerium id est exercitum armatum videre“. Mit den Truppen durfte der Flamen nicht in Berührung kommen, das hielt ihn aber von den Centuriatcomitien nicht fern, konnte er doch selbst Consul sein und entsprechendenfalls die Centuriatcomitien selbst leiten.

Richtiger Weise ist auch in der früher schon be-

---

[1] Livius 39, 15, 1.
[2] Livius 24, 9, 1.

rührten Dio Stelle 41, 43 nicht gesagt, dass zur Abhaltung der Centuriatcomitien eine lex curiata erforderlich sei. Nach Dio soll in Griechenland eine Consulatswahl vorgenommen werden. An 200 Senatoren sind bei Pompejus im Lager, schon hat man den Platz für die Centuriatcomitien geweiht, als sich herausstellt, dass die Consuln ohne lex curiata aus Rom gegangen waren. Daran scheiterte des Pompejus Plan, sich mit neugewählten Consuln zu versehen. — Wie man hieraus entnehmen will, dass zur Abhaltung von Centuriatcomitien die lex curiata erforderlich sei, das ist nicht abzusehen. Es stehen nicht gewöhnliche Centuriatcomitien in Frage, sondern die Truppen sollen als solche fungiren und dies ist ohne lex curiata nicht möglich. Berufen sollte der die Wahl leitende Magistrat, aber die Consuln hatten hier keine lex curiata, sie konnten, wie Cicero uns belehrt, rem militarem non attingere, — den Truppen Befehle ertheilen konnte nur Pompejus, er allein war cum imperio, aber er war wieder nicht Magistrat; die beiden Erfordernisse lagen nicht in derselben Hand vereint vor und deshalb konnte man keine Wahlcomitien abhalten. Für die gewöhnlichen Centuriatcomitien, den „exercitus comitiorum causa eductus" sind die Sätze in Livius so klar dargelegt, dass daran die Dio Stelle billiger Weise nicht hätte irre machen dürfen.

Der einzige Inhalt, der sich für die lex curiata erweisen lässt, ist sonach die Ertheilung des militärischen Imperium. Es folgt nothwendig, dass vor der lex curiata der Magistrat ohne Imperium militare ist; wir haben gesehen, dass Mommsen umsonst sich bemüht, das ganz klare Zeugniss Ciceros zu beseitigen.

Danach ist nicht die amtliche Stellung des Consuls an eine lex curiata geknüpft, so dass er entweder gar keine oder nur unaufschiebbare Handlungen ohne dieselbe vornehmen könnte; es kann auch nicht die Rede davon sein, dass eine Verweigerung oder Hinderung der lex curiata den Consul zur Abdankung zwinge. Vielmehr ist der Consul in vollgültiger Amtsstellung, sobald er auf Grund der Wahl das Consulat angetreten hat, er bedarf zu allen Amtshandlungen „domi" keiner weitern Voraussetzung. Dagegen ist er untüchtig, irgend etwas militärisches vorzunehmen; soll er „militiae" amtiren, so ist dafür nothwendig, dass er eine lex curiata erhalte. Mit andern Worten: der Consul als solcher ist Civilbeamter, der Consul mit lex curiata ist Militärbeamter.

Regelmässig bedarf es keiner besondern Eigenschaften, damit der Consul durch lex curiata den militärischen Oberbefehl erhalte. Wer Consul sein kann, kann auch Heerführer werden. Ausnahmsweise ist dem jedoch nicht so; wir sahen vorhin schon, dass der Flamen Dialis aus religiösen Gründen nicht mit dem „exercitus armatus" in Berührung kommen darf; bei Gellius 10, 15, 3 heisst es weiter: „rarenter creatus consul est, cum bella consulibus mandabantur".[1] Hier fällt die Fähigkeit zum Consulat und die Fähigkeit zur Heerführung auseinander. Livius 24, 8 berichtet ähnlich über den Flamen Quirinalis, Fabius hindert dessen

[1] Mommsen 1, 56, 4 will dies auf die vorsullanische Zeit beziehen; wir werden später darauf zurück kommen. Hier wollen wir nur auf Tacitus Ann. 3, 58 verweisen, der es als spätres Recht beglaubigt.

Wahl zum Consul, weil man Heerführer gebrauche und der Flamen Quirinalis als Consul nicht würde in den Krieg ziehen dürfen.[1] — In diesen Beispielen zeigt sich unwiderleglich, dass man unfähig zum Heerbefehl sein kann, ohne deshalb unfähig zum Consulat zu werden.

Aber auch der fähige Consul erhält nicht stets den militärischen Befehl. Das hängt vielmehr davon ab, ob er veranlasst ist, ins Feld zu ziehen, was doch nicht bei allen Consuln zutraf. Ist dem nicht so, dann bedarf er keiner lex curiata und erhält auch keine; d. h. er bleibt Civilbeamter. Wir brauchen nicht weit nach einem Beispiel hierfür zu suchen, Cicero selbst bietet es. Gleich bei Antritt des Consulats erklärte er,[2] dass er eine militärische Stellung nur nothgedrungen übernehmen werde, und in der That hat er keine übernommen, sondern sein Consulat ohne lex curiata als Civilmagistrat zu Ende geführt. Auch als er gegen die Catilinarier vorging, war er nicht Militär- sondern Civilbeamter, er blieb „togatus," dessen er sich bekanntlich unablässig berühmt.

Fassen wir dies zusammen, so ist der Consul ein Civilmagistrat, der sich nöthigenfalls durch lex curiata in einen Militärmagistrat verwandelt. Einen Consul ohne Militärgewalt kann es geben, einen Consul ohne Civilgewalt dagegen nicht. Mommsens Lehre, dass der militärische Oberbefehl den eigentlichen Kern der obersten Amtsgewalt bilde, ist mit den Quellen nicht im Einklang.

[1] vgl. auch Livius 37, 51.
[2] de lege agrar. 1, 8, 23.

§ 5.

Wir haben gefunden, dass Consul und Prätor einer lex curiata für ihre städtische Amtsthätigkeit nicht bedürfen, dass dagegen die lex curiata ihnen das militärische Imperium ertheilt. Es gilt nunmehr, die rechtliche Stellung des Dictators zu erörtern.

Man hält den Dictator heut zu Tage für eine spezifisch militärische Behörde, deren Autorität im Gegensatz zu den Consuln sich auch auf die Stadt erstreckte und überall in dem Sinn unbeschränkt war, dass selbst eine Competenzbeschränkung den Dictator rechtlich nicht habe binden können, wenn er auch dieselbe faktisch beachten mochte. Die communis opinio [1] legt die Befugniss zur Bestellung dieses kurzlebigen Souveräns in die Hand des Senats, der die Consuln mit Mitteln zwingt, die sich gelegentlich als stumpf erweisen mögen; nur Mommsen [2] folgt auch hier seiner Ansicht von der verfassungsmässigen Ohnmacht des Senats; nach seiner Meinung wählen die Consuln sich einen Obercollegen und bedürfen dazu formell nicht einmal der Zustimmung des Senats. Dem ist auch Karlowa [3] mit unerheblichen Modificationen gefolgt. — Will dann dieser unbeschränkte, spezifisch militärische Magistrat in den Krieg ziehen, dann — muss ihn ein besonderer Beschluss des Senats oder der Plebs autorisiren zu reiten, sonst muss er zu Fuss dienen. Seltsame Sätze, an deren innerlichem Widerspruch man resignirt vorüber geht.

Ich glaube, dass nicht wohl ein Zweifel sein kann,

---

[1] Lange 1, 585. 749 ff.

[2] Staatsrecht 2, 140 ff.

[3] Röm. Rechtsgesch. 1, 212.

dass der Senat das Mittel der Dictatur in Händen hat, um in Uebereinstimmung mit der Stimme des Volkes oder nach eigenem Ermessen statt der Consuln einen einheitlichen Executivbeamten zu schaffen, der nicht, wie Mommsen meint, den Consuln als ein primus inter pares zur Seite tritt, sondern ihnen als Vorgesetzter übergeordnet ist.[1] Die entgegengesetzte Meinung vernichtet die Glaubwürdigkeit aller Berichte des Livius, obschon sie nicht im Stande ist, bessere Quellen als ihre subjective Ueberzeugung von der blos berathenden Stellung des Senats in die Wage zu legen. Livius sagt 8, 12, 9 vom Senat: „finire imperium consulibus cupiens dictatorem dici jussit", er lässt 8, 32, 3 mit den Worten: „pareantque ei consules" den Dictator als befehlsberechtigt gegenüber den Consuln erscheinen, es wird gelegentlich (30, 23, 4) ein Dictator zu dem einzigen Zweck ernannt, um „pro jure majoris imperii"[2] den Consul nach Italien zurück zu rufen. Diese Stellung, die Mommsen S. 150 selbst treffend als ein Paralysiren der Consuln bezeichnet, schliesst, so viel ich sehe, die Theorie von der Collegialität aus; sie bringt zugleich einen erheblichen inneren Grund gegen die Annahme, dass die Consuln aus sich heraus hätten zur Dictatur schreiten können; kein solcher Fall ist beglaubigt.

Dagegen ist die Stellung des Senats auch in dieser Frage insofern beschränkt, als die Ausführung seiner Beschlüsse sich stets in der Hand eines Magistrates be-

---

[1] Livius 2, 18, 6: „moderatorem et magistrum consulibus appositum".

[2] Livius 7, 3, 5

findet, den der Senat, wenn er es zum Aeussersten treiben will, in gewissem Sinne zwingen kann, aber doch auch nur so weit die Umstände ihm indirecte Zwangsmittel geben,[1] oder andre Magistrate sich finden, die Willens sind, diesem Zwang ihre Hand zu leihen.[2] Hieraus erklärt sich, dass der Senat auch hinsichtlich der Person des zu ernennenden Dictators vielleicht in die Hand des ernennenden Magistrats gegeben ist.

Die Mitwirkung des Volks bei der Dictatur können wir hier ausser Acht lassen; man ist allseitig darüber einverstanden, dass dieselbe nur in irregulären Fällen eingetreten ist. Das für uns Wichtigste ist die heutige Lehre, dass der Dictator an sich ein militärischer Beamter sei. Diese Lehre erscheint mir unrichtig.

Der ernannte Dictator ist vielmehr Civilmagistrat und er unterscheidet sich von den andern Civilmagistraten nur dadurch, dass er unumschränkt ist, dass es gegen ihn weder Provokation noch Intercession giebt. Er kann alle Staatsgeschäfte „domi" vornehmen, kann seinen Magister equitum ernennen,[3] kann zu Gericht sitzen, kann Bürger tödten lassen,[4] wenn sie ihm nicht gehorchen wollen, — aber „res militares attingere" kann auch der Dictator nicht ohne lex curiata; erst diese verleiht ihm wie den übrigen Civilmagistraten das Imperium militare.[5] Nur nothgedrungen hat man, wie

---

[1] Livius 42, 8 ff.

[2] Willems, senat Romain 2, 257 nennt dies „un étrange système"; ich glaube nicht, dass es befremdender als die constitutionelle Monarchie ist.

[3] Livius 9, 38, 15.

[4] Livius 4, 13, 11.

[5] Livius 9, 38, 15: „atque ei legem curiatam de imperio ferenti".

in dem Fall des Camillus davon abgesehen und dem Dictator in irregulärer Weise durch Curienbeschluss vor der Ernennung seine militärische Stellung gegeben.

Die herrschende Lehre lässt diese Fragen voller Widersprüche. Das Imperium des Dictator soll erst „voll zu Recht bestehen", wenn ihm die Curien sich verpflichtet haben; aber trotzdem darf der Dictator zu Amtshandlungen auch ohne „voll zu Recht bestehendes" Imperium schreiten; die lex curiata, ohne welche das Imperium nicht „voll zu Recht besteht", soll doch „nur üblich, nicht rechtlich nothwendig" sein. — In Wahrheit erscheint die Sachlage äusserst einfach, sobald man sich nur davon losgesagt hat, dass die lex curiata eine Förmlichkeit sei, welche dem Magistrat nichts gab, als was er bereits hatte. Die Handlungen, welche der Dictator ohne lex curiata vornehmen kann, sind ganz genau umgrenzt und sie bestätigen nur die Regel, dass ohne lex curiata kein Imperium militare besteht; wie andrerseits die von dem Dictator vor der lex curiata geübte Justiz die beste Widerlegung jener Behauptung ist, dass für die Jurisdictio eine lex curiata erforderlich sei.

Um also den Heerbefehl zu übernehmen, bedarf der Dictator, wie der Consul und Prätor, einer lex curiata. Allein wenn er in den Krieg zieht, soll er nach der gemeinen Meinung verpflichtet sein, zu Fuss zu dienen, wenn ihm nicht als besondere Gunst gestattet wird zu reiten. Seltsamer Widerspruch! Derselbe Mann, von dessen freiem Entschluss das Leben aller römischen Bürger abhängt, darf nicht zu Pferde steigen ohne besondere Erlaubniss Seitens seiner sonst nahezu rechtlosen Untergebenen! Daran nimmt man keinen Anstoss; Mommsen findet sogar, (2, 151) das stehe in nothwendigem Zusammenhang: insofern der Dictator sich nothwendig einen Reiterführer beiordnen müsse, habe er selbst nothwendig seinen Platz bei dem Fussvolk, und da die ältere Zeit von berittenen Infanterie-Offizieren nichts wisse, so dürfe der Dictator nicht reiten![1]

Ich glaube nicht, dass man sich bei diesem Ergebniss beruhigen darf. Ein Feldherr, der den Oberbefehl über Fussvolk und Reiterei hat, der nicht auf ein gelegentliches, freiwilliges Eingreifen Berittener angewiesen ist, sondern bisweilen schon recht erhebliche Truppenmassen in der Schlacht einheitlich leiten soll, an dessen Ueberblick über das Schlachtfeld das Loos des Kampfes hängen wird, der soll nothwendig zu Fuss dienen, weil es keine berittenen Infanterie-Offiziere giebt? Wer nicht ohne sinnliche Anschauung ist, wird uns darin ohne Weiteres beipflichten, dass der Mann seine Aufgabe zu Fuss schlechterdings nicht erfüllen kann, dass er, sobald die Umstände es erheischen, Höhe und Schnelligkeit eines Pferdes für sich verwenden muss, auch wenn es keine berittenen Infanterie-Offiziere giebt.

Sehen wir, ob die Quellen in der That jene undurchführbare Vorschrift aufstellen. Es handelt sich um folgende Stellen.

Livius 23, 14, 2 sagt von einem Dictator „latoque ut solet ad populum, ut equom escendere liceret“.

Plutarch Fabius 4 schreibt „πρῶτον μὲν ᾐτήσατο τὴν σύγκλητον ἵππῳ χρῆσθαι παρὰ τὰς στρατείας“.

Zonaras 7, 13 endlich führt als einen Punkt, in

[1] So auch Karlowa, röm. Rechtsgesch. 1, 214.

welchem der Dictator sich vom König unterscheide, den Umstand an „μὴ ἐφ' ἵππον ἀναβῆναι ὁ δικτάτωρ ἠδύνατο, εἰ μὴ ἐκστρατεύεσθαι ἔμελλεν".

Früher nahm man an,[1] dass bis auf Fabius alle Dictatoren zu Fuss gedient hätten; Fabius sei der erste gewesen, der sich ein Pferd verschafft habe, seitdem sei es denn Regel geworden, dass die Dictatoren baten, ihnen das Reiten zu gestatten. Das lässt sich leicht als ein Missverständniss erweisen, welches dadurch hervorgerufen ist, dass man die lateinische Uebersetzung des Plutarch benutzte, ohne sich von ihrer Correctheit zu überzeugen. Die Uebersetzung gibt das „πρῶτον" irriger Weise mit „primus omnium" wieder. Plutarch selbst sagt nur, das Erste, was der Dictator that, war der Antrag an den Senat, dass er zu Pferd sitzen dürfe.

Hier ist denn ja in der That ausgesprochen, dass der Dictator sich nach Livius an das Volk, nach Plutarch an den Senat mit dem Anliegen wendet, man möge ihm gestatten zu Pferd zu steigen. Nur Zonaras drückt sich abweichend aus, nach ihm kann der Dictator ohne weitere Erlaubniss reiten, sobald er in den Krieg ziehen will; Mommsen glaubt 2, 151, 2, Zonaras habe die Sache durch Missverständniss falsch gewandt; mit Mommsen's Theorie von den unberittenen Infanterie-Offizieren passt Zonaras allerdings nicht zusammen. Aber es fragt sich, ob diese Theorie richtig ist.

Lange 1, 761 versucht die Frage auf anderem Wege zu beantworten. Er hält die Worte „ut equom escendere liceret" für einen Bestandtheil der alten lex curiata der Könige, durch den der Rex von dem sa-

[1] Gruchius, de com. Roman. (Graevius 1, 803).

kralen Verbot des Reitens befreit wurde, dem er eben so gut wie der Flamen Dialis unterworfen gewesen sein müsse. Diesen Satz habe man bei den Consuln weggelassen, bei dem Dictator beibehalten, weil der Dictator in seinem Imperium dem König näher stand. — Auch dies unterliegt erheblichen Bedenken. Die Könige erhielten allerdings eine lex curiata, aber doch nur Eine, gleichsam eine lex curiata generalis gleich nach dem Antritt des Königthums; es ist höchst unwahrscheinlich, dass für sie ein sakrales Verbot des Reitens bestanden haben soll, eigentlich nur um sogleich beseitigt zu werden. Auch ist nicht einzusehen, weshalb man eine Formel, die sich nur auf solche sakrale Frage bezog, auf die Dictatoren übertragen haben sollte, bei denen doch sicher keine sakrale Vorschrift in Betracht kam. Endlich spricht gegen Lange's Erklärung der Umstand, dass Zonaras grade in diesem Reiten des Dictators, sobald er in den Krieg zieht, einen Unterschied von dem König erblicken will.

Ich glaube die Frage lässt sich in folgender Weise lösen.

Livius erwähnt des Antrages: „ut equom escendere liceret" nur Ein Mal, und zwar bei einem Dictator. Da sowohl Plutarch als Zonaras ebenfalls die Frage bei Dictatoren berühren, so liegt es auf den ersten Blick nahe, den Antrag als nur bei einem Dictator vorkommend anzusehen. Aber keine unsrer Stellen sagt dies etwa ausdrücklich oder deutet es auch nur irgendwie an. Es ist im Gegentheil unwahrscheinlich, dass Livius sich auf eine gelegentliche Erwähnung beschränkt und diese noch mit einem „ut solet" generalisirt hätte, wenn es sich um ein singuläres, nach seiner Meinung nur auf die Dictatur anwendbares Institut gehandelt hätte.

Nehmen wir nun einmal an, der Ausdruck werde auch von andern gebraucht, z. B. vom Consul oder Prätor, der in den Krieg ziehen will, so bietet sich zur Erklärung auf ganz ungezwungne Weise die lex curiata selbst dar. Ich glaube in der That, dass wir mit dem Antrag: „ut equom escendere liceret“ [1] nichts andres als eine Vulgärbezeichnung für die lex curiata vor uns haben, die nur zufälliger Weise bei einem Dictator erwähnt ist und dadurch Anlass zu der Auslegung gegeben hat, als ob sie auch nur dort zutreffe. Der betreffende Magistrat beantragte seinen Auszug in den Krieg, sein „Reiten lassen“, das „Aufsitzen“, — wir werden später noch auf ähnliche Wendungen stossen, die gleicher Weise den technischen Vorgang der lex curiata de imperio mit Ausdrücken des täglichen Lebens wieder geben. — So erklärt sich, wie Zonaras sagen kann, der Dictator unterscheide sich vom König darin, dass er nur dann zu Pferd steige, wenn er in den Krieg wolle, weil der König ein für allemal durch seine lex curiata autorisirt war und daher für einen Krieg besonderer Autorisation nicht mehr bedurfte, nicht zu beantragen brauchte, dass ihm zu „Reiten“ gestattet werde. — So erklärt sich ebenfalls das angebliche sakrale Verbot für den Flamen, ein Pferd zu besteigen: es ist nur ein andrer Ausdruck für den früher bereits berührten Satz, dass der Flamen militärischen Befehl nicht übernehmen darf. [2]

[1] Livius 37, 20, 12: equos escendere für die Reiterei.
[2] Tacitus, Annal 3. 58. Livius 37, 51.

Wir haben gesehen, dass der Dictator wie die andern Magistrate einer lex curiata bedarf, um das Imperium militare zu erlangen. Damit ist der Punkt gegeben, von dem aus die herrschende Lehre sich beurtheilen lässt, nach welcher alle Dictatoren gleich unbeschränkt und auch durch etwaige Grenzen nur faktisch, nicht rechtlich gebunden sein sollen. Diese Lehre ist ein Irrthum, der sich nur festsetzen konnte, weil man sich über die rechtliche Bedeutung der lex curiata nicht klar war; seit wir wissen, dass sie und nur sie dem Magistrat militärische Macht überträgt, kann man nicht daran denken, einen Dictator ohne lex curiata einem Dictator mit lex curiata gleichstellen zu wollen. Nur der letzere ist Heerführer, bekanntlich unter dem Namen eines „dictator rei gerundae", oder „seditionis sedandae"; nur für ihn besteht die aus der alten Dauer des Feldzugs entlehnte Beschränkung auf sechs Monate. Dagegen ein dictator clavi figendi, ludorum, religionis solvendae, feriarum constituendarum, senatus legendi, comitiorum habendorum, quaestionum und wie sie alle heissen, — ist allerdings auch Dictator, aber er ist weit entfernt davon, dem dictator rei gerendae rechtlich gleichzustehen. Niemals erhält er eine lex curiata, denn mit militärischen Dingen hat er überhaupt nichts zu thun; er hat daher auch mit der sechsmonatlichen Frist nichts zu schaffen,[1] vielmehr wird ihm nur ein spezielles Geschäft[2] aufgetragen und nur für diesen kleinen Bereich wird ihm unbeschränkte Macht gewährt. Er steht daher nicht

---

[1] „nec dictatori nisi rei gerendae causa creato in sex menses datum imperium" Livius 23, 23, 2.

[2] Livius 9, 26, 6: „si vobis datum ab Senatu n e g o t i u m fuerit" im Gegensatz zum imperium.

einmal dem Dictator rei gerendae dann gleich, wenn dieser sich noch ohne seine lex curiata befindet. Der Eine ist dann unumschränkter Civilmagistrat ohne sachliche Beschränkung, der andre hat seine unumschränkte Civilgewalt nur für ein sachlich sehr beschränktes Gebiet.

Diese Behauptung stützt sich nicht etwa allein auf die Zusätze, welche die einzelnen Dictatoren von einander scheiden, obgleich diese Ausdrücke bei einem juristisch hervorragenden Volk sicher nicht ohne innern Gehalt verwandt wurden, — sie kann auch ausdrückliche Probe aufweisen. Regelmässig war ein dictator clavi figendi verständig genug, sich nur für seine Nagelung autorisirt zu glauben, aber Livius berichtet 7, 3, 9 doch von einem verschrobenen Kauz, der von der religiösen Handlung ohne Weiteres zu Aushebungen überging „quasi rei gerendae, ac non solvendae religionis gratia creatus esset“. Der Fall scheint mir deutlich zu zeigen, dass allerdings nirgends ausgesprochen war, dass man nicht Soldaten ausheben dürfe, wenn man einen Nagel einschlagen solle. Aber die Volkstribunen traten jenem übergreifenden Dictator ohne Weiteres in den Weg und drängten ihn in seine selbstverständlichen Schranken zurück; wie sie in gleicher Weise sich dem Dictator comitiorum entgegen stellen, falls derselbe seinen Auftrag so missversteht, als ob er nicht nach bestehenden Gesetzen Comitien abhalten solle, sondern nach eigenem Gutdünken handeln könne.[1] Das sind nicht, wie Lange 1, 757 meint, blosse Demonstrationen, sondern es zeigt deutlich die Abgrenzung der dictatorischen Macht. Die Volkstribunen wussten recht wohl, dass man einem Dictator nicht mit Demonstrationen kommen

---

[1] vgl. Livius 9, 26, 6. 27, 6, 3. 7, 21, 1.

durfte, wenn Einem das Leben lieb war, sie verlegten sich da wohlweislich aufs Bitten;[1] so hätten sie auch den Spezialdictatoren gegenüber sich wohl vor Widerstand gehütet, so lange diese in der Sphäre ihres Geschäfts blieben. Wollte aber ein solcher Spezialdictator sich Uebergriffe erlauben und Geschäfte in die Hand nehmen, die mit seiner Aufgabe in keinem Zusammenhang standen, dann fand er von allen Seiten und zunächst von den Volkstribunen berechtigten Widerstand.[2]

Das scheint mir auch der Sinn einer Stelle zu sein, auf welche Mommsen 2, 149 seine Ansicht stützt, dass die Spezialdictatoren „mehr faktisch als rechtlich" gebunden waren. Livius berichtet 9, 34, 12, dass Appius sich weigert, sein Amt als Censor zu beendigen, weil er erklärt, die lex Aemilia, welche die Amtszeit der Censoren abkürzte, sei nur für die damaligen Censoren erlassen und binde ihn nicht. Man hält ihm entgegen, dass man dann keinen Dictator clavi figendi oder ludorum ernennen könne, dass jeder rex sacrificiorum sich berechtigt halten könne, den wirklichen König zu spielen. — Hier ist so viel ich sehe geradeswegs ausgesprochen, dass die Specialdictatoren sich rechtlich nicht über ihre Spezialität erheben durften; um zu einem andern Resultate zu gelangen, müsste man den Gedankengang des Appius für richtig halten und gleich ihm behaupten, dass man durch die gezogenen Rechtsschranken nicht gebunden sei.

---

[1] Livius 8, 34, 35.

[2] Karlowa, röm. Rechtsgeschichte 1, 214 behandelt diese Frage schwankend; ein Dictator rei gerendae möge auch zu begrenztem Zweck eingesetzt sein und Handlungen des Spezialdictators über den Zweck hinaus sollen gültig sein.

Innerhalb seiner Competenz ist jeder Dictator unbeschränkt gewesen; Provokation und Intercession sind gegen ihn nicht gestattet. Hinsichtlich der Intercession findet dies allgemein Annahme, sahen wir doch eben, dass man sogar geneigt ist, solche Intercessionen, die dem Dictator ausserhalb seiner Competenz entgegengesetzt werden, als blosse Demonstrationen anzusehen. Livius sagt denn auch 6, 38, 13 ausdrücklich, dass bis auf seine Zeit herab Consuln und Volkstribunen in stetem Streit gelegen hätten, „dictaturae semper altius fastigium fuit“. Der „Obercollege“ hatte eine um so viel gewaltigere Macht in Händen, dass es für Niemand gerathen war, mit ihm zu hadern.

Wenn es aber nicht einmal den Tribunen gelang, sich gegenüber der Dictatur zur Geltung zu bringen, so ist es an sich wenig wahrscheinlich, dass man jemals die Provokation zugelassen haben sollte. Trotzdem nimmt man dies allgemein an, [1] und Mommsen decorirt diese Lehre durch die Wendung, die freiheitliche Partei habe ihr Ziel erreicht, sie habe die Dictatur unter die Provokation gebeugt. Wann dies geschehen sei, darüber weiss man freilich nichts, auch sind keinerlei Nachrichten über Provokationen überliefert, die doch voraussichtlich bei jedem Anlass erfolgten und die Dictatur faktisch lahm legten. Ja, als gegen das Ende der Republik die Dictatur wieder hervorgesucht wird, steht sie genau so unbeschränkt da, wie sie je in früheren Zeiten gewesen. Allein man meint, dass sie nur eine

[1] Mommsen, Staatsrecht 2, 156. Lange 1, 757. Karlowa 1, 215.

nothdürftige Legalisirung der Tyrannis gewesen.[1] Als ob die alte Dictatur je etwas anderes war; umsonst sieht man sich nach einem Unterschiede um, hielt doch Cäsar sogar an dem alten Halbjahr für seine Dictatur fest.

Die herrschende Lehre beruft sich auf eine Stelle des Festus, welche die Zulassung der Provokation unzweifelhaft bezeugen soll. Festus sagt (Müller S. 198):

„Optima lex in magistro populi faciendo, qui vulgo dictator appellatur, quam plenissimum posset jus ejus esse significabat . . . Postquam vero provocatio ab eo magistratu ad populum data est, quae ante non erat, desitum est adjici „ut optima lege" utpote imminuto jure."

Hier ist ja denn allerdings mit dürren Worten ausgesprochen, dass die früher provokationsfreie Dictatur späterhin der Provokation unterworfen und deshalb der Zusatz „ut optima lege" aufgegeben sei. Diesen Zusatz sieht man h. z. T. als einen Theil der Wahlformel des Dictators an und hält die ganze Frage für erledigt; es gab demnach Dictatoren schlechtweg, gegen diese war Provokation zulässig, und Dictatoren „ut optima lege", gegen welche die Provokation nicht gestattet war.

Diese Stelle des Festus, auf welche man vertrauensvoll eine Lehre baut, die sonst von keiner Seite her gestützt wird und in die übrigen Structuren schlecht hinein passt, — diese Stelle kann eine kritische Prüfung überhaupt nicht ertragen. Das wird sich leicht darthun lassen, sobald wir uns ihr auf Umwegen nähern.

---

[1] Lange 1, 764.

Es fragt sich zunächst, was heisst „optima lege"? Cicero[1] gebraucht „optima lege" und „lege curiata" promiscue, wir können daher ohne Weiteres sagen, ein Dictator optima lege ist ein Dictator mit lex curiata, mit militärischem Imperium. Mit einer Wahl haben wir es dabei nicht zu thun, es kann daher auch „optima lege" nicht als Theil einer Wahlformel angesehen werden.

Es fragt sich weiter, was heisst „ut optima lege"? Festus behandelt „optima lege" und „ut optima lege" als identisch und die modernen Autoritäten nehmen daran keinerlei Anstoss. Mommsen[2] macht zwischen beiden Ausdrücken keinerlei Unterschied. — Es ist jedoch schlechthin unmöglich, die beiden Formeln als gleich anzusehen, der Zusatz „ut" in der zweiten charakterisirt diese als vergleichend, als gleich w e r t h i g, das heisst als ungleich. Könnte daran ein Zweifel sein, so müsste er schwinden, sobald wir Ciceros Ausdrucksweise beachten. Er sagt de lege agraria 2, 11, dass die Decemvirn des Rullus die lex curiata erhalten sollten; wenn aber diess misslänge, dann „eodem jure sint, quo qui optima lege" und er führt das noch weiter aus mit den Worten: „ut sine lege curiata idem juris habeant, quod haberent, si optima lege essent a populo creati." Hier ist das „quo qui" durchaus gleich dem „ut" in der Festus-Stelle, beide bezeichnen ein Surrogat und zwar ein gleichwerthiges Surrogat. Dieselbe Ausdrucksweise wiederholt sich bei Gellius 1, 12, 14 für die Ergreifung der vestalischen Jungfrau; die Worte: „ut quae optima lege

---

[1] de lege agraria 2, 11.
[2] Staatsrecht 2, 156 und 1, 26, 3. Karlowa 1, 214.

fuit" weisen unzweideutig darauf hin, dass diese Ergreifung an die Stelle eines früheren Curienbeschlusses getreten ist, dem sie als gleichwerthig zur Seite gestellt wird.[1]

Wenn nun Festus in unsrer Stelle „optima lege" und „ut optima lege" nicht unterscheidet, so können wir ohne weiteres behaupten, dass er von Dingen spricht, die er nicht verstanden hat. Damit ist seine Glaubwürdigkeit erschüttert; aber vielleicht gelingt es uns sogar, sein Missverständniss bis zu einem gewissen Grade zu erklären.

Die Bezeichnung „ut optima lege" ist m. W. in den Quellen nicht gebraucht; sie würde sich aber treffend für solche Fälle verwenden lassen, in denen ein Dictator nicht im Wege der regulären Dictio sondern durch einen Volksbeschluss sein Amt erhielt, wie dies z. B. bei Camillus und Fabius[2] der Fall war. Das waren genau genommen nicht Dictatoren, sondern Prodictatoren, und wohl wäre es möglich, dass hier die Irregularität des Vorganges zu dem besondern Ausdruck geführt hätte, dass die rechtliche Stellung trotzdem der Regel entsprechen solle, so dass man in dem Volksschluss

---

[1] „Ut qui jure optimo" und „quo qui jure optimo" hat dieselbe Bedeutung eines Surrogats. Ich gehe auf Cicero, Philipp. 5, 16, 45. 14, 28. ad Brut. 1, 15, 7. Livius 9, 34, 12. Cicero, de lege agr. 2, 12 nur deshalb nicht näher ein, weil es mir nicht gelungen ist, die Frage der Censur zu verstehen. Cicero spricht von einer reprehendendi potestas, die für die Censoren durch den Beschluss der Centuriatcomitien möglich sei; ich glaube nicht, dass die herrschende Lehre von zweifacher Abstimmung in den Centurien richtig ist. Vielleicht meint Cicero ein Vorschlagsrecht des Senats als erste Wahl. Vgl. Livius 4, 8.

[2] Livius 22, 8.

wirklich die Clausel verwandte: „pro dictatore sit ut lege optima". Der offizielle Ausdruck scheint aber gewesen zu sein, was Rullus verwendet: „eodem jure sit, quo qui optima lege", ganz so wie der Senat dem Augustus den ersten Heerbefehl mit der Clausel überträgt „sit pro praetore, quo qui jure optimo".[1] In praktischer Hinsicht mussten dictator „optima lege" und „ut optima lege" gleichstehen, beide hatten das Imperium militare, gegen beide gab es weder Intercession noch Provokation. Ein Dictator schlechtweg, sei es dass er bestimmt war, den Heerbefehl zu erhalten, sei es, dass er nur ein negotium speciale vollziehen sollte, — ein solcher stand allerdings „imminuto jure", er hatte nicht die volle Rechtsstellung eines Dictator mit der lex curiata; aber correcter Weise könnte man nicht sagen, dass man ihm die lex curiata oder den sie bezeichnenden Zusatz „entzogen" habe („desitum est adjici"), er hatte vielmehr die lex curiata noch nicht erhalten, sollte sie vielleicht überhaupt nicht erhalten. Wenn wir nun erwägen, dass die geringere Rechtsstellung der übrigen Magistrate ohne lex curiata sich regelmässig in Provokation (und Intercession) zeigte, so mochte Festus dadurch zu dem Irrthum verleitet werden, als ob es bei dem Dictator wie bei den Consuln gegangen sei und die geringere Rechtsstellung des „sine optima lege" in der Zulässigkeit der Provokation enthalten sei, zumal ihm seine Quelle sehr wohl sagen konnte, dass gegen einen Dictator ohne lex curiata

---

[1] Cicero, Philipp. 5, 45. M. Er. deutet das „jure" an, dass es sich nur um den privatus cum imperio handelt, der keine optima lex hatte und dass daher dieser Proprätor auch nicht so stehen sollte, als ob er eine lex curiata habe.

Provokation zulässig sein könne, wenn nämlich ein Spezialdictator über sein negotium hinausging.

Wie aber auch Festus zu seiner Erklärung gekommen sein mag, das steht jedenfalls fest, dass dieselbe nicht richtig ist. Gegen den Dictator ohne lex curiata gab es keine Provokation. Wir thun am besten, die Lehre von der abgeschwächten Dictatur ins Reich der Fabeln zu verweisen.

Nachdem wir die Reihe der republikanischen Magistrate durchmustert haben, können wir jetzt einen Blick auf das Königthum werfen.

Cicero berichtet Nichts über Romulus, das erklärt sich zur Genüge aus dessen Gründerqualität; dagegen sagt er von Numa, das Volk habe ihn in den Comitien zum König ernannt, „tamen ipse de suo imperio curiatam legem tulit". Dieselbe Nachricht erhalten wir über Tullus, Ancus, Tarquinius Priscus und Servius;[1] sie alle stellen an die Curien den Antrag, ihnen das Imperium zu ertheilen, auch wenn diese selben Curien sie eben zum König gewählt haben, was Cicero durch „quamquam — tamen" besonders nachdrücklich hervorhebt.

Niebuhr[2] versuchte diese zwiefache Curien-Entscheidung so zu erklären, dass nur die Ramnes die Königswahl gehabt und die andern Stämme daher nachträglich zugestimmt und Gehorsam gelobt hätten. Heutzutage soll hier die Wurzel der spätern lex curiata in dem Sinn zu erblicken sein, dass die Bürgerschaft dem

---

[1] Cicero de rep. 2, 13, 25. 17, 31. 18, 33. 20, 35. 21. 38.
[2] Röm. Geschichte ([3]) 1, 379.

König sich noch mit besonderem Treuwort verpflichte,[1] wobei es denn allerdings ganz erklärlich ist, dass man von keiner Seite hierauf besondern Werth legte. Nur Lange[2] hält auch hier an der Analogie mit der Familie fest und nimmt daher an, dass der König durch die zweite lex curiata das Volk unter sein Imperium arrogire und dadurch, wie bei privater Arrogation, das Jus vitae et necis erhalte.

Ich glaube, aus der vorstehenden Untersuchung ergiebt sich zur Genüge, dass Cicero von den Königen nur das berichtet, was für die republikanischen Magistrate geltendes Recht war. Auch die Könige haben seiner Meinung nach durch die Wahl nur eine bürgerliche Stellung, sie müssen das Imperium militare erst noch durch eine neue lex curiata erwerben. Nur insofern unterscheiden sie sich von den Magistraten, als sie dieses Imperium gleich nach ihrer Wahl ohne besonderen Anlass ein für alle Mal erwerben, während die Magistrate es nur für den einzelnen in ihre Amtszeit etwa fallenden Krieg erlangen. Zonaras, wie wir früher sahen, drückt das dadurch aus, dass dem König ohne besonderen Beschluss freisteht, zu reiten, während der Dictator nur nach speziellem Beschluss dazu befugt ist. — Aber der Inhalt der lex curiata ist derselbe bei dem König wie bei dem republikanischen Magistrat; es handelt sich stets um das Imperium militare oder kurzweg um das Imperium, um eine lex curiata de imperio. Mommsen 1, 588, 3 meint, diese gangbare Bezeichnung sei weder quellenmässig, noch streng richtig. Cicero und Livius

---

[1] Mommsen, Staatsrecht 2, 7.

[2] Röm. Alterthüm. 1, 303.

gebrauchten freilich den Ausdruck: legem curiatam de imperio ferre, aber daraus folge doch nur, dass das Gesetz als lex de imperio bezeichnet werden konnte, wenn der Magistrat das Imperium besass; auf die analogen Acte für Magistrate ohne Imperium passe die Bezeichnung nicht. Das letztere ist zweifellos richtig, wo kein Imperium gegeben werden sollte, konnte man auch nicht von einer lex curiata de imperio sprechen; es fand dann aber auch kein „analoger Act“ statt. Was immer Mommsen sagen mag: der Ausdruck lex curiata de imperio ist quellenmässig und streng richtig; das Unrichtige liegt nur in dem, was die moderne Theorie in die lex curiata hineinträgt.

Die Könige erhielten wie gesagt ein für alle Mal durch eine lex curiata das Imperium militare; aber daraus folgt nicht etwa, dass sie befugt waren, dasselbe auch intra Pomerium auszuüben, wie Manche annehmen.[1] Der Satz des alten Templum, dass Waffen und Waffengewalt fern zu halten sei, bestand von jeher, auch die Könige konnten die militärische Berufung des Volks nicht innerhalb der sakralen Urbs vornehmen. Freilich für sie war das nur eine sakrale Vorschrift, sie standen unter einem fas pomerii, es gab für sie keine weltliche Behörde und daher kein j u s pomerii; von ihrer freien gewissenhaften Entschliessung hing es daher ab, inwieweit sie diese Vorschrift beachten wollten. Sie hätten stets die Macht gehabt, militärische Gewalt intra pomerium zu entfalten, wenn ihnen nichts am Zorn der Götter lag. Denn darin lag der grosse Unterschied zwischen ihnen und den republikanischen Magistraten,

---

[1] v Jhering, Geist d. röm. Rechts 1, 303.

dass die Könige das Imperium militare besassen,[1] aber innerhalb der Stadt nicht gebrauchen durften, ein Zustand, der bei keinem republikanischen Magistrat ausser dem Dictator cum lege curiata vorkommt. Hier könnte man also in der That von einem „ruhenden Imperium" sprechen, ein Ausdruck, der auf die gewöhnlichen Magistrate der Republik angewandt durchaus unzutreffend wird, weil dieselben das Imperium erst ausdrücklich erwerben mussten und bei ihrer Rückkehr wiederum verloren.

Regelmässig beantragt der römische Heerführer, sei er nun König oder Magistratus, persönlich seine lex curiata. Nur bei neu zu creirenden ausserordentlichen Magistraten finden wir zu Ciceros Zeit, dass für sie von einem andern bereits bestehenden Magistrat die lex curiata gestellt wird. So soll nach des Rullus Vorschlag der Prätor die lex curiata für seine Decemvirn beantragen;[2] so wird auch für Clodius zum Zweck seiner Gesandtschaft von Andern die lex curiata beantragt.[3]

Der erste Fall (der zweite ist m. W. bislang nicht gewürdigt) hat der herrschenden Lehre gewisse Schwierigkeiten gemacht. Wenn durch die lex curiata ein Gehorsam, eine Treupflicht übernommen wird, wenn dies

---

[1] Daher liegt im Fall Horatius ein Beweis besonderer Milde darin, dass der König nicht mit seinem Imperium einschreitet, sondern den Fall behandeln lässt, als ob er intra pomerium geschehen sei.

[2] Cicero, de lege agr. 2, 11.

[3] Cicero, ad Att. 2, 7, 2.

gar deshalb als nothwendig angesehen wird, weil der formale Vertrag, der in der Wahl liegen soll, nicht zwischen dem Gewählten selbst und der Gemeinde zu Stande gekommen war, wie Rubino das annimmt, — dann ist nicht wohl abzusehen, weshalb hier eine Vertretung zum Vorschein kommt, die, wie Mommsen 1, 589, 3 bemerkt, dem Wesen eines solchen Verpflichtungsactes wenig angemessen ist. Sigonius [1] hat vorgeschlagen, dies daraus zu erklären, dass diese Decemvirn als Private ohne Recht gewesen seien, selbst Anträge an das Volk zu stellen, Rubino ist dem S. 362 gefolgt und heute gilt dies für unzweifelhaft. [2] — Mir scheint die Frage nicht frei von Bedenken zu sein. Wenn wir uns in die Zeit versetzen, in welcher die Curien selbst den Beschluss fassten, so sehe ich nicht ein, weshalb nicht jeder Privatus in ihnen den Antrag stellen könnte, ihm eine lex curiata zu bewilligen, so gut wie jeder Privatus dort Arrogationen vornehmen oder Testamente errichten konnte. Aus solchem Antragsrecht liesse sich ein Recht auf Berufung der Curien selbstredend nicht folgern. Ein solches haben nicht einmal die Magistratus majores gehabt, die zweifellos ihre lex curiata doch persönlich beantragten; die Berufung der Curiatcomitien lag in der Hand des Pontifex maximus, ihm allein stand der Befehl über die 30 Curiatlictoren zu, [3] an deren Stelle man nicht die Lictoren der

---

[1] Graevius thes. 1, 849.

[2] Mommsen, Staatsrecht 1, 589, 3.

[3] Valerius Maximus 8, 13, 2. Gellius 15, 27, 2. Mommsen, Staatsrecht 1, 374. Der Pontifex maximus leitete ebenso die Comitien zur Wahl der Tribunen, bevor deren Wahl auf die Tribus überging. Livius 3, 54, 5.

Antrag stellenden Magistrate setzen darf.[1] Dass es sich um eine spezifisch priesterliche Leitung handelt, geht auch daraus hervor, dass der Nachweis einer lex curiata durch das Zeugniss von drei Auguren geführt wird, worauf wir später noch zurückkommen. So lange diese Curien unter priesterlicher Leitung selbst beschlossen, so lange scheint mir Nichts darauf hinzuweisen, dass für irgend Jemand eine Vertretung bei der zu stellenden lex curiata erforderlich gewesen wäre. Die Nachrichten, welche von einer solchen Vertretung sprechen, beziehen sich aber auf Ciceros Zeit, für welche es ausgemacht ist, dass die Curien nicht mehr selbst beschliessen. Ob nicht dadurch eine Aenderung hinsichtlich des Antragstellers herbeigeführt ist, das müssen wir später in anderem Zusammenhang erörtern.

In der Sache selbst finden wir auch in diesen Fällen unsere Auffassung bestätigt: die lex curiata soll dem Betreffenden das Imperium militare geben. Die Decemvirn des Rullus bedürfen dessen, weil die Gründung einer Colonie ein spezifisch militärischer Act ist; und einem Gesandten Roms kann eine lex curiata doch auch nur zu dem Zweck gegeben sein, um ihm gegenüber seinen Begleitern diejenige Macht zu verleihen, deren er in fernen Gegenden besonders bedurfte; eine „Treupflicht“ der römischen Bürger würde ihm wunderlich zu Gesicht stehen.

---

[1] Wie Mommsen, röm. Forschungen 1, 273 dies thut; N. Rhein. Mus. 6, 24, gab er statt dessen dem Antrag stellenden Magistrat Befehlsrecht über die Curiatlictoren.

Wir haben bisher gesehen, dass derjenige, der ein militärisches Imperium erhalten soll, dasselbe durch eine lex curiata erlangt. Die herrschende Lehre nimmt aber an, dass auch magistratus minores ihre Autorität gegenüber den Bürgern durch eine lex curiata erlangten, welche die Magistratus majores mit der ihrigen zugleich für sie beantragten, so dass zu Ciceros Zeit regelmässig ein einziges Curiatgesetz eingebracht sei, zu welchem die zur Regierung befugten Magistrate sich vereinigten.[1] — Wir würden demnach hier nicht nur die anstössige Vertretung bei dem Act der „Treuverpflichtung" haben, sondern auch vor einer lex curiata stehen, die einen spezifisch verschiedenen Inhalt hätte und von derjenigen, welche das Imperium militare übertrug, so streng zu sondern wäre, dass es kaum möglich sein dürfte, sie in demselben Act zusammen zu fassen. Wenn die herrschende Theorie dies doch für möglich hält, so erklärt sich dies aus dem Umstande, dass für sie die lex curiata zu einer werthlosen Förmlichkeit herabgesunken ist, deren logische Structur nicht viel Bedenken wach zu rufen braucht.

Die Lehre dass die magistratus minores eine lex curiata erhalten, stützt sich auf zwei Stellen. Messalla sagt bei Gellius 13, 15:

„Minoribus creandis magistratibus tributis comitiis magistratus, sed justus[2] curiata datur lege." Hier findet man ausgesprochen, dass die lex curiata auch den minores magistratus gegeben sei.[3] Insbesondere

---

[1] Mommsen, Staatsrecht 1, 589.

[2] Vielfach wird justius gelesen.

[3] Rubino S. 390 ff.; Mommsen, Staatsrecht 1, 591; Karlowa 1, 132.

soll Tacitus, Annal. 11, 22 durch die Worte: „quaestores regibus etiam tum imperantibus instituti sunt, quod lex curiata ostendit ab L. Bruto repetita“ hinsichtlich der Quästoren aussprechen, dass sie eine lex curiata erhielten und nach Rubino's Vorgang nimmt man an, dass die Könige dieselbe für sie gestellt hätten.[1] Rubino führt das in folgender Weise aus.

Die Könige hätten ein ausgedehntes Delegationsrecht gehabt, welches entweder im Allgemeinen oder hinsichtlich einzelner Kategorien in der lex de imperio ausgedrückt war. Für die Bestellung von Quästoren sei dies beglaubigt in der Stelle bei Tacitus; Könige und Consuln hätten sich neben der eigenen Ausübung des Imperium vom Volk das Recht beilegen lassen, den von ihnen zu ernennenden Quästoren die peinliche Gerichtsbarkeit mit den dazu erforderlichen Gewalten zu übertragen; von diesem Recht hätten sie Gebrauch gemacht, nachdem sie selbst die lex curiata erhalten; für die Ernennung solcher Beamten gelte daher der Grundsatz „magistratus datur lege curiata“. Als jedoch bald nach dem Decemvirat das Volk das Recht erwarb, die Quästoren in den Tributcomitien zu wählen und somit den Beamten selbst ihren Auftrag ertheilte, sei der Satz zur Geltung gelangt: „Tributis comitiis magistratus datur“. Trotzdem sei der alte Brauch nach bekannter Sitte der Römer nicht aufgehoben, sondern für den streng rechtmässigen gehalten, zumal die Quästoren ihre auspicia minora von den Consuln empfingen. Daher hätten die Consuln in der lex curiata vom Volk die Magistratur für diejenigen Magistratus minores ver-

---

[1] Mommsen, Staatsrecht 1, 591, 5.

langen müssen, welche das Volk bereits bezeichnet hatte, „quos populus designaverit“, und von dem so zusammengesetzten Verfahren heisse es dann „Tributis comitiis magistratus sed justius curiata datur lege“. Das bei der Quästur übliche Verfahren sei auf alle Magistratus minores übertragen worden.

Diese Darstellung liegt dem von mir entwickelten Standpunkt so nahe, dass eine kleine Umänderung ausreicht, sie für uns zu verwenden. Wir brauchen nur davon abzusehen, dass Rubino in der lex curiata die feierliche Bestärkung der Amtsgewalt erblickt und wir haben eine Erklärung jener beiden Quellenstellen vor uns, welche durchaus damit übereinstimmt, dass die lex curiata das Imperium militare übertrug.

Offenbar war nämlich auch in den einfachsten Verhältnissen der Heerführer durch die blosse Ertheilung des Befehlsrechts nicht ausreichend für seine Aufgabe gerüstet. Wenn wir die Zeiten blosser plündernder Streifzüge ausser Acht lassen, so sind für jeden Feldzug Hülfskräfte unerlässlich. Schon die Behandlung der Beute, die bekanntlich nur durch ausdrückliche Erlaubniss des Führers den einzelnen Soldaten überlassen wird, fordert fiskalische Beamte, denen gelegentlich auch andere Geschäfte, wie Transporte von Verwundeten, Verpflegung u. s. w. zufallen.[1] Ausserdem war es nothwendig festzusetzen, wie viel Mannschaften ausgehoben werden, welche Theile des Volkes als Aushebungsbezirke gelten sollten, sobald man einmal so weit gekommen war, dass nicht bei jedem Anlass jeder Mann genommen wurde. Damit war denn zugleich

---

[1] Livius 27, 43, 10.

gesagt, wie viele Tribuni militum, Centurionen, Decurionen erforderlich waren.

Alle diese Fragen erledigte die lex curiata, sie ertheilte dem Führer nicht bloss das nackte, unbrauchbare Imperium,[1] sondern man gab ihm zugleich die Befugniss, das Personal seines Stabes und seiner Verwaltung sowie die Unterführer zu ernennen. Das blieb durch die lex curiata des Führers auch dann geregelt, als das Volk die Befugniss erlangte, gewisse Männer des Hülfspersonals zu wählen; denn diese Wahl füllte doch nur mit Personen aus, was in der Schablone der lex curiata namenlos aufgestellt war, das Volk wählte nur die in der lex curiata bewilligte Ausrüstung. Alles aber bezog sich ausschliesslich auf den militärischen Dienst und betraf daher auch nicht etwa alle magistratus minores, sondern nur diejenigen, welche dem Heerführer bewilligt wurden, womit sehr wohl vereinbar sein würde, dass er in seiner gleichzeitigen Eigenschaft als Civilmagistrat nach freier Wahl Einigen städtische Geschäfte auftrug, statt sie mit sich ins Feld zu nehmen. Magistratus minores aber, die vom Volk direct für städtische Geschäfte gewählt wurden, hatten weder mit einer eignen, noch mit einer consularischen lex curiata etwas zu thun, sie wurden für ihre amtliche Stellung gleich den Consuln durch Wahl und Antritt zuständig: „minoribus magistratibus tributis comitiis magistratus datur“ — nur wenn sie mit militärischen Geschäften betraut werden sollten, war dazu durch die lex curiata eines Heerführers der Rahmen zu bereiten, den entweder

---

[1] Obgleich Pompejus einmal ausdrücklich erklärt, man habe ihm gegen Sertorius Nichts als das nomen gegeben und er habe bereits eine Armee zusammen gebracht.

Wahl des Volkes oder Ernennung des Führers ausfüllte, „sed justus curiata datur lege".

Die Neuern machen hieraus bald eine tralatizische Vorschrift über das Imperium und dessen Modificationen,[1] während es gerade nur die Erledigung eines concreten Falles ist, — bald erklären sie es für unmöglich, dass die lex curiata Bestimmungen über die praktischen Modalitäten des Imperium enthalte, weil Cicero de lege agr. 2, 11 ausdrücklich sage, dass diese Curiatcomitien „tantum auspiciorum causa remanserunt".[2] Das ist ein Einwand, dem wir gleich in anderem Zusammenhang begegnen werden. Für jetzt möge genügen, dass die Stellen bei Tacitus und Gellius mit unsrer Ansicht in Einklang stehen: die lex curiata gab ein ausgestattetes Imperium militare.

§ 6.

Wir haben den Inhalt der lex curiata ermittelt, jetzt handelt es sich darum, ihre Promulgation zu erörtern. So lange man sich dabei beruhigt, dass es sich um eine blosse Förmlichkeit handle, welche, ohne materielle Bedeutung, dem Magistrat nichts gab, was er nicht schon hatte, — so lange mag man es in den Kauf nehmen, dass es eigentlich nur darauf ankomme, vor dreissig Lictoren eine Reverenz zu machen. Es mag seltsam erscheinen, dass man auf ein Treuwort Werth hätte legen sollen, welches dreissig Polizisten für das Volk ablegten, aber man kann sich das doch

---

[1] Lange 1, 407; dagegen schon Herzog 1061.

[2] Mommsen, Staatsrecht 1, 590, 4.

bis zu einem gewissen Grade durch den sprichwörtlichen Conservatismus der Römer erträglich machen.[1] Sobald man aber einmal darüber im Reinen ist, dass die lex curiata für den Magistrat der Weg zum militärischen Commando war, dann wird es unmöglich daran festzuhalten, dass dieselbe durch dreissig Lictoren zu Stande gebracht sei. Ein Act von so hervorragender Bedeutung hätte zu blosser Förmlichkeit nur dann zusammenschrumpfen können, wenn ein völliger Umsturz der Verfassung ihm das innere Leben geraubt hätte. Hätte Rom durch Jahrhunderte die lex curiata wirklich durch Lictoren vollziehen lassen, so hätte es eine weltbeherrschende Stellung niemals erreicht. — Es gilt etwas anderes ausfindig zu machen, um die überlieferten Bruchstücke als Theile eines verständigen Ganzen zu erkennen. Vielleicht gelingt dies, wenn wir uns von dem Gewicht des stofflichen Inhalts leiten lassen.

Nachdem der König gewählt war, liess er sich durch einen neuen Curienbeschluss das militärische Imperium übertragen. Der Senat hat zu dieser lex curiata dieselbe autorisirende Stellung eingenommen, die er bei allen Volksbeschlüssen hatte, wenn nicht ausnahmsweise der König ihn bei Seite schob. — Diese Institution ist auf die Republik übergegangen, wie Tacitus uns das für Brutus ausdrücklich bezeugt. Aber ein äusserst wichtiger Unterschied trat dabei ins Leben. Das Volk wählte seine republikanischen Magistrate allerdings, wie seinen König, in der Ueberzeugung, den richtigen Mann auch für die Anführung im Kriege getroffen zu haben, es wählte in der Absicht, sich ihm

---

[1] Karlowa, röm. Rechtsgeschichte 1, 133.

auch dafür unterzuordnen. Allein es konnte sehr wohl kommen, dass man doch später andern Sinnes wurde, wenn es nun wirklich zum Kriege kam. Die Aufgabe war vielleicht doch grösser, als man gedacht, — der Magistrat hatte vielleicht schon durch städtische Geschäfte sich minder tüchtig erwiesen, als man erwartete; — er hatte vielleicht die schnell lebende Volksgunst bereits wiederum verscherzt. Und hätte man vorher gewusst, dass es grade mit diesem Volksstamm wieder Händel setzte, man hätte sicherlich den alterprobten Führer wieder gewählt, der Land und Leute kannte, dessen Name allein genügte, um den Feind einzuschüchtern. — Wohlan, das Volk war nicht gebunden, die Wahl zum Magistrat gab kein Recht, auch im Kriege Führer zu sein; die Magistrate mussten sich darein ergeben,[1] wenn man von allen Seiten nach andrer Führung rief, sie bei Seite schob und einem Andern den Heerbefehl übertrug. Das Volk hatte, wie Cicero de lege agr. 2, 11. treffend sagt: eine „reprehendendi potestas," es konnte seinem gewählten Führer ein Misstrauensvotum in bester Form ertheilen, wenn es darauf ankam, ihm nun wirklich auch im Kriege sich anzuvertrauen. Ja hätten die Könige es versäumt, das Eisen zu schmieden, so lange es heiss war, wer weiss, wie es ihnen ergangen wäre? Wie die Sachen einmal lagen, hatte das Volk ihnen gegenüber sich der Wahl des Führers begeben; bei den republikanischen Magistraten war das anders, die Zeit zwischen Wahl und lex curiata und das Bedürfniss einheitlicher Leitung brachten nicht selten die

---

[1] „nec tu id indignari posses, aliquem in civitate Romana meliorem bello haberi quam te." Livius 24, 8.

Freiheit des Volkes zum Ausdruck; man gab den Magistraten zu verstehen, dass man sie nicht wünsche; man hätte ihnen entsprechendenfalls die lex curiata verweigert.

Diese Erwägungen haben oft genug dazu geführt, dass der Senat dem Wunsche des Volkes durch Ernennung eines Dictator gerecht wurde. Seit man zu ausgedehnten Operationen auf verschiedenen Kriegstheatern gelangt war, trat das Bedürfniss einheitlicher Leitung naturgemäss in den Hintergrund. Man musste mehrere Führer zugleich haben, und die Entfernungen waren der Art geworden, dass es lächerlich gewesen wäre, einen Befehlshaber auszuschicken, dessen Autorität nur auf 6 Monate berechnet war. So kam die Dictatur in Abbrauch. Ausserdem fielen bei den unausgesetzten Kämpfen regelmässig Wahl und lex curiata so nahe aneinander, dass zur Sinnesänderung kein Raum war; man wählte mit ausdrücklichem Hinblick auf den bestimmten, bereits bestehenden oder drohenden Krieg. Ausnahmsweise kam es wohl vor, dass ein Magistrat sich über Gebühr vordrängte, darauf bestand, grade diesen Krieg als provincia zu erhalten, den sein Vorgänger dem glücklichen Ausgang nahe gebracht hatte, um diesem den schwerverdienten Lorbeer mühelos zu entreissen, — oder dass der Neugewählte für sich einen Oberbefehl zu erzwingen suchte, dem er nach des Volkes Meinung nicht gewachsen war. Man hatte sich zwar daran gewöhnt, die Vertheilung der provinciae unter die Magistrate der Führung der Götter zuzuweisen und die Consuln das Loos ziehen zu lassen; aber so gut der Senat gelegentlich eingriff und bei entschiedenen Vorzügen die Decretur an die Stelle des

Looses setzte, so gut war auch das Volk in der Lage, mit seiner lex curiata den Magistrat zu dirigiren. So berichtet Livius 32, 28, 3, dass die Volkstribunen die beiden Consuln davon abdrängen, über Macedonien als Consularprovinz zu losen und dadurch den schon vier Jahre dauernden Krieg auf's Neue in andre Hände zu legen. Das ist ein zufällig überliefertes Beispiel;[1] wie oft es ähnlich herging, zeigen deutlich die Worte Cicero's de lege agr. 2, 12: „Consulibus legem curiatam ferentibus a tribunis plebis saepe est intercessum". Man suchte nicht nur die tüchtigsten Heerführer zu erlangen, sondern auch den möglichen Nachtheilen der Annuität im einzelnen Fall auszuweichen. Die Bedürfnisse selbst schufen sich ihre Wege; der stete Krieg gebar seine eignen Führer, man hatte genug Männer, die man für fähig hielt, ein grosses Commando zu führen, aber man that doch auch das Möglichste, den richtigen Mann für die Stelle zu finden und hielt sich durchaus nicht gebunden oder beschränkt durch die Volkswahl, welche den Einzelnen nicht immer mit richtigem Blick auf den Sessel des Consuls gehoben hatte.

Je mehr wir aber den Werth und die Tragweite der lex curiata erkennen, von deren richtiger Entscheidung das Wohl und Wehe des Bürgerheeres, des ganzen Staates abhing, um so wunderbarer erscheint es, dass wir diese lex curiata zu Ciceros Zeit in so seltsamen Händen finden. Das Volk, sagt Cicero, hat nicht mehr seine alte „reprehendendi potestas", es hängt also nicht mehr von ihm ab, durch eine lex curiata das

---

[1] Vgl. Livius 33, 25, 5. So intercedirt vielleicht ein Consul: Livius 38, 42, 8; 39, 39, 2; 42, 32, 1.

Imperium zu ertheilen oder zu verweigern. Die Curiatcomitien geben nicht mehr „suffragia populi", sie sind nur „ad speciem atque ad usurpationem vetustatis per triginta lictores auspiciorum causa adumbrata".

Wir wollen zunächst die Frage erledigen, was dieses „auspiciorum causa" bedeutet. Das ist seit lange streitig. Bald hat man es so verstanden, dass diese Curiatcomitien bestehen blieben, weil sie nun einmal auspicato eingerichtet waren,[1] — bald hat man es auf einzuholende Auspizien bezogen,[2] — bald endlich versteht man es von der Uebertragung der Auspizien.[3] Dieser letzten Ansicht tritt Mommsen bei; die Curiatcomitien seien nur aus dem Grunde geblieben, weil der Feldherr ohne sie nicht zu seinen Auspizien kommen könne.[4] Die dem ganzen römischen Staatswesen zu Grunde liegende Zweitheilung soll ihren lebendigen Ausdruck darin finden, dass der antretende Beamte durch die erste Auspication auf dem Capitol am Tage des Amtsantritts sich die göttliche Bestätigung „auspicium" verschafft, während er durch die lex curiata das Treuwort der Bürgerschaft „imperium" entgegennimmt: „Auspicio imperioque!"[5] Die erste Auspication sei daher als Uebernahme und Handhabung der Auspizien gegenüber den Göttern in jeder Hinsicht der Uebernahme und Handhabung des Imperium gegenüber den Curien gleichartig und correlat.[6] Ganz unvermerkt

---

[1] Manuzzi ad legem agrar. 2, 12; Rubino S. 378.
[2] Klotz, Cicero's Reden ad leg. agr. l. c.
[3] Hüllmann, jus pontif. S. 49; Grundverf. S. 145.
[4] Staatsrecht 1, 96, 2; 588.
[5] Staatsrecht 1, 73.
[6] Staatsrecht 1, 588.

gleitet dann Mommsen in den zum Krieg ausziehenden Feldherrn hinüber; derselbe hat am Morgen des Tages, an welchem er die Stadt verlässt, die Auspizien auf dem Capitol einzuholen, für welche die Uebernahme des Imperium in den Curiatcomitien Vorbedingung ist.[1] — Der Consul unterscheidet sich demnach von dem ausziehenden Consul nur durch die verschieden gearteten Auspizien, die er anstellt. Jeder Kriegsbefehl, heisst es 1, 97, muss mit den städtischen Auspizien auf dem Capitol ... begründet werden, später freilich habe man das auf dem Wege der Fiction auch anderswo zugelassen und daher hätte auch ein privatus sich die Auszugsauspizien schaffen können. S. 65 erfahren wir, dass, wenn der Magistrat ohne diese Auspication das Pomerium überschritt, sein Commando zwar gültig, aber vitiös sei. S. 68 heisst es, dass das Imperium mit Auszugsauspicien überall der Provokation und Intercession nicht unterlag, das Imperium ohne Auszugsauspizien wohl jenseits des ersten Meilensteins aber nicht bis dahin frei von Provokation und Intercession war. In Note 2 ist hinzugefügt: „Hieraus erhellt, dass das volle militärische Commando an die Auszugsauspizien als solche keineswegs geknüpft war; was auch zu der sonstigen Behandlung der Auspizien nicht stimmen würde.“ — Dies scheint mir nicht frei von Widersprüchen zu sein, und an die Stelle klarer staatsrechtlicher Sätze ein wirres Durcheinander zu setzen, in welchem schliesslich Jedermann nur zu auspiziren brauchte, um legitimer römischer Feldherr zu sein.

Richtiger Weise hat der antretende Consul mit

---

[1] Staatsrecht 1, 96.

einer lex curiata durchaus nichts zu thun, die göttliche Entscheidung über seine Person ist bereits bei seiner Wahl eingeholt, und wenn er am Tage des Amtsantritts auspizirt, so holt er damit keinerlei göttliche Bestätigung ein; die Auspication bezieht sich nicht auf sein Amt, sondern auf seine Amtsgeschäfte. Für diese Auspication kann man auch den Ausdruck „auspicium" nicht verwenden, der Consul hat weder auspicium noch imperium, und man kann daher auch den Ausdruck „auspicio imperioque" von ihm überhaupt nicht gebrauchen. Insoweit ist die ganze Lehre von der römischen Zweitheilung ohne Boden.

Die Curiatcomitien können daher auch nicht zu dem Zweck erhalten sein, um den antretenden Consuln die Auspication zu ermöglichen. Schon das Zeitverhältniss legt dies offen, der antretende Consul auspizirt am frühen Morgen des Antrittstages, zu einer Zeit, wo er noch gar keine lex curiata erhalten haben konnte. Die Curiatcomitien sind vielmehr geblieben, weil nur ein durch lex curiata zum Feldherrn berufener Magistrat die Kriegsauspizien hatte, weil nur derjenige das „auspicium" hatte, dem das „imperium" rechtmässig ertheilt war. Nur von demjenigen Consul kann man daher „auspicio imperioque" sagen, der in aller Form Rechtens sein Amt im Felde führte. Zeitlich und logisch ging dabei das „imperium" dem „auspicium" voran, das Auspicium wurde dem Imperator verliehen, aber eine erklärliche Scheu vor den Göttern hat zu der üblichen Reihenfolge „auspicio imperioque" geführt.

Das Auspiziren zum Auszug in den Krieg ist die erste Uebung des verliehenen Auspicium. Der junge Feldherr zieht nach Einholung gewöhnlicher Auspizien

„auspicato“ aufs Capitol „ad vota nuncupanda“; er schliesst dort mit Jupiter „praeeunte P. M.“ einen förmlichen sakralen Vertrag, durch welchen er das römische Volk für den Fall glücklichen Ausganges des kriegerischen Unternehmens zu bestimmten Leistungen verpflichtet. Ein Consul ohne lex curiata ist dazu überhaupt nicht fähig, es kann das nur vom Magistrat-Feldherrn geschehen, der Votant ist „paludatus“;[1] und auch er ist für diesen Act an den Jupitertempel gebunden. Niemals ist es möglich gewesen, dem im Wege einer Fiction einen andern Ort zu substituiren.

Nunmehr können wir uns zu der Frage wenden: Wer beschloss diese lex curiata?

Cicero erklärt, dass die Menge, zu welcher er spricht, in diesen Comitien nicht erscheint; „quae vos non initis“. Es sind auch keine Comitien, wirkliche Volksversammlungen, sondern „comitia ad speciem“, Scheinversammlungen, „atque ad usurpationem vetustatis per XXX lictores auspiciorum causa adumbrata“, welche gemäss altehrwürdigem Brauch durch 30 Lictoren angedeutet werden um der Auspizien willen; eine sachliche Entscheidung haben sie nicht mehr, die frühere „reprehendendi potestas“ ist verschwunden, nur um der Auspicien willen blieben sie bestehen: „tantum auspiciorum causa remanserunt“ (de lege agr. 2, 11.)

Sigonius[2] in seiner berühmten Disputation mit

[1] Livius 21, 63, 9.
[2] de jure civ. Rom. in Graevius Thes. 2, 959.

Gruchius hat das so verstanden, als ob Cicero dem Rullus vorwerfe, nicht einmal die 30 Lictoren, geschweige die Curien selbst in Bewegung zu setzen. Das lässt sich indess mit Cicero's Worten nicht vereinigen. Es kann nicht wohl ein Zweifel daran sein, dass Cicero die Curiatcomitien für die vorliegende Frage des Imperium militare als obsolet bezeichnet und dass die 30 Lictoren die einzigen sind, an deren Gegenwart man noch den früheren Brauch erkennen kann. Das ist jetzt auch die allgemeine Meinung. Im weiteren aber gehen die Ansichten wiederum auseinander. Die Einen wollen diese 30 Lictoren als wirklich abstimmend ansehen und von dieser Seite hat man sogar den Nachweis der Theilnahme von Plebejern an den Curiatcomitien auf diese 30 Lictoren gestützt, — die andern wollen denselben hier keine andere Function geben, als sie in andern Comitien auch hatten: d. h. die der Dienstleistung. [1]

Die erste Meinung ist von Rubino S. 381 ff. aufgestellt, sie wird jetzt von Mommsen 1, 374 vertreten. Eine lückenhafte Stelle des Festus (von Ursinus in einer Weise ergänzt, die von der irrigen Voraussetzung eines doppelten Wahlacts ausging,) ist auf Rubinos Vorschlag von Müller S. 352 folgendermassen ergänzt:

„T*riginta lictoribus l*ex curiata fertur quo*d* Hanni*bal in propinquitate* Romae cum esset nec ex praesidi*is discedere liceret* Q Fabius Maximus Verru*cosus M. Claudius Ma*rcellus cos. facere in*stituerunt ut nota*vit Aelius in XII signi*ficationum verborum*."

Rubino meint, man habe auf Fabius Vorschlag in

[1] Karlowa, röm. Rechtsgesch. 1, 133.

Rom durch ein vom Senat gebilligtes Plebiscit die Praxis der lex curiata dahin geändert, dass in Zukunft der lictor curiatus im Namen der Curie abstimmen solle, damit man für plötzliche Fälle Hannibal gegenüber gerüstet und nicht dadurch behindert sei, dass die Bürger vielleicht den Kriegsschauplatz nicht zur Abstimmung verlassen könnten. Dieses von Fabius für die Lage nach der Schlacht von Cannae mittelst Senatusconsult und Plebiscit für den einzelnen Fall aufgestellte Verfahren habe sich dann durch die Praxis zur allgemeinen Regel erhoben. — Gegen diesen Vorschlag hat sich Mommsen im Rhein. Mus. N. F. 13, 567 ausgesprochen: Rubino führe auf ein positives Gesetz zurück, was sich allem Anschein nach von selber gemacht habe, nämlich das Ausbleiben der stimmberechtigten Bürger; der Magistrat habe auf seine Amtsdiener zurückgreifen müssen, um nur stimmende Individuen zu finden. Allein diese Einwände treffen Rubinos Ansicht nicht. Rubino will nicht die stimmberechtigten Bürger durch ein Gesetz ausschliessen, sondern nur für die Ausbleibenden einen gesetzlichen Ersatz schaffen. Auch kann man nicht behaupten, dass der die lex curiata stellende Magistrat auf die Lictoren als seine Amtsdiener hätte zurückgreifen müssen, denn die lictores curiatii waren seine Amtsdiener nicht.

Mommsen selbst hat eine andre Ergänzung der Festus-Stelle vorgeschlagen, an der er auch jetzt [1] festhält. Die Unbequemlichkeit der lex curiata habe in der Nothwendigkeit gelegen, dass der fragende Beamte sich persönlich habe in Rom einfinden müssen. Fabius

---

[1] Staatsrecht 1, 374.

und Marcellus hätten sich als Heerführer in Campanien befunden, als sie für das Jahr 540 das Consulat antreten sollten. Um sie nicht der lex curiata halber nach Rom kommen zu lassen, habe man die Abhülfe getroffen, dass sie ihr Imperium ohne eine lex curiata fortführen dürften. Demnach will Mommsen lesen:

„*Transit imperium neque denuo l*ex curiata fertur, quo*d, Hannibal in vicinitate* Romae cum esset nec ex praesidi*is tuto decedi posset*, Q. Fabius Maximus Verru*cosus M. Claudius Ma*rcellus cos. facere in*stituerunt.*“

Mommsen fügt hinzu, das Imperium habe stets fortgedauert, bis der Nachfolger eintraf, daher könne der Magistrat, welcher sich selbst succedire, der Erneuerung der lex curiata entbehren. — Allein wozu denn — wie Mommsen gegen Rubino sagt, — wozu denn ein Gesetz, wenn ohne Gesetz sich Alles ebenso gestaltete?

Ich halte es für misslich, auf eine Stelle grossen Werth zu legen, die man mit einigem Bemühen zu so durchaus anderm Inhalt ergänzen kann. Suchen wir lieber ohne diese Stelle die Frage zu lösen: wie kam es, dass die alten Curiatcomitien dergestellt herabsanken, dass man sie nur noch an dem Residuum der 30 Lictoren erkennen konnte?

Die lex curiata bestand in alter Zeit, wie jede lex, aus dem vom Senat autorisirten Beschluss des Volkes. Ursprünglich war bei nachfolgendem Senatsbeschluss das Volk nicht im Stande, irgend etwas selbst zu erledigen; aber auch als das Verhältniss sich durch die Pflicht des Senats geändert hatte, im Voraus Volksschlüsse zu autorisiren, blieb doch das Volk in gewissem Sinne vom Senat abhängig. Es mochte Ehrenämter beschliessen, dem Feldherrn in der lex curiata eine beliebige Zahl von Hülfsbeamten geben; das bot keine Schwierigkeiten, so lange die Sache — nichts kostete. Ueber die öffentlichen Gelder aber konnte das Volk nicht verfügen, so wenig wie der Magistrat, der vor ihm seine lex curiata beantragte. Polybius giebt freilich den Consuln ein gewisses Recht, über das Aerar zu disponiren, es wäre auch wohl möglich, dass sie einen bestimmten Etat hatten; aber erhebliche Ausgaben konnte nur der Senat bewilligen, [1] nicht einmal der Dictator war im Stande, das Aerar in grossem Maassstabe zu belasten. Sobald die Fragen sich also auf den Geldpunkt zuspitzten, nützte dem Volk sein Beschluss nichts; es kam doch immer darauf hinaus, ob der Senat die erforderlichen Gelder bewilligen wollte oder nicht. Je grösser aber die Verhältnisse wurden, desto mehr drängte sich überall die Geldfrage hinein; mochte man auch in der Hauptsache Ehrenämter haben, so standen doch daneben eine ganze Reihe von Ausgaben, die man billig nicht dem Einzelnen aufbürden konnte und ihm auch wirklich nicht aufbürdete. Die apparitores, scribae, librarii, praecones, architecti gingen doch nicht ohne Bezahlung; muli, tabernacula, das supellectile kostete gewiss eine nicht unerhebliche Summe, und seit man zur Soldzahlung übergegangen war, repräsentirte jeder Mann eine fiskalische Belastung. Wie viel für diese Fragen ausgegeben werden sollte, das bestimmte allein der Senat. Wer also eine lex curiata, den Antrag auf ein ausgerüstetes Imperium militare, an das Volk mit einiger Aussicht auf Erfolg bringen wollte, der musste sich vorher mit dem Senat darüber ver-

[1] Rubino S. 323.

ständigen, wie hoch man ihm für die einzelnen Conti den Etat bemessen wollte, soweit dies nicht für gewisse Kategorieen traditionell feststand.[1] Dann wird er mit seinem ganzen Apparat vor die Curien gegangen sein. — Hier hätten Abstriche erfolgen können, indem man das Eine oder das Andere nicht bewilligte; es hätten aber keine Beschlüsse gefasst werden können, die dem Feldherrn ein Plus gestatteten; der Senat hätte voraussichtlich dazu nicht seine Genehmigung ertheilt.

Dieses Verhältniss ist dann, ich weiss nicht zu welcher Zeit, in Etwas verschoben worden. Der Vorwurf der Parteilichkeit, der Gunst und Missgunst mag der Grund gewesen sein, dass alle diese Beschlüsse des Senats über die Ausstattung des Feldherrn zu einer Zeit erfolgten, in welcher man die Person desselben noch gar nicht kannte; das ist unter dem „ornare provinciam" allbekannt, und selbst so lebhafte Gegner des Senats, wie Mommsen, stellen nicht in Abrede, dass die Ausstattung der provincia Sache des Senats war.[2] Nachdem man so die sachlichen Fragen erledigt hatte, stellte man das Weitere den Göttern anheim, indem man durch die „provinciarum religiosa sortitio", wie noch Cicero[3] es nennt, den gottbezeichneten Mann für die ausgerüstete Provinz zu erhalten suchte, wenn man nicht ausnahmsweise doch lieber vorzog, den tüchtigsten mit offenen Augen zu wählen, „ne forte casu erraretur".[4]

[1] Livius 30, 17, 14.

[2] Cicero, in Verrem 2, 4, 25; 2, 5, 18; Philipp. 2, 31; in Pison. 5. Livius 42, 27. Dio 39, 16. Mommsen, Staatsrecht 1, 281.

[3] Philipp. 3, 24. Livius 27, 11, 11: cui di sortem ... dedissent.

[4] Livius 8, 16, 5; 10, 24, 12; 44, 17. 6. Cicero, de consul. prov. 11, 28. Die frühere Folge taucht ausnahmsweise noch auf: Livius 44, 17, 6.

Was aber blieb denn für den Volksschluss, für den zweiten Theil der lex curiata übrig? Sachliche Anordnungen liessen sich nicht mehr treffen, der Senat hatte bis auf das letzte Detail bestimmt, was der neue Feldherr haben und nicht haben sollte;[1] die Person des Feldherrn war durch Loos bestimmt; es fehlte nichts als das „Ja" der Curien. Stellen wir uns Zeiten vor, in denen man mit Rücksicht auf den Krieg gewählt hatte und Alles sich hintereinander schnell abwickelte, so dass die neugewählten Magistrate so rasch wie möglich ins Feld rückten; welcher Bürger hätte daran gedacht, dem jüngst Gewählten jetzt die lex curiata zu weigern? Zwar mochte es vorkommen, dass der eine Magistrat vor dem andern zu berücksichtigen, hier oder dorthin zu schicken war, aber wozu hatte man die Tribunen? Sie mochten darüber wachen, dass solche Interessen nicht verletzt wurden; der einzelne Bürger blieb ruhig zu Hause.

So ist es gekommen, dass der eine Theil der lex curiata, das Senatusconsultum, den andern verdrängte; die Beschlüsse des Senats über die Ausrüstung haben die alte lex curiata aufgesogen. Sie würde vollständig verschwunden sein, wenn nicht die Vorschriften des sakralen Rechts ihr ein künstliches Dasein geschaffen hätten. Das Auspizium war nicht ohne eine lex curiata zu erlangen und die Auguren konnten sich nicht mit den Beschlüssen des Senats zufrieden geben, sie mussten auf einer Curiensitzung bestehen, um die erforderliche

[1] Paulus wird für seine Provinz Macedonien so ausgestattet, dass er den Kriegscorrespondenten Schiff, Pferd, Zelt und Verpflegung anbieten kann. Livius 44, 12, 13.

lex curiata annehmen zu dürfen.[1] Dadurch wird es erklärlich, dass einer der wichtigsten Vorgänge im öffentlichen Leben, die Verleihung des Imperium militare uns unter dem Schein einer blossen Förmlichkeit: der Gegenwart von dreissig Lictoren entgegen tritt; dieser Schein trügt, der Vorgang selbst befindet sich in anderen Händen, in den Händen des Senats.

Wenn aber einmal sakrale Gründe dazu führten, den alten Namen der lex curiata fest zu halten, obschon thatsächlich die Erledigung der Fragen auf den Senat übergegangen war, so ist es auch verständlich, dass selbst ohne sakrale Gründe man von der lex curiata sprach und an die einschlagenden Senatsbeschlüsse dachte. So spricht Rullus[2] von der Ausstattung seiner Decemvirn durch die lex curiata, er hat dabei die Ausrüstung derselben mit allem Material durch den Senat im Auge; so ist die Intercession der Volkstribunen gegen die Consuln, die ihre lex curiata stellen, in einer Intercession gegen die ausstattenden Provinzialbeschlüsse des Senats zu erblicken. — Daraus erklärt es sich ferner, dass wir zu Ciceros Zeit eine Stellvertretung im Antrag auf eine lex curiata für neue Magistrate finden; es fehlte denselben die Berechtigung, die betreffenden Beschlüsse des Senats selbst herbeizuführen. — Und so erledigt sich endlich auch der früher berührte Einwand Mommsens, dass die lex curiata keine Modalitäten enthalten könne, weil Cicero erkläre, dass die Curiatcomitien nur behufs der Auspizien erhalten seien. Der eine Theil, die Comitialsitzung war allerdings nur der

---

[1] Cicero, ad Att. 2, 7, 2; 4, 17, 2.
[2] Cicero, de lege agraria 2, 10.

Auspizien halber vorhanden, die Modalitäten stellte der andere Theil der lex curiata, der Senatsbeschluss fest.

Für diese' Behauptung, dass der Ausstattungsbeschluss des Senats das Residuum der alten lex curiata ist, unter dessen Bedeutung die Mitwirkung der Curien allmählich zum Schein herabsank, — für diese Behauptung haben wir einen interessanten Beweis.

Appius Claudius, der als Consul in die Provinz gehen soll, wünscht Cilicien zu haben. Er erklärt, wenn man ihm die lex curiata gestatte, wolle er mit seinem Collegen losen, sonst werde er sich mit dem Collegen vereinbaren. Als Consul bedürfe er der lex curiata nicht unbedingt (opus esse, non necesse), denn nach der lex Cornelia habe der Consul das Imperium, bis er Rom wieder betrete.

Diese Argumentation macht in Rom ein ausserordentliches Aufsehen. Cicero schreibt sie an Atticus, an seinen Bruder Quintus und an Lentulus, der damals Cilicien hatte.[1] Manche, sagt Cicero, seien der Ansicht, dass Lentulus nicht befugt sei, die Provinz abzugeben, wenn sein Nachfolger ohne lex curiata eintreffe. Cicero selbst hält das für falsch. Der ganze Vorgang lässt sich m. E. nur so verstehen, dass Appius eine Vorschrift Sullas über die Dauer des Imperium so interpretirte, als ob durch sie die Erwerbung des Imperium überflüssig gemacht sei.[2]

Dabei gebraucht Cicero den Ausdruck, dass Appius „sine lege suo sumptu" nach Cilicien zu gehen beabsichtige. Mommsen 1, 590, 4 meint, daraus folge

---

[1] Cicero, ad fam. 1, 9, 25. ad Quint. fr. 3, 2, 3. ad Att. 4, 18, 4.

[2] So auch Lange 3, 164.

höchstens nur, dass das desfällige Senatusconsult die Bewilligung der Gelder an die Durchbringung der lex curiata knüpfte, aber nicht, dass das Curiatgesetz über die Ausrüstung des Statthalters verfüge. — Der Senat bestände alsdann mit einem gewissen conservativen Eigensinn auf der Erfüllung einer Form, von welcher nach Mommsens Auffassung nichts mehr als die Auspizien abhängt, deren man in Ciceros Zeit sich wohl entschlagen konnte. Es wird sich gleich ergeben, dass diese Ansicht Mommsens unrichtig ist.

Offenbar, und damit stimmt auch Mommsen überein, hätte die lex curiata dem Appius die Kosten erspart; wollte man ihm keine lex curiata geben, so musste er selbst zahlen, das heisst man bewilligte ihm keine Kosten; bewilligte man ihm umgekehrt die Kosten, so hiess das, man gab ihm eine lex curiata: der Senatsbeschluss über die Kosten bildete den eigentlichen Inhalt der lex curiata, an ihn schloss sich die Versammlung der Scheincurien als ein willenlos folgendes Anhängsel an. Dass dies in der That der Zusammenhang ist, ergiebt sich aus dem weitern Verlauf. — Appius reiste nämlich wirklich ohne lex curiata in die Provinz; als er jedoch zurückkehrte, erkannte er selbst die Unhaltbarkeit seiner früheren Auslegung. Jetzt, da es sich um die Frage des Triumphs handelte, hätte er nur zu gern das Versäumte nachgeholt. Die lex curiata war eine der regelmässigen Voraussetzungen des Triumphs, nur in den seltensten Fällen hatte man den Senat vermocht, von ihr abzusehen. Appius entschloss sich daher, eine lex curiata für sich fälschen zu lassen und die Schritte, die er zu diesem Zwecke unternimmt, enthalten den vorhin in Aussicht gestellten Nachweis dafür, dass die lex curiata aus den beiden Theilen: Senatsbeschluss und Scheincurienbeschluss bestand. Der Beweis der erlogenen lex curiata soll nämlich geliefert werden: 1. durch zwei Consularen, welche einen Senatsbeschluss über die provincia ornata aussagen, 2. durch drei Auguren, welche die lex curiata lata behaupten. Hier sind die beiden Hälften der lex curiata, die eine angeschwollene, die andere die verkrüppelte, deutlich als Theile des einen Ganzen nebeneinander gestellt und wie es vielfach geschieht, ist der Ausdruck „lex" in engerem und weiterem Sinn verwandt, so dass er das erforderliche Senatusconsult bald mit umfasst, nämlich wo von der Fälschung als Ganzem gesprochen wird, bald zu selbstständiger Erwähnung frei lässt, nämlich wo die verschiedenen Fälschungsmittel erwähnt sind. — Und wenn wir bei diesem Anlass erfahren, dass die beiden Consulatscandidaten dem Appius 40,000 Sesterzien versprachen, falls die Fälschung der lex curiata ihnen nicht gelingen sollte, so ist das eine klingende Widerlegung der herrschenden Lehre von der Gleichgültigkeit der lex curiata.[1]

Ein Punkt bleibt indess bei diesem Fall immer noch ungelöst, auf den aufmerksam zu machen ich mich verpflichtet fühle. In welchem Zusammenhang steht die lex curiata mit dem Losen? Appius erklärt sich bereit zu losen, wenn man ihm die lex curiata gestatte,

[1] Cicero, ad Att. 4, 17, 2. Drumann 2, 190 irrt in der Annahme, dass Appius eine lex curiata beim Auszug erhalten habe. Karlowa, röm. Rechtsgesch. 1, 133 meint, Appius habe als Consul das Imperium nicht erhalten, es habe ihm daher auch für das folgende Jahr in der Provinz nicht prorogirt werden können; Cicero zeige, dass in solchen Fällen durch einen Senatsbeschluss geholfen wurde.

sonst werde er sich mit seinem Collegen über die Provinz vereinbaren. Möglich wäre, dass eine Ausstattung dem Appius beide Provinzen gleich annehmbar gemacht haben würde, dass er dann die hergebrachte Art der Auslosung seinerseits befolgen wollte, während er andernfalls dem Senat mit einer gewissen Willkür begegnen wollte, indem er ohne dessen Ermächtigung zur Vereinbarung mit dem Collegen schritt. -- Möglich wäre aber auch, dass hier Schwierigkeiten liegen, die ich nicht einmal zu erkennen, geschweige zu lösen im Stande bin.

Wir haben gesehen, dass sakrale Gründe die Sprache fesselten und es nicht gestatteten, der Stellung des Senats den richtigen Namen zu geben; was nichts als Senatsbeschluss war, trug die Bezeichnung der lex curiata, weil 30 Lictoren im Nebenzimmer versammelt waren. Aber die Sprache des täglichen Lebens griff noch weiter aus, sie hielt sich überhaupt nicht an die verschiedenen Stufen und Organe der Promulgation, ihr war auch der Ausdruck lex curiata nicht geläufig, sondern für sie war entscheidend, was von alledem in die sinnliche Wahrnehmung fiel. Wer durch den Senat und die Scheincurien das Imperium und Auspicium erhalten hatte, der zog auf's Capitol, um die Gelübde abzulegen und von dort führte ihn sein Zug im Purpur des Feldherrn durch die Stadt. Bis ans Thor gaben ihm die Freunde das Geleit, die letzten Augenblicke zu Wunsch und Empfehlung benutzend, [1] von allen Seiten strömte die Bevölkerung herbei; es war ein

[1] Cicero, ad fam. 13, 6 a, 1.

Schauspiel feierlichen Ernstes. Jedermann auf der Gasse wusste, um was es sich handelte; durfte doch Niemand im Purpur sich zeigen, wenn ihm nicht der Heerbefehl anvertraut war und er hinaus zog in den Krieg. Der rothe Rock und das feierliche Gepränge des Zuges, das war es, woran die Sprache des täglichen Lebens sich hielt; mit dem „paludatus exire", „paludatus proficisci", oder sogar mit „proficisci" schlechtweg, bezeichnete sie alles das zugleich,[1] was nöthig war, um zu diesem Schlussact zu gelangen. Jeder Römer, der dem öffentlichen Leben seines Staates nicht gänzlich fremd gegenüber stand, wusste, was sich hinter dieser Breviloquenz verbarg, und daher trägt auch Livius kein Bedenken, diese Ausdrücke selbst dann zu verwenden, wenn er uns die amtliche Erörterung über das Imperium vorführt. Als der Senat dem Consul Flaminius das Sündenregister aufmacht, da wirft er ihm nicht etwa vor, ohne lex curiata zum Heer gegangen zu sein, sondern Livius legt ihm die Ausdrücke des täglichen Lebens in den Mund und lässt ihn den Consul tadeln, dass er in Ariminum angetreten habe: „ne auspicato profectus in Capitolium ad vota nuncupanda paludatus inde cum lictoribus in provinciam iret."[2] So heisst es auch bei Appius Claudius „non votis nuncupatis non paludatis lictoribus ... in provinciam abiit".[3] Zahllose Beispiele bei Livius zeigen, dass eine Ausdrucksweise bestand, die alle entscheidenden Factoren verschwieg und doch gemeinverständlich war.

---

[1] Varro L. L. 7, 37. paludatus dicitur proficisci. Livius 45, 39, 9: cui sortito provinciam, cui proficiscenti.
[2] Livius 21, 63, 9.
[3] Livius 41, 10.

§ 7.

Unser bisheriges Ergebniss besteht darin, dass die Magistrate sich durch eine lex curiata in Heerführer verwandeln, und dass der eigentliche Inhalt dieser lex curiata auf das Senatusconsultum übergegangen war. Mit andern Worten: der Senat stellte durch seinen Beschluss die Magistrate an die Spitze der Armee.

Die heutige Lehre geht nun dahin, dass seit Sulla die Consuln während ihres Amtsjahres überhaupt ein militärisches Imperium nicht mehr übernehmen durften.[1] Die Provinzen seien ihnen zwar gleich bei Antritt des Consulats bestimmt worden, aber sie hätten dieselben erst nach beendetem Consulat als Proconsules antreten dürfen. Das sei der Sinn von Cicero's Aeusserung,[2] dass zu seiner Zeit die Kriege von Proprätoren und Proconsuln ohne Auspizien geführt würden; der Magistrat dürfe während seines Amtsjahres keine Auspizien erwerben, und nachher könne er sie nicht mehr erlangen. Wo Consuln während ihres Amtsjahres die Führung von Truppen übernähmen, da beruhe dies stets auf ausserordentlichen Anordnungen. — Mommsen, m. Wissens der Urheber dieser Theorie, ist davon so fest überzeugt, dass er ohne Weiteres erklärt, die Worte, welche bei Gellius 10, 15, 4 dem Fabius Pictor beigelegt werden: „rarenter flamen Dialis consul creatus est, cum bella consulibus mandabantur“, könnten sich nur auf die vorsullanische Zeit beziehen und daher nicht von dem jüngern Fabius Pictor herrühren. „An der Regel, sagt Mommsen, kann für die Ciceronianische Zeit

---

[1] Lange 1, 734. 738. 3, 161. Mommsen, Rechtsfrage S. 30 ff. Staatsrecht 1, 56, 4. 98. Herzog 1, 617.

[2] de divin. 2, 36, 76. de nat. deor. 2, 3, 9.

kein Zweifel sein". Es verlohne sich der Mühe nicht, die Belege dafür zu sammeln, es genüge, an den Eid zu erinnern, den Pompejus als Consul leistete[1] „se in nullam provinciam ex eo magistratu iturum" und an den Vorwurf, den Cäsar, bellum civ. 1,6 der Senatspartei mache: dass die Consuln die Stadt verlassen hätten.

Wir dürfen uns dadurch nicht abhalten lassen, zu prüfen, ob in der That zu Ciceros Zeit die Consuln nur für städtische Geschäfte berufen waren. Betrachten wir zunächst die beiden besten Gründe, die angeblich genügen, jene Regel ausser Zweifel zu setzen.

Was den Eid des Pompejus anbelangt, so vermag ich nicht zu erkennen, wie man aus dessen Leistung jene Regel erweisen will. Wenn Pompejus gesetzlich verpflichtet war, sein Consulat ohne provincia zu führen, welchen Sinn hatte es dann, dass er dies eidlich gelobte? Er war im Gegentheil befugt, eine Provinz zu übernehmen, und weil bei seiner Bewerbung um das Consulat die Besorgniss laut wurde, dass er nach zu grosser Macht strebe, deshalb verpflichtete er sich freiwillig feierlich, keine Provinz zu übernehmen. Der Fall liegt nicht anders als bei Cicero, der in gleicher Weise freiwillig, wenn auch nicht eidlich, versicherte, sein Consulat ganz den städtischen Geschäften zu widmen, „se ... in provinciam non iturum".[2] In beiden Fällen liegt nur ein Verzicht vor, der in vollem Gegensatz zu Mommsen, die Möglichkeit für den Consul: in die Provinz zu gehen, gradeswegs voraussetzt.

Mit dem zweiten Grunde für jene Regel ist es nicht besser bestellt. Cäsar sagt bellum civ. 1, 6:

---

[1] Vellejus 2, 31.

[2] de lege agr. 1, 8, 23.

„Praetores neque expectant, quod superioribus annis acciderat, ut de eorum imperio ad populum feratur paludatique votis nuncupatis exeunt; consules, quod ante id tempus accidit nunquam, ex urbe proficiscuntur lictoresque habent in urbe et Capitolio privati, contra omnia vetustatis exempla.“

Hier soll also nach Mommens Meinung dargethan sein, dass die Consuln während ihres Amtsjahrs keine Provinz übernehmen dürften; trotzdem sei die Auszugsceremonie auch in dieser Zeit noch so weit möglich vollzogen. „Am bestimmtesten (heisst es Staatsrecht 1, 98, 2) lehrt dies Cäsar b. c. 1, 6, wonach die gegen ihn ausziehenden Promagistrate paludati votis nuncupatis exeunt. Das Fehlen der Auspizien bemängelt er nicht, während er andre Verfassungswidrigkeiten rügt.“

Dies scheint mir eine Kette von Missverständnissen zu sein.

Cäsar spricht von den Magistraten, — Mommsen macht daraus die Promagistrate (wenn es sich nicht um blosses Schreibversehen handelt).

Mommsen meint, die Magistrate hätten „paludati“ Rom verlassen, — aber wir wissen aus Dio 41, 43, dass die Consuln keine lex curiata hatten und deshalb in Thessalonich keine Wahlcomitien abhalten konnten. Ohne lex curiata konnten sie nicht „paludati“ sein.

Cäsar soll das Fehlen der Auspizien nicht rügen, — aber seine Worte haben so viel ich sehe nur den Sinn, dass die Consuln ohne lex curiata und ohne Auspizien zum Heer gegangen seien.

Die Auszugsceremonie soll auch zu Ciceros Zeit noch so weit möglich vollzogen sein, – aber eine Auszugsceremonie ohne lex curiata und auspicium hat es zu keiner Zeit gegeben.

Prüfen wir den Inhalt der Stelle selbst. Cäsar spricht zunächst von den Prätoren: sie warten nicht ab, dass wie früher eine lex de imperio für sie gestellt werde, so dass sie dann das Imperium, die Auspizien und den feierlichen Auszug gehabt hätten; „paludati q u e votis nuncupatis exeunt." Wollte Cäsar sagen, dass die Prätoren im Feldherrnmantel ausgezogen seien, so würde man nach gewöhnlichen Regeln erwarten: „s e d paludati exeunt." Cäsar erlaubt sich aber bekanntlich derartige Constructionsfehler und das Gros der Philologen hat daher an der oben gegebenen Fassung „paludati q u e exeunt" festgehalten. Vereinzelt hat man vorgeschlagen „paludatique exeant" zu lesen; Napoleon III. César 2, 54 hat das angenommen, aber gemeiniglich wird es, mit besondrer Freude über die originelle Construction, als unnöthig zurückgewiesen.

Die Aenderung ist aber in der That ganz unerlässlich. Cäsar m u s s gesagt haben „paludatique . . exeant." Die Magistrate eilen bei seiner Annäherung in wilder Flucht zum Pompejus, man nahm sich bekanntlich nicht einmal die Zeit, die Gelder aus dem Aerar mitzunehmen. Die Prätoren erschienen im Lager des Pompejus als Flüchtlinge, nicht als selbständige Truppenführer. Waren sie aber nicht Feldherrn, so konnten sie auch keinen Feldherrnmantel tragen, und Cäsar kann daher auch nicht sagen, dass sie im Feldherrnmantel Rom verlassen hätten, wenn man nicht annehmen will, dass er nach Ciceros Vorbild [1] die Prätoren

[1] de lege agraria 2, 13 „ut ea qui habeat sine vestris suffragiis . . . privatus furiosus esse videatur".

als geisteskrank darstellen wollte. Der Sinn seiner Worte kann nur der sein, dass die Prätoren zum Heer gezogen seien ohne abzuwarten, dass ihnen ein Commando übertragen sei.

Der zweite Satz Cäsars bezieht sich auf die Consuln. „Consules, sagt Cäsar, ex urbe proficiscuntur lictoresque habent in urbe et Capitolio privati, contra omnia vetustatis exempla." Hier soll nach Mommsen den Consuln vorgeworfen sein, die Stadt während ihres Amtsjahrs verlassen zu haben, obgleich sie nach Sullas Gesetzgebung das nicht durften. Aber Cäsar gilt doch für einen klugen, überlegenden Kopf, ist es denkbar, dass er ein klares, vor nicht langer Zeit erlassenes Gesetz zur Verfügung hatte, um die Handlung der Gegner als unzulässige Willkür zu geisseln, und dass er dieses Vortheils sich begeben hätte, um sich auf den Gemeinplatz „contra omnia vetustatis exempla" zu werfen? — Der Vorwurf, den Cäsar gegen die Consuln erhebt, ist nicht, dass sie während ihres Amtsjahres die Stadt verlassen haben, sondern dass sie „privati" die Stadt verliessen, das heisst ohne Amt. „Privatus" ist ein negativer Begriff, der einen erkennbaren Inhalt erst aus den entgegenstehenden Umständen erhält; es mag den Privatmann, auch den mit militärischem Imperium ausgestatteten bezeichnen im Gegensatz zu den eigentlichen Magistraten;[1] oder die Proconsuln bei dem Heer im Gegensatz zu den Consuln;[2] in der Kaiserzeit steht es vielleicht im Gegensatz zu dem Imperator;[3] und Livius

[1] Livius 45, 21, 4.

[2] Livius 38, 42, 8.

[3] Plinii Pan. Trajano 21: reversus imperator qui privatus exieras. Incerti Pan. Maximiano 12: mirabamur te post imperium

nennt 21, 63, 5 den Consul „privatus“, weil er ohne lex curiata zum Heer gegangen ist. So ist auch hier das „privati“ in Cäsars Munde zu verstehen; es bezeichnet den Mangel an Imperium militare und ist einfach durch „Civil“ wiederzugeben. Cäsar behauptet, dass die Consuln Rom verlassen hätten, ohne den einzigen Weg eines legalen Heerbefehls zu beschreiten. Von solchem Verlassen der Stadt konnte Cäsar mit Recht sagen, dass es „contra omnia vetustatis exempla“ sei, „quod ante id tempus acciderit nunquam“. Es war in der That ein vollständiges Novum, die städtischen Magistrate zogen nicht nach der Väter Brauch als Feldherrn zum Heer, sondern sie f l o h e n! Das liess sich nicht einmal jenen spärlichen Fällen vergleichen, in denen ein Consul ohne lex curiata hinauszog, um den Befehl über die Truppen zu übernehmen. Und höhnend treibt Cäsar den Nagel seines Vorwurfs noch tiefer, indem er hinzu fügt, dass diese „Civilisten“ sich mit den Beilen der Lictoren hätten in Stadt und Capitol blicken lassen, von denen Jedermann wusste, dass sie nur dem Feldherrn zustanden.

Nunmehr stehe ich nicht an zu sagen: Indem Cäsar das Fehlen der rechtlichen Voraussetzungen für das „ex urbe proficisci“ d. h. für die Uebernahme einer provincia bei den Consuln rügt, anerkennt er indirect die Möglichkeit eines rechtsgültigen Auszugs auch während des Consulats. — Die von Mommsen f ü r seine Regel angeführten Beweise ergeben das Gegentheil.

Andre Stellen, auf die man sich beruft, sind nicht

---

esse privatum. Pacati Pan. Theodosio 12: qui futurus eras in imperatore privatus. (12 Panegyrici lat. rec. Baehrens.)

werthvoller. Bei Dio 45, 20 wirft Cicero allerdings dem Antonius vor, dass er die Stadt während seines Consulats verlassen habe, aber den Sinn dieses Tadels zeigt deutlich der hinzugefügte Vorwurf, dass Antonius auch seine Provinz verlassen habe. Es handelt sich nicht um ein ungesetzliches Verlassen der Stadt, sondern um das Verlassen des Amts, um den Vorwurf allgemeiner Pflichtvergessenheit. — Und so ist auch Cicero de nat. deor. 2, 3, 9: „Tum enim bella gerere nostri duces incipiunt, quum auspicia posuerunt" nicht auf ein gesetzliches Verbot, sondern nur auf die bei Cäsar und Pompejus, „nostri duces," bestehende Praxis zu beziehen, das Amtsjahr in Rom zu verbringen, um ihre Zwecke dort möglichst zu fördern.

Es ist m. Er. nicht aufrecht zu erhalten, dass Sulla den Consuln verboten hätte, im Amtsjahr in die Provinz zu gehen und dass nur bei ausserordentlichem Anlass auch später noch Consuln den Heerbefehl übernommen hätten.[1] Der Anlass war in den Zeiten nach Sulla um Nichts verschieden von der alten Regel; es hatte stets eines ausserordentlichen Anlasses bedurft, damit der Consul die Stadt verliess. Aber allerdings die Männer hatten sich geändert. Früher drängten sich die Magistrate zum Heerbefehl, nicht selten hatte der Senat sie zurück zu halten in der Stadt,[2] um nicht die städtischen Geschäfte ganz vernachlässigt und verschleppt zu sehen; da gingen wohl die Consuln heimlich des Nachts zum Heer, um nicht vom Senat gehindert zu werden, ein ruhmsüchtiges, thatkräftiges Geschlecht. — Jetzt war

[1] Mommsen, Rechtsfrage S. 31.

[2] Livius 8, 21, 1. 30, 38, 6. 30, 39, 4. 39, 20, 1. 45, 17, 6.

das anders, man hatte sich an den Luxus der Grossstadt gewöhnt und zog die res popularis der res duelli vor; man suchte in Rom zu bleiben, vertauschte die erlooste Provinz, schob Andre vor,[1] hintertrieb den gefürchteten Senatsbeschluss, der in die lex curiata und den Auszug drängen sollte,[2] machte Schwierigkeiten[3] oder setzte wohl gar dem Senat directe Weigerung entgegen,[4] so dass die Volkstribunen, die früher den Consul am Auszuge hinderten, ihm jetzt zwingend in den Weg traten und ihm Mulct drohten, wenn er nicht zum Heer gehen wolle.[5] Nur diejenigen drängten hinaus, die sich die Taschen füllen wollten, oder die in der Provinz die Kräfte sammelten, um das in Rom eingefädelte Spiel zu Ende zu führen. So kam es faktisch allerdings dazu, dass die Consuln vielfach in Rom blieben, aber gesetzlich ist dies nicht gewesen.

Gegen die communis opinio (gegen die sich inzwischen übrigens auch Willems, senat Romain 2, 578 erklärt hat) lassen sich aber auch positive Zeugnisse vorbringen, so dass wir nicht darauf beschränkt sind, ihre Basis als unzureichend darzuthun.

1) Im Jahre 711 haben die Consuln Hirtius und Pansa Asien zur Provinz erhalten mit der Befugniss, Andern die Provinz zu übertragen, bis sie selbst dahin gehen wollen. Lentulus sagt,[6] sie werden ihr ganzes Consulat in Rom abmachen! Und das hätten sie voraus-

---

[1] Dio 37, 33.
[2] Cicero, ad fam. 8, 10, 2.
[3] Livius 40, 26, 5.
[4] Cicero, Philipp. 11, 8, 18.
[5] Livius 42, 20.
[6] Cicero, ad fam. 12, 14, 4.

sichtlich gethan, wenn nicht der Senat sie schliesslich noch zur Armee in Italien geschickt hätte.

2) Im Jahre 694 droht der Volkstribun Flavius dem Consul Metellus, er werde ihn nicht in die erlooste Provinz gehen lassen, bevor er des Flavius Gesetzvorschlag zugelassen habe.[1] Hätte der Auszug erst nach dem Consulat stattfinden sollen, so würde die Fähigkeit des Consuls, den Tribun zu hindern, ohnehin erloschen sein.

3) Cicero sagt bei Antritt seines Consulats „ita gerere consulatum ... ut neque provinciam ... appetiturus sim", er versichert, wenn nicht besondere Umstände ihn zwingen „sese .... in provinciam non iturum. Sic me in hoc magistratu geram etc."[2] Diese Ausdrücke weisen deutlich darauf hin, dass er nicht während seines Consulats in die Provinz zu gehen beabsichtigt.

4) Cicero de provinc. consul. 7 u. 15 sagt, das einzige sichere Mittel, Piso und Gabinius aus ihren Provinzen zurück nach Rom zu bringen, sei, diese Provinzen zu Consularprovinzen zu machen, dann allein sei die Intercession der Volkstribunen auszuschliessen, und (fügen wir hinzu) dann können die neuen Consuln sofort über diese Provinzen verfügen, selbst gehen oder Andere dem Piso und Gabinius succediren lassen. Andre Senatoren schlagen vor, Cäsars Provinzen ganz oder theilweise zu Consularprovinzen zu machen, aber Cicero entgegnet, diese seien nicht frei zur Zeit des Consulatantritts (da sie auf längere Zeit gegeben waren), man würde daher durch solche Vorschrift dem Consul, „qui

---

[1] Dio 37, 50.
[2] de lege agr. 1, 8.

calendis Januariis habere provinciam debet", eine Provinz nicht geben, sondern nur versprechen. Was solle der Consul in solchem Falle thun? Es sei absurd zu losen und nicht zu erhalten, was man erlose. „Proficiscetur paludatus? Quo? Quo pervenire ante certam diem non licebit."

Diese Zeugnisse sind mit der herrschenden Lehre ganz unvereinbar. Wir müssen daran festhalten, dass auch zu Ciceros Zeit die Consuln in ganz derselben Art wie früher während ihres Amtsjahrs das Imperium militare übernehmen konnten.

§ 8.

Wir haben gesehen, dass die lex curiata den römischen Magistrat aus einem Civilbeamten in einen Militär verwandelt. Jetzt können wir einen Schritt weiter gehen: diese Verwandlung durch eine lex curiata war die Voraussetzung des Triumphs.

Der Magistrat hatte durch die lex curiata die Kriegsauspizien des römischen Staats erhalten, „diis auctoribus" (wie Livius 9, 14, 4 sagt) zog er hinaus in den Krieg, sich und sein Unternehmen unter besonderen Götterschutz stellend, durch gläubige Vorsicht gegen jeden Tadel der Erdgebornen gesichert.[1] Was immer geschah, die Götter sandten es durch ihn, er war ihr Werkzeug, dem sie günstig Hülfe gewährten, dem sie zürnend den Untergang sandten. Freilich stiess dieses naive Gottvertrauen gelegentlich auf Skepsis; Freigeister wie Fabius mochten

---

[1] Livius 38, 48, 14.

schon zur Zeit der punischen Kriege erklären, die einzig richtigen Auspizien seien, was Rom fromme; und zu Ciceros Zeit mochte es vorkommen, dass Auguren-Consuln in geschlossener Sänfte reisten, um nur nicht durch Götterzeichen belästigt zu werden. Im Grossen und Ganzen aber erhielt sich die Religion durch die ganze Republik hindurch und sehr mit Unrecht behauptet man, dass die Staatsauspizien zur Zeit Ciceros nur noch zu politischen Parteizwecken verwandt wären. Finden wir doch sogar, dass noch Trajan sein Haus nicht inauspicato verlässt.[1]

Lex curiata und Auspizien waren die Zeichen des bellum justum, sie waren zugleich die Voraussetzungen eines Triumphs. Nur wer von den Göttern ausgezogen war, konnte nach glücklichem Erfolge „ad eosdem deos" triumphirend zurückkehren.[2] Damals hatte er im Namen des römischen Gemeinwesens die feierlichen Gelübde unter Anleitung des Pontifex maximus[3] ausgesprochen, jetzt gestattete ihm der Senat,[4] im Namen des Staates den Göttern Ehre und Dank zu bringen für den gewährten Schutz. Im Ornate des Jupiter optimus maximus zog er dann auf goldnem Wagen durch die Stadt aufs Capitol,[5] selber den Göttern ähnlich, das Vorbild der Göttlichkeit, mit welcher später die Principes sich brüsteten.

Mommsen[6] ist auch über diese Frage abweichen-

---

[1] Plinii Pan. Trajano c. 76: una erat in limine mora, consultare aves revererique numinum auctoritas.

[2] Livius 45, 39, 11. 28, 9, 1.

[3] Livius 4, 26, 12.

[4] Livius 38, 46 if.

[5] Livius 10, 7, 11.

[6] Staatsrecht (²) 1, 124 ff.

der Ansicht. Nach ihm hat nicht der Senat das Recht, über den Triumph zu entscheiden, sondern es ist ein magistratisches Recht zu triumphiren, der Triumph ist ein feldherrlicher Act, zu welchem gleich bei der Scheidung der Amtsgebiete das Recht ertheilt wurde, um den Feldherrn zu befähigen, an diesem einen Tage in der Stadt Rom zu schalten, als ob er sich in dem Kriegsgebiet, in der militia befände. Die Entscheidung über den Triumph habe ohne Zweifel von Rechtswegen bei dem Magistratus-Feldherrn selbst gestanden, und wenn er sich begnügte, die Siegesfeier ausserhalb der Stadt, z. B. auf dem Albanerberg zu veranstalten, so habe auch später Niemand ihn daran hindern können. Mit dem Triumph in der Stadt sei es in älterer Zeit nicht anders gehalten worden, wie schon der Umstand beweise, dass vor dem Jahre 523 kein Triumph auf dem Albanerberge erwähnt werde. Im Jahre 460 sei denn auch von L. Postumius Megellus, 531 von C. Flaminius und P. Furius Philo, und 611 von Appius Claudius im Widerspruch mit dem Senat und nicht gestützt auf Volksschluss rechtsgültig auf dem Capitol triumphirt worden. Erst in Folge des steigenden Uebergewichts des Senats und des schrankenlosen Ehrgeizes der einzelnen Beamten sei es mehr und mehr gebräuchlich geworden, nur dann die Siegesfeier vorzunehmen, wenn der Senat sie billigte und die dazu erforderlichen Geldmittel auswarf. Die Volkstribunen hätten dieser Aenderung durch Eingreifen in den Festzug zur Geltung verholfen, bis schliesslich Triumphe in magistratu immer seltner und (nachdem Sulla das militärische Imperium an das Proconsulat und die Proprätur geknüpft hatte), zur rechtlichen Unmöglichkeit wurden. Dadurch sei die

Entbindung von den Gesetzen, die früher schon erforderlich gewesen, wenn ein Nichtmagistrat triumphiren sollte, für alle Fälle zur nöthigen Voraussetzung geworden und der Triumph aus einem magistratischen Recht in eine Vergünstigung verwandelt, welche durch besondern Volksschluss und späterhin auch durch besondern Senatsschluss dem Feldherrn erwiesen wurde.

Für Ciceros Zeit will also auch Mommsen anerkennen, dass der Senat über den Triumph beschliesst; das liesse sich auch in der That nicht wohl in Abrede stellen, da unsre Quellen zweifellos berichten, dass man lange Zeit vor den Thoren Roms umherlag, auf des Senats Entscheidung wartend, — dass Cicero dadurch sich gegen die peinliche Nothwendigkeit schützte, gegen Cäsar abzustimmen, — dass Appius Claudius sich abmühte, um des Triumphes willen sich eine gefälschte lex curiata zu verschaffen. — Aber früher soll das anders gewesen sein, der Feldherr konnte früher nach Mommsen's Ansicht aus eignem Recht triumphiren und gleich bei seiner Ernennung wurde ihm diese Befugniss ebenfalls ertheilt; erst die steigende Macht des Senats nahm ihm diese Selbstherrlichkeit.

Ich muss gestehen, dass ich die „steigende Macht des Senats" für einen weitverbreiteten grossen Irrthum halte. Nach meiner Ansicht ist die Geschichte den grade umgekehrten Gang gegangen: die Macht des Senates ist durch die ganze Republik hindurch in einer steten Minderung begriffen. Zuerst befugt, jeden Beschluss des Volks nachträglich zu prüfen und ohne Weiteres zu verwerfen, wird später der Senat auf die Position zurückgedrängt, Blancogenehmigung zu ertheilen für alles, was das Volk beschliessen möchte.

Ursprünglich, ich möchte sagen: der Brodherr der Magistrate, verliert er Schritt für Schritt seinen Einfluss auf die Wahlen, sieht sich Beamten gegenüber, die weder Tradition noch Gesetz unter seine Autorität beugen, und muss sich zudem gefallen lassen, dass die Volkstribunen die Rechtsgültigkeit seiner eignen Beschlüsse hindern. Am längsten noch vermochte er die Verfügung über Truppen und Staatsgelder festzuhalten; als man auch diese ihm schliesslich entwand, da brach die letzte Stütze seines Ansehens und mit ihr ging die Republik zu Ende. — Ich möchte glauben, dass die Methode vom Wort auszugehen, wie bei dem Pomerium, so auch in dieser Frage einen verhängnissvollen Einfluss gehabt hat. Weil der Senat „consulta“ spricht, hat man sich dazu entschlossen, ihm nur „Rathschläge“ zu gestatten und die eigentliche Regierung in das Consulat zu legen. Ich habe früher schon[1] darauf hingewiesen, dass m. Er. der Schwerpunkt in den „decreta“ liege und dass schon der Umstand auf diesen Weg weise, dass neben dem „consultum“ sich kein verbum activum finde, um die eminente Thätigkeit des Senats auszudrücken.[2] Ich glaube, wer sich nur einmal von dem Wortlaut losmacht, den werden die Klassiker bald überzeugen, dass der Senat die eigentliche Regierung Roms war.

Aber sehen wir uns die Einzelbehauptungen Mommsens über den Triumph an; sie könnten richtig sein,

---

[1] Iustitium S. 16 ff.

[2] Man hat mir entgegnet, ich übersähe, dass es in der technischen Sprache nicht heisse „senatus consuluit“, sondern „consul consuluit senatum“. Aber ich habe das so wenig übersehen, dass es vielmehr die Voraussetzung meines Arguments ist, da ich auch im Justitium ein verbum activum für die Thätigkeit des Senats fordre.

auch wenn jener allgemeine Satz sich nicht aufrecht erhalten liesse. Es soll also dem Feldherrn gleich beim Antritt des Amts das Recht des Triumphs beigelegt worden sein, so dass er bei seiner Rückkehr proprio jure triumphirend in die Stadt ziehen konnte.[1] Wie ist es damit zu vereinigen, dass (von ganz seltenen Fällen abgesehen), alle Feldherrn zur Stadt kommen, den Dictator und nach der Tradition sogar den König miteinbegriffen,[2] dass sie vor der Stadt mit dem Senat verhandeln, ob derselbe honos für die Götter und Triumph für sie beschliessen wolle? — Wie ist es zu erklären, dass Livius nicht nur 3, 63, 9 sagt „arbitrium ejus honoris penes Senatum“, sondern dass er in zahllosen Fällen sich auf einfaches „triumphavit“ oder „triumphatum est“ beschränkt, nur dann auf Details eingehend, wenn zwischen Feldherrn und Senat Reibungen stattfinden? Soll Livius hier überall die Institutionen der späten Republik in die alten Zeiten hinein tragen, wo ist dann die bessere Quelle? Wie sollen wir uns erklären, dass bestimmte Leistungen für den Triumph erforderlich waren und der Senat diese Leistungen gelegentlich änderte oder gar ohne Krieg schliesslich triumphiren liess?[3] — dass die einziehenden Feldherrn ihre Angaben vor den Stadtquästoren zu beeidigen hatten?[4] Wenn wirklich der Feldherr proprio jure triumphiren konnte und in der Stadt wie im Kriegsgebiet schalten durfte, wie kommt es denn, dass trotzdem die Volkstribunen es wagen, ihm zu intercediren?[5]

---

[1] Staatsrecht 1, 128.
[2] Livius 3, 63, 9. Dionys 3, 59.
[3] Livius 40, 38, 8.
[4] Valerius Maximus 2, 8, 1.
[5] Livius 36, 39, 4. 38, 47.

sie, die doch sonst wohl wissen, wie sehr ihnen das Imperium militare überlegen ist? Wie wäre es möglich, dass angesichts ihres eignen Rechts die Feldherrn sich der Ignominia einer abschlägigen Antwort vom Senat nicht nur aussetzten, sondern nicht selten sich bei derselben beruhigten? [1]

Mommsen glaubt seine Ansicht durch die Triumphe auf dem Albaner Berge stützen zu können, daran habe Niemand den Consul hindern können. — Die Möglichkeit, dass ein Dictator dem entgegentrete, und auf Senatsgeheiss vielleicht die Consuln vorher absetze,[2] — diese Möglichkeit ist so gering, dass sie ausser Ansatz bleiben mag. Geben wir zu, dass der Feldherr auf dem Albaner Berg triumphiren konnte. Allein ein solcher Triumph war kein Triumph; man zog nicht zurück zu den Göttern, von denen man ausging, um ihnen den ehrenden Dank für die Hülfe zu bringen, es war ein sakral angehauchtes Volksfest, zu dem diejenigen sich entschlossen, denen der Senat den Triumph abgeschlagen hatte.[3] Jedermann wusste das, es war wenig Ehre dabei,[4] hatte doch der Feldherr alles aus eigner Tasche zu zahlen und handelte ohne publica autoritas.[5] Freilich nahm man auch solche Festzüge in die Triumphalfasten auf,[6] aber daraus ergiebt sich nur, dass man bei

[1] Livius 8, 12, 9. 10, 36, 19. 28, 38. 34, 10, 3. Dio fragm. 86. 2. 37, 54. Dionys 9, 17 weigert der Consul weitern Dienst deshalb.

[2] Livius 8, 3, 4.

[3] Livius 45, 38, 4: qui a senatu non impetrarunt.

[4] is triumphus et loco et fama . . . et quod sumptum non erogatum ex aerario omnes sciebant, inhonoratior fuit, Livius 33, 23, 8.

[5] Livius 42, 21, 6.

[6] C. J. L. 1, p. 453 ff.

Abfassung dieser Fasten ziemlich lax war. Wie es um die angebliche Rechtsgültigkeit solcher Triumphe auf dem Albaner Berg bestellt war, das lässt sich am besten daran erkennen, dass der Senat dem Marcellus den Triumph abschlug und nur eine Ovation bewilligte, dass Marcellus dann auf dem Albaner Berg triumphirte und am nächsten Tage ovando in Rom einzog:[1] ein Triumph und eine Ovation zugleich, das wird selbst Mommsen nicht für möglich halten. Man kann die Frage nicht deutlicher beantworten: der Triumph auf dem Capitol und auf dem Albaner Berg waren zwei grundverschiedene Dinge, der letztere war ein trauriges Surrogat, weil der erstere nicht zu erlangen war. Daher ist denn auch von dem Triumph auf dem Albaner Berg nur die Schlussfolgerung zu ziehen, dass der Triumph auf dem Capitol nicht gewährt war. Ueber 500 Jahre hielt man an der Väter Brauch fest, man triumphirte auf dem Capitol oder man triumphirte überhaupt nicht. Im Jahre 523 durchbrach man zuerst die sakrale Idee durch das Volksfest. Wenn nun Mommsen 1, 131 daraus: dass vor 523 keine Triumphe auf dem Albaner Berg stattfanden, folgern will, dass der Feldherr auch in der Stadt vor 523 von Niemand an der Siegesfeier habe gehindert werden können, so vermag ich diese Schlussfolgerung nicht als concludent anzuerkennen.

Es erübrigt die einzelnen Fälle zu prüfen, in denen nach Mommsen der Magistrat wirklich ohne Autorisation auf dem Capitol triumphirte; es sind ihrer drei.

---

[1] Livius 26, 21, 1.

1) Im Jahre 460 sucht Postumius bei dem Senat um einen Triumph nach, „moris magis quam spe impetrandi“, denn dem Collegen war bereits der Triumph verweigert und derselbe hatte sich dabei beruhigt. Im Senat machte man Schwierigkeiten, hielt dem Consul entgegen, er sei zu spät ausgerückt, — sei ohne Senatserlaubniss von Samnium nach Etrurien gezogen, — könne keinen Triumph erhalten, da sein College keinen erhalten habe. Der Consul droht, er habe Samnium und Etrurien niedergeworfen, er werde „eodem jure imperii“ triumphiren. Die Tribunen stellen seiner Drohung die ihre entgegen, sie würden intercediren „ne novo exemplo triumpharet“, aber andre Tribunen versprechen dem Consul ihre Hülfe und in diesem Dilemma beschliesst der Senat: das Volk solle entscheiden. Der Consul erklärt, in zwei Fällen sei schon jussu populi ohne Autoritas senatus triumphirt worden, er würde sich selbst an das Volk gewandt haben, wenn er sich nicht gesagt hätte, dass die mancipia nobilium seinen Antrag zu Fall bringen würden. So zieht er denn in der That am nächsten Tage auf eigne Faust aufs Capitol, drei Volkstribunen auf seiner Seite, der Intercession der übrigen sieben nicht achtend.[1] — Die Thatsache wird auch von Dionys[2] berichtet, aber hier erfahren wir auch das Nachspiel: Postumius wurde

[1] Livius 10, 37.

[2] Excerpta ex libris 17. 18. (Kiessling vol. 4 p. 231.) exc. 5. καὶ τελευτῶν ὃν οὔτε ἡ βουλὴ οὔτε ὁ δῆμος συνεχώρησεν αὐτῷ θρίαμβον ἀπὸ τῆς ἑαυτοῦ γνώμης κατήγαγεν. ἐφ᾽ οἷς ἅπασιν ἔτι μείζονος ἐξ ἁπάντων μίσους ἐκκαυθέντος, ἅμα τῷ παραδοῦναι τὴν ἀρχὴν τοῖς μεθ᾽ ἑαυτὸν ὑπάτοις, εἰς δίκην ὑπάγεται δημοσίαν ὑπὸ δυεῖν δημάρχων. καὶ κατηγορηθεὶς ἐν τῷ δήμῳ πάσαις ταῖς φυλαῖς καταχρίνεται.

unter den folgenden Consuln für sein Beginnen vor Gericht gezogen und einstimmig bestraft. Sein Triumph ist dadurch zu einer widerrechtlichen Handlung gestempelt; der Fall spricht gegen Mommsen, nicht für ihn.

2) Im Jahre 531 triumphirten Flaminius und Furius Philo nach Mommsen auf dem Capitol ohne Autorisation. Mommsen belegt dies mit Plutarch, Marcellus 4 und Zonaras 8, 20, schränkt aber 1, 131, 5 seine Behauptung insoweit ein, dass ihm ein förmlicher Volksschluss nicht erfolgt zu sein scheine. Plutarch sagt:

„μικροῦ μὲν ἐδέησεν ἀποψηφίσασθαι τὸν θρίαμβον αὐτοῦ“, er lässt also den Triumph beinahe abgeschlagen d. h. bewilligt werden. Zonaras sagt, der Senat habe den Triumph abgeschlagen:

„τὸ δὲ πλῆθος ἀντιφιλονεικῆσαν ὑπὲρ τοῦ Φλαμινίου ἐψηφίσαντο τὰ νικητήρια.“

Auch hieraus lässt sich das angebliche eigne Recht des Feldherrn zu triumphiren nicht entnehmen.

3) Der letzte Fall betrifft den Triumph des Appius Claudius im Jahre 611. Mommsen stützt diesen auf Dio fr. 80,[1] Orosius 5, 4 und Sueton, Tiberius 2. Dio sagt, Appius habe die Kosten seines Triumphs begehrt, ehe noch des Triumphes selbst bei Senat oder Volk Erwähnung geschehen sei. Daraus lässt sich nur herleiten, dass Appius die Regel der geschäftlichen Behandlung verletzt habe; dass zuvor des Triumphes hätte Erwähnung geschehen sein müssen, ehe Appius die Kosten desselben begehren konnte. Was aus dem Triumph

---

[1] nicht 74.

selbst geworden, darüber schweigt Dio. Dagegen berichten Orosius sowohl als Sueton übereinstimmend, dass Appius ohne jede Autorisation auf dem Capitol triumphirte. Wer die römische Geschichte kennt, wird aber wohl von vornherein Anstand nehmen, staatsrechtliche Grundsätze auf Handlungen eines Claudiers zu stützen; nennt doch Orosius selbst diese Handlung eine „infamis impudentia atque ambitio." Es war nichts als das wilde Blut der Familie, welches so zahlreiche Spuren in der Geschichte hinterlassen hat und auch hier zur eigenmächtigen Verletzung von Recht und Herkommen führte. Wie klar sich Appius selbst dessen bewusst war, ergiebt die Darstellung Suetons: er liess seine Schwester, eine Vestalin, neben sich auf dem Triumphwagen stehen „ne vetare aut intercedere fas cuiquam tribunorum esset". Er war weit entfernt auch nur zu glauben, in seinem Recht zu sein, und da er wusste, was seiner wartete, so deckte er höhnend seine Willkür mit der religiösen Scheu der Andern.

Keiner dieser drei Fälle ist also geeignet, Mommsen's Lehre von dem eignen Recht des Heerführers auf Triumph zu stützen. Wo ein Magistrat auf eigne Hand aufs Capitol zog, da lag nicht Eigen*recht* sondern Eigen*macht* vor. Aber selbst diese willkürlichen Naturen anerkennen das Recht des Senats auf das deutlichste, indem sie zuerst versuchen, den Triumph vom Senat bewilligt zu erhalten.

Unsere Ansicht bleibt daher unerschüttert: der Senat hatte das Recht über den Triumph zu entscheiden. Aber freilich Eins liess sich nicht ausschliessen: das souveräne Volk hatte sich von der Autoritas senatus emancipirt, es konnte durch seine Beschlüsse auch auf diesem Gebiete dem Senat Concurrenz machen, so dass jussu populi auf dem Capitol triumphiren mochte, wem der Senat die Bitte bereits abgeschlagen hatte. So verweigerte im Jahre 305 d. St. der Senat den Consuln den Triumph, nach Dionys 11, 49 hauptsächlich wegen ihrer Begünstigung der Plebs; worauf ein Volkstribun sich unter lautem Protest des Senats an das Volk wandte und dieses beschloss einen Triumph. „Tum primum sine auctoritate senatus populi jussu triumphatum est", sagt Livius 3, 63, 9. — Das wiederholte sich im Jahre 398 d. St., als der erste plebejische Dictator ernannt war. Der Senat bewilligte ihm nichts für den Krieg, das heisst, er liess ihn nicht einmal zur lex curiata und dem Auspizium zu, er hätte zweifellos ihm auch nach dem Siege keinen Triumph bewilligt, so zog denn auch dieser „sine auctoritate patrum populi jussu" aufs Capitol.[1] Das waren die Präcedenzfälle, auf welche (wie wir früher sahen) Postumius sich berief;[2] ihre Spärlichkeit lässt das Recht des Senats nahezu als ein ausschliessliches erscheinen. Nicht als ob nicht zu allen Zeiten man hätte versuchen können, durch das Volk zu erreichen, was sich mit dem Senat nicht erreichen liess,[3] aber der Eine Punkt, die Frage des Geldes blieb doch trotz alledem in den Händen des Senats und nur selten, scheint es, legte man auf die Ehre so grosses Gewicht, dass man bereit war, mit jussus populi auf eigne Kosten zu triumphiren.

---

[1] Livius 7, 17, 7.
[2] Livius 10, 37.
[3] Dio 38, 3. Cicero, ad fam. 15, 4, 1.

§ 9.

Ein römischer Feldherr war wie gezeigt ein Magistrat, der durch die lex curiata das Imperium militare erlangt hatte. Aber dies ist nur die Regel; neben ihr stehen zwei Ausnahmen, die wir nunmehr zu betrachten haben.

Die eine Ausnahme bestand darin, dass man Männern den Heerbefehl liess, obgleich ihre Magistratur abgelaufen war. Man verlängerte dann nicht etwa die Magistratur, sondern nur das Imperium militare, aufs Neue ein Zeichen dafür, dass dieses nicht der Kern der Magistratur war. Die Misslichkeit, im Krieg zu bestimmter Zeit den Führer zu wechseln, lag so klar zu Tage, dass Abhülfe geboten war. Wem aber diese Hülfe zustand, wer die prorogatio imperii vornehmen durfte, darüber ist man nicht einig. Auch hier geht man von dem Worte wiederum aus, prorogare soll nach Mommsen 1, 617 ff. auf Einholung eines Volksschlusses hinweisen, den Livius zudem in einigen Fällen ausdrücklich erwähnt;[1] erst im 6. Jahrhundert habe der Senat die Befugniss erlangt allein zu prorogiren. Hiermit stimmt Willems[2] im Wesentlichen überein. Lange[3] dagegen glaubt, dass die Wortbezeichnung auf die dem Imperium zu Grunde liegende rogatio legis curiatae sich beziehe; er sieht die Prorogation als eine Verwaltungsmassregel an, welche stets zur Competenz des Senats gestanden habe; die in einzelnen Fällen erwähnten Plebiscite seien durch Zweckmässigkeitser-

---

[1] Livius 8, 23, 11. 10, 22, 2.
[2] senat Romain 2, 528. 550.
[3] röm. Alterth. 1, 745 ff.

wägungen herbeigeführt, um einer Missstimmung oder der Intercession der Volkstribunen im voraus entgegenzutreten. Dieser Ansicht möchte ich beitreten, ohne Stellung zu der Frage zu nehmen, woher der Ausdruck prorogare imperium entlehnt ist, da es uns doch nicht möglich sein wird, die Zeit der Entlehnung und die fragliche Stufe der Sprachbildung festzustellen. Wer kann sagen, wie früh das Wort die Bedeutung eines blossen Erweitern, Verlängern erhalten hat?

Durch diese Prorogation erhielt man ein Commando, welches auf Grund einer Civilmagistratur erworben, fortan allein bestand, so dass der Feldherr freilich nicht mehr Magistrat war, aber doch Magistrat gewesen war. Von hier aus war es denn nur ein kleiner Schritt bis zu dem Verfahren, welches wir häufig gegen das Ende der Republik finden: man liess die Magistrate ihr Amt als Civilmagistrate zu Ende führen, vielleicht mit Rücksicht auf ihre persönlichen Wünsche; wenn sich aber später ein Bedürfniss an militärischen Führern herausstellte, dann griff man auf solche frühern Magistrate zurück, die keinen Provinzialdienst verrichtet hatten und zog sie nachträglich heran. So führte Cicero sein Consulat als Civilist durch, aber zu seinem grossen Verdruss schickte man ihn später nach Cilicien. [1]

Im Fall des prorogirten Imperium hatte der Heerführer seine lex curiata, er war mit justum imperium ausgezogen, wäre er in magistratu zurück gekehrt, so hätte es ihm insofern an den Voraussetzungen eines Triumphes nicht gemangelt. Jetzt hatte er freilich die Aufgabe nicht während des Amtsjahres erfüllt, aber

[1] ad fam. 8, 8, 8. 15, 9, 2.

vielleicht lag das nicht an ihm. Er that ein Uebriges, indem er ihr über sein Amtsjahr hinaus oblag, es wäre höchst unbillig gewesen, ihn darunter leiden zu lassen und ihm die Aussichten auf den Triumph zu schmälern. Man hat daher diese Führer hinsichtlich der Ehren denen gleich behandelt, die in magistratu sich um den Triumph bewarben, indem man sich daran hielt, dass sie die Provinz als Consul oder Prätor erhalten hatten.[1] Sie triumphirten dann nicht in magistratu, aber doch ex magistratu.[2] Und in analoger Weise hat man auch die frühern Magistrate behandelt, die man nachträglich in die Provinz schickte: man gewährte ihnen die Aussicht auf einen Triumph, indem man ihnen nachträglich und selbständig eine lex curiata gab mit Rücksicht auf die früher von ihnen bekleidete Magistratur. Mit andern Worten: man forderte die alten vorgeschriebenen Elemente, aber man sah von ihrer zeitlichen Continuität ab. So erhielt Cicero Cilicien „Senatus consulto et lege"[3] scilicet curiata; Mommsen ist m. Er. im Irrthum, wenn er in dieser lex das Pompejanische Gesetz von 702 erblickt, dessen Ausführung die Sendung Cicero's herbeiführte. Cicero machte sich bekanntlich Rechnung auf einen Triumph; das konnte er nur mit einer lex curiata, die er hier wie bei Appius schlechtweg „lex" nennt.

Die herrschende Meinung geht dahin, dass diese Promagistrate nicht den Magistraten hinsichtlich eines Triumphs gleichstanden, sondern dass für ihren Triumph

---

[1] Livius 31, 20: provinciam .... consulem aut praetorem obtinuisse.

[2] Livius 40, 59, 3.

[3] ad fam. 15, 9, 2.

ein förmliches Privilegium erforderlich war.[1] Das prorogirte Imperium, sagt Mommsen, reichte wohl zum Commandiren aber nicht zum Triumphiren aus, weil es beim Durchschreiten des Pomerium untergehe. — Mit diesem Grunde ist nichts gewonnen; nicht nur das prorogirte, sondern ein jedes Imperium ging unter bei dem Durchschreiten des Pomerium; alle andern Triumphe hätten dann so gut wie die der Promagistrate ein Privilegium gefordert. Fälle in denen solchen Promagistraten der Triumph aus dem Grunde abgeschlagen worden, weil sie nicht mehr in magistratu seien, sind nicht bekannt. Es handelt sich daher um eine Prüfung derjenigen Stellen, aus denen Lange und Mommsen ihre Lehre entnehmen, dass für solche Triumphe das Imperium habe durch Privilegium verliehen werden müssen.

Livius 26, 21 berichtet, dass Marcellus sich bei dem Senat um einen Triumph bewirbt, der ihm verweigert wird. Der Senat gewährt ihm nur eine Ovation; dann heisst es weiter „Tribuni plebis ex auctoritate senatus ad populum tulerunt, ut M. Marcello quo die urbem ovans iniret imperium esset". Offenbar ist die Ovation hier beschlossene Sache und das Volk soll nicht etwa darüber abstimmen, ob dem Marcellus eine Ovation gewährt werden solle oder nicht, sondern ob die vom Senat beschlossene Ovation mit Imperium ausgestattet sein soll oder nicht.

In dem zweiten Fall, Livius 45, 35, verhält es sich genau so. „Tribus iis omnibus decretus est ab senatu triumphus, mandatumque Q Cassio praetori, cum tribunis plebis ageret, ex auctoritate patrum rogationem ad

---

[1] Lange 1, 747. Mommsen 1, 126.

plebem ferrent, ut iis, quo die urbem triumphantes inveherentur, imperium esset". Auch hier ist der Triumph vom Senat bereits beschlossen und das Volk wird nur darüber befragt, ob der Triumph durch das Imperium ausgestattet sein soll. Freilich lauten die dann bei Livius folgenden Reden so, als ob das Volk jetzt den Triumph beschliessen resp. hindern könne, die vorangehenden Beschlüsse des Senats sind aber so deutlich berichtet, dass wir aus dem Inhalt der Reden nichts andres als einen Beweis für die alte Wahrheit entnehmen können, dass die Reden des Livius nicht massgebend sind. — Es lässt sich aus diesen Stellen nicht entnehmen, was die heutige Lehre in ihnen findet: dass hier ein Imperium als Voraussetzung des Triumphs, für den Triumph gegeben werde. Die Beschlüsse über Triumph und Ovation sind auch hier vom Senat gefasst und sie setzen ein vorhandenes Imperium voraus. Jene Stellen zeigen vielmehr nur, dass es Triumphe und Ovationen mit und solche ohne Imperium giebt.

Das führt uns auf eine Frage zurück, die wir früher schon gestreift haben. Mommsen meint,[1] dass der triumphirende Feldherr in der Stadt habe walten dürfen, als befände er sich im Kriegsgebiet; zweifelnd fügt er hinzu, dass wahrscheinlich an diesem Tage das Provokationsrecht in der Stadt aufgehoben und der Gebrauch der Beile gestattet gewesen sei, wovon bei Hinrichtung der Kriegsgefangenen Gebrauch gemacht zu sein scheine. Diese Exemtion müsse gleich bei der Scheidung der beiden Amtsgebiete hinzugefügt sein, sonst würde jeder Triumph ein Privilegium gefordert

[1] Staatsrecht 1, 60. 128, 5.

haben. Aber damit hänge wohl zusammen, dass der Magistrat vor dem Triumph das Pomerium nicht überschritt.

In der That forderte aber jeder Triumph wenn auch nicht ein Privileg so doch eine Dispensation und jeder Triumph setzte auch das Imperium bei dem Heerführer voraus. Niemals ist ein Imperium zum Zweck des Triumphs ertheilt worden. Wer in die Urbs hineinging, vernichtete sein Imperium und beraubte sich damit der Möglichkeit eines Triumphs; das hängt gewiss zusammen, wie Mommsen sagt. — Für eine gleich anfangs gegebene Exemtion des Triumphaltages bleibt daher kein Raum, auch hat eine solche thatsächlich nicht bestanden. Die Lehre Mommsens, dass der triumphirende Feldherr in der Stadt wie im Kriegsgebiet habe schalten können, ist irrig und keinerlei Anhalt findet sich für die Vermuthung, dass an diesem Tage ihm gegenüber keine Provokation zulässig, ihm der Gebrauch der Beile gestattet war. Von der Behandlung der kriegsgefangenen Hostes kann man keinen Schluss auf die Rechtlosigkeit der römischen Bürger machen. — Die Stellen aber, aus denen wir soeben die Unterscheidung des Triumphs mit Imperium vom Triumph ohne Imperium entnahmen, zeigen die Unrichtigkeit der Mommsen'schen Ansicht unwiderleglich. Ein Triumphator ohne besonders bewilligtes Imperium befand sich in der peinlichen Lage eines Gastes, der Discretion des Wirthes überlassen; er konnte sich selbst intra pomerium zu Nichts verhelfen. Gegenüber der zudringlichen Zänkerei des Strassenpublikums, der politischen oder persönlichen Animosität der Volkstribunen musste er, lorbeergekrönt wie er war, sich nach Hülfe und Schutz bei den städtischen Magistraten umsehen. So machtlos war er, dass die Sitte sogar den Consuln gebot, seine Einladung zum Triumphschmause abzulehnen, um ihn nicht auch dort an seine Ohnmacht zu erinnern durch die Begegnung mit Magistraten, die, so wenig sie auch immer selbst ausrichten konnten, gebunden wie sie waren durch Provokation und Intercession, doch hier innerhalb der Stadt immer noch eine höhere Machtstellung einnahmen als der Triumphator.[1] Sollte dem anders sein, so musste das Volk dem Heerführer an seinem Ehrentage zu dem Imperium, dessen er zu seinem Triumph bedurfte, noch das Imperium verleihen, ihm in freiwilliger Unterwerfung den wirklichen Gebrauch militärischer Autorität gestatten. Damit änderte sich die Lage; jetzt war die Stadt gleichsam im Lager zu Besuch, man hatte dem Triumphator einen weitgehenden Beweis von Hochschätzung gegeben, in seine Hände eine unumschränkte Macht gelegt im Vertrauen auf seine Rechtschaffenheit, die ihn hindern werde, diese Macht anders als zu seinem Schutze zu gebrauchen.

Die zweite Ausnahme entfernt sich um ein Erhebliches weiter von der Regel. Man gab das Imperium militare an Männer, die eine Magistratur weder bekleideten noch bekleidet hatten. Für diese Fälle gebrauchte man vorzugsweise die Bezeichnung „cum imperio esse", das Fehlen der Magistratsbezeichnung deutete genügend den Unterschied an. Denn diese Heerführer

[1] Valerius Maximus 2, 8, 6.

waren keine Magistrate, sie blieben trotz ihres Imperium „privati“,[1] obgleich man ihnen den Titel von Promagistraten beilegte. Aufs Neue sehen wir, wie wenig richtig es ist, wenn Mommsen das Imperium militare als den Kern der Magistratur auffasst, der nie von ihr getrennt worden sei.

Diese Ertheilung des Imperium an Private lag ebenfalls in der Hand des Senats. Er ernannte Jemanden aus einer bis dahin vielleicht abhängigen Stellung zum selbständigen Truppenführer,[2] oder gab einem Privaten ohne jede Stellung ein Commando; so machte er den Octavian zum Proprätor, so schickte er Jemanden cum imperio zur Abholung gestellter Geiseln[3] oder einen designirten Prätor mit militärischer Vollmacht gegen die Heuschrecken.[4] — Nicht selten delegirt der Senat diese Ernennung, indem er einen Magistrat beauftragt,[5] nach eigner Wahl einem Privaten das Imperium militare zu ertheilen, vielleicht nur um Truppenkörper der grossen Armee zuzuführen. Man hat diese Fälle so aufgefasst,[6] als ob die zur Ernennung vom Senat autorisirten Magistrate die nominellen Inhaber des Auftrags geblieben seien und die von ihnen Ernannten nur als ihre Stellvertreter gegolten, kein eignes Imperium gehabt hätten. Ich glaube nicht, dass damit das richtige getroffen ist. Wenn Jemand vom Oberfeldherrn auf Grund eines

—

[1] Livius 45, 21, 4.

[2] Livius 35, 23, 6: ut cum imperio esset, qui classem duceret.

[3] Cicero, Philipp. 5, 45. Livius 27, 24, 1.

[4] Livius 42, 10.

[5] Consul: Livius 26, 28, 5. 31, 3. 2. Prätor: Livius 23, 34, 13. 28, 46, 13.

[6] Lange 1, 781. Mommsen 1, 114.

Senatsbeschlusses in eine andre Provinz geschickt wird, um dort Truppen zu befehligen, oder wenn ihm die selbständige Führung der Flotte übertragen wird, so könnte man hier allenfalls von einer vertretenden Stellung sprechen, obgleich auch in solchen Fällen die einfache Betrachtung zu einem selbständigen Commando führt. In andern Beispielen ist es aber gradeswegs nicht möglich, jene Auffassung aufrecht zu halten, dass der vom Senat beauftragte Magistrat der eigentliche Inhaber des Auftrags bleibe, dann nämlich, wenn dieser Magistrat in Folge des Senatsbeschlusses ein Imperium militare überträgt, ohne es selbst zu haben. Im Jahre 547 d. St. beschliesst der Senat:[1] „Cn. Servilio praetori negotium datum, ut, si e republica censeret esse, urbanas legiones, imperio cui videretur dato, ex urbe duci juberet." Hier ist der Prätor in der Stadt, er hat kein Imperium militare, er wird aber vom Senat ermächtigt, einem „privatus" das Imperium militare zu geben. Das lässt sich, soviel ich sehe, nicht als eine Stellvertretung auffassen. Nicht anders ist es, wenn der Senat den Consuln gestattet, Stellvertreter in ihre Provinz zu schicken, bis sie selber gehen, wie uns dies z. B. von den Consuln Hirtius und Pansa überliefert ist.[2] Das lässt sich als eine Stellvertretung nur insofern auffassen, als die Verwaltung der Provinz im Namen der Consuln erfolgt und mit dem persönlichen Erscheinen derselben oder durch einen Widerruf die Befugnisse jener „privati" erlöschen; es geht aber über den Begriff der Stellvertretung insofern hinaus, als den Con-

[1] Livius 28, 46, 13.
[2] Cicero, ad fam. 12, 14, 4.

suln die Verleihung des Imperium militare an ihre Beauftragten gestattet wird, ohne welches diese die Provinz nicht regieren konnten, während doch die Consuln selbst ein solches Imperium noch nicht haben, sondern erst erwerben, wenn sie selbst in die Provinz gehen. Diese Verleihung ist nur auf Grund einer delegirten Senatsbefugniss zu erklären.

Das Volk hat zu keiner Zeit beansprucht, einem „privatus“ das Imperium zu verleihen; es würde ein Zustand der Confusion geworden sein, wenn es möglich gewesen wäre, durch Plebiscite die Einheit der militärischen Leitung zu zertrümmern und dem Heerführer die Pflicht aufzuerlegen, diesen oder jenen seiner Offiziere mit selbständigem Imperium zu detachiren. Grade die Fälle, in welchen durch Plebiscit ein Imperium militare ertheilt wird, zeigen am deutlichsten den Mangel der Befugniss. Denn nicht nur handelt es sich bei ihnen blos um einen Höchstcommandirenden für den ganzen Krieg, nicht um einen solchen Eingriff, wie ihn der Senat gelegentlich vornimmt, durch welchen dem Commandirenden grössere Theile seiner Armee entzogen und selbständiger Führung zugewiesen werden, — sondern jene Plebiscite sind auch lediglich dem Umstand zu verdanken, dass der Senat keinen passenden Mann finden konnte und deshalb nothgedrungen mit der Frage an das Volk ging. So entstand einer der berühmtesten Fälle, die Beauftragung Scipios, dem als „privatus cum imperio“ durch Plebiscit der Krieg in Spanien übertragen wurde,[1] und diese Volkswahl ist bekanntlich für Spanien so lange beibehalten, bis der Senat es für gut

[1] Livius 26, 18.

befand, Spanien aus einer provincia rei gerendae zur Provinz im engern Sinne zu erheben.[1]

Man nimmt allgemein an, dass diese privati cum imperio die Auszugsauspizien gehabt oder sich dieselben im Felde geschaffen hätten, was sich besonders am Fall Scipio zeigen soll.[2] Lange 1, 746 kommt zu demselben Resultat durch die Annahme, dass solchen „privatis" die lex curiata gegeben sei. — Auch in diesem Falle halte ich die herrschende Lehre nicht für richtig; wir wollen die Fragen einzeln prüfen.

Der Privatus soll nach Einiger Meinung die Auszugsauspizien gehabt haben; es hängt dies mit Mommsen's Theorie zusammen, nach welcher jeder Magistrat stets das Imperium militare hatte und dasselbe in Thätigkeit setzte, indem er Auszugsauspizien einholte. — Allein die Auszugsauspizien haben eine solche isolirte Existenz niemals geführt, sie sind stets nur der Ausdruck der Kriegsauspizien, des „auspicium" gewesen, welches sakral an die lex curiata geknüpft war, um dessenwillen, wie Cicero berichtet, die Scheincurien erhalten blieben. Der Versuch, jene Selbständigkeit aus Cäsar bell. civ. 1, 6 zu entnehmen, hat sich als undurchführbar erwiesen.

Man behauptet, der „privatus" habe die Möglichkeit gehabt, sich selbst im Felde die Auspizien zu schaffen.[3] Ursprünglich sei der Feldherr allerdings für die Erwerbung derselben auf Rom angewiesen, später

[1] Valerius Maximus 9, mil. Rom. 1.
[2] Mommsen 1, 88, 5. 96 ff. Karlowa 1, 149.
[3] Mommsen 1, 97.

habe man jedoch der Entfernung halber einen beliebigen Fleck durch Fiction zu städtischem Boden gemacht und auf ihm das erforderliche Auspicium angestellt. Dies sei zuerst behufs der Erneuerung der Auspizien geschehen, „auf dieselbe Weise wurde es aber möglich, schon bei ihrer ersten Einholung die gesetzliche Ordnung bei Seite zu schieben". „Nach Dio 41, 43 weihten die Pompejaner im Jahre 706 in Thessalonike einen solchen Fleck." — Diese Behauptungen erscheinen mir nicht richtig. Die Erneuerung der Auspizien hat stets die Erwerbung der Auspizien vorausgesetzt, sie hat dieselbe zu keiner Zeit ersetzen können; sobald die erworbenen Auspizien zu Grunde gingen, wie das bei dem Untergang des Imperium der Fall war, dann war auch eine Erneuerung nicht mehr möglich, sondern es war eine Neuerwerbung erforderlich, die ihrerseits wieder eine Neuerwerbung des Imperium voraussetzte, mit andern Worten: es bedurfte aufs Neue einer lex curiata. — Von der Erneuerung der Auspizien und dem für sie fingirten Ort ist daher keinerlei Schluss auf die Erwerbung der Auspizien möglich, man hat für die letztere niemals zu jener Fiction gegriffen. Wäre der Feldherr im Stande gewesen, sich beliebig aus eigner Macht irgendwo die Auspizien zu schaffen, dann wäre Ciceros Mittheilung ohne Sinn, dass zum Behuf dieser Auspizien die nur in Rom abzuhaltenden Scheincuriatcomitien erhalten blieben. Mommsen hätte an seiner Behauptung schon dadurch irre werden sollen, dass er selbst erklärt,[1] erneuerte Auspizien hätten zu einem Triumph nicht ausgereicht. Reichten sie nicht einmal

---

[1] Staatsrecht I, 124, 5.

dazu aus, wie kann man annehmen, dass sie zu irgend etwas anderm ausreichten?

In Wahrheit hat es eine solche Erneuerung, die untergegangene Auspizien wieder ins Leben rief, niemals gegeben und niemals hat man Rom in dieser Richtung durch Fictionen ersetzt. Auch die Beispiele, welche Mommsen für seine Behauptung aufführt, sind nicht entfernt geeignet, dieselbe zu unterstützen. Auf Drusus und Vespasian werden wir später bei Erörterung des Prinzipats zurück kommen; hier möge die Bemerkung genügen, dass man aus ihrem Verhalten keinen Rückschluss auf das Staatsrecht der Republik machen darf, — von Bedeutung ist nur der bei Dio 41, 43 berichtete Vorgang, von dem Mommsen behauptet, dass er in der That die Weihe „eines solchen Flecks" enthalte, um ausserhalb Roms die Auspizien zu erwerben. Wir sind dieser Stelle schon häufig begegnet: die Pompejaner wollen zur Wahl neuer Consuln schreiten und haben zu diesem Zweck bereits einen Platz geweiht, auf welchem nicht wie Mommsen sagt: die Kriegsauspizien erworben, sondern Centuriatcomitien abgehalten werden sollten. Das sind doch zwei verschiedene Dinge. Zudem scheiterte trotz der Inauguration des Platzes der Plan grade daran, dass sich herausstellte, dass die Consuln ohne lex curiata d. h. ohne Kriegsauspizien ausgezogen waren. Wenn die Consuln diesem Mangel hätten abhelfen können, würde der Plan gescheitert sein?

Der Privatus hatte nicht die Auszugsauspizien und er konnte nicht die Kriegsauspizien sich selber verschaffen. — Ebensowenig lässt es sich aufrecht erhalten, dass der „privatus cum imperio" die lex curiata hatte.

Nicht selten erhält der Privatus sein Imperium, während er fern von Rom ist; wir brauchen nur an Octavian und an Fälle zu erinnern, wo dem Führer der Flotte oder bestimmter Truppentheile vom Senat das Imperium beigelegt wird, hier scheitert die lex curiata schon an der Entfernung. Aber auch dann, wenn der „privatus“ wie z. B. Scipio in Rom war, hat man ihm doch niemals die lex curiata gegeben, er hat niemals das auspicium erhalten, er hat niemals vota auf dem Capitol abgelegt. Wo immer von diesen gesprochen wird, finden wir nur die Magistrate genannt. Festus sagt S. 173: „vota nuncupata dicuntur, quae consules praetores, cum in provinciam proficiscuntur, faciunt.“ Livius schreibt 45, 39, 9: „consul proficiscens praetorve ... vota in Capitolio nuncupat“ und damit stimmt überein Cicero de div. 2, 36, 76: „Quam multi anni sunt, cum bella a proconsulibus et a propraetoribus administrantur, qui auspicia non habent.“ Das ist nicht so zu verstehen, (wie Mommsen im Anschluss an seine irrige Theorie von der Unfähigkeit der Consuln nach Sulla während des Amtsjahrs in die Provinz zu gehen, es verstehen will,) als ob ein Proconsul und Proprätor stets ohne Auspizien sei; wir brauchen nur an Appius und Cicero zu erinnern, der Eine erklärte, die lex curiata d. h. die Auspizien sei für den Consul nicht schlechthin erforderlich und kehrte als Proconsul ohne sie aus der Provinz zurück, weil er sie sich nicht rechtzeitig verschafft hatte, — der Andre, Cicero, ging pro consule in die Provinz mit lex curiata d. h. mit Auspizien. Nur das sagt Cicero, dass Proconsuln und Proprätoren ohne Auspizien die Kriege führen und das thun sie, wenn sie entweder die lex curiata wie Appius nicht einholen, oder wenn sie wie Octavian zur lex curiata d. h. zu den Auspizien nicht zugelassen werden.[1]

Diese Sätze sind nicht blos durch ihren innern Zusammenhang gestützt, sie können mit directem Quellenzeugniss belegt werden. Livius erörtert 22, 1 die Frage, ob der Consul Flaminius ein „justum imperium" und „auspicium" habe; er sagt:

„Magistratus id a domo, publicis privatisque penatibus, votis rite in Capitolio nuncupatis, secum ferre; nec privatum auspicia sequi, nec sine auspiciis profectum in externo ea solo nova atque integra concipere posse."

Vom Standpunkt des militärischen Oberbefehls ist der Consul ohne lex curiata auch nicht berechtigt, er ist auch nur privatus und er ist ausser Stande, diesen Mangel zu ergänzen, denn keinem „privatus" folgen die Auspizien. Nicht umsonst behält daher der „privatus cum imperio" sein „privatus" bei, obgleich er den Heerbefehl hat; er hat kein „justum imperium," es fehlt ihm dafür die sakrale Basis; er ist eine rein weltliche Autorität. Daher ist es gleichbedeutend, ob man sagt, dass Jemand „sine magistratu", oder „sine auspiciis", oder „privatus" kommandire, der Sinn ist stets derselbe, dass kein j u s t u m imperium vorhanden, keine lex curiata gegeben sei, ohne welche selbst der Consul „privatus" bleibt. Eine Ausnahme bilden nur die Exmagistrate, sie sind „sine magistratu", sie können

---

[1] Die häufig hierher gezogne Stelle Cicero de nat. deor. 2, 3, 9: „tum enim bella gerere nostri duces incipiunt, cum auspicia posuerunt" spricht so viel ich sehe nur davon, dass die städtischen und Kriegsauspizien nicht in denselben Händen sind. Vgl. S. 115.

vom Standpunkt der Magistrate auch „privati" genannt werden, aber bei ihnen ist das nicht gleichbedeutend mit „sine auspiciis," weil sie die Auspizien haben können.

Jetzt können wir dazu vorgehen, den Fall Scipios zu betrachten, dem man h. z. T. allgemein die Auspizien beilegt, obgleich er zweifellos „privatus" in dem Sinne war, dass er eine Magistratur weder bekleidete, noch auch bekleidet hatte.

Livius legt mehrfach dem Scipio Redewendungen in den Mund, welche auf seine Auspizien hinweisen. Einige,[1] wie „auguriis auspiciis" lassen sich zwar auch von Privatauspizien verstehen, zu denen ja Jedermann also auch der „privatus Feldherr" berechtigt resp. verpflichtet war, und die doppelte Bezeichnung deutet sogar an, dass es sich nicht um das technische auspicium handle. Andre Ausdrücke aber, wie der Vorwurf gegen die Soldaten, dass sie sich gegen das „imperium auspiciumque" aufgelehnt hätten, lassen sich doch nur so verstehen, dass Livius dem Scipio die Auspizien beilegt, wie er denn 28, 38 auch sagt: „Haec in Hispania P. Scipionis ductu auspicioque gesta." Allein gleich darauf, als Scipio sich um einen Triumph bewirbt, lässt Livius den Senat von ihm sagen: „qui sine magistratu res gessisset."[2] Wir sahen vorhin, der Magistrat hätte die Sachlage auch nicht geändert, sondern nur der magistratus mit lex curiata und demgemäss mit Auspizien. Der Ausdruck des Senats „sine magistratu" bedeutet daher auch nur „sine lege curiata", „sine aus-

---

[1] Livius 26, 41. 28, 27, 38.
[2] So auch Valerius Maximus 2, 9, 5.

picio," und richtig verstanden steht er daher mit Livius eigner Behauptung, dass Scipio das Auspicium gehabt habe, in unlöslichem Widerspruch. Die Wahl kann aber kaum schwer fallen; schon bei Camillus sahen wir, dass Livius irrender Weise behauptet, der Dictator habe durch blosse dictio die Auspizien im Heer; nehmen wir Ciceros Versicherung hinzu, dass die Scheincuriatcomitien nur erhalten blieben, weil man ohne sie nicht zu dem Auspicium gelangen könne, so unterliegt es m. Er. keinem Zweifel, dass Livius unrichtiger Weise von dem Auspicium des Scipio spricht; kein „privatus" hatte das „auspicium".

Wir können dafür eine stichhaltige Probe machen. War der „privatus" d. h. der ohne justum imperium an der Spitze der Truppen stand, mochte er nun wirklicher Privatmann sein, dem man das Imperium beigelegt hatte, oder ein Consul, der ohne lex curiata war, — war der privatus wirklich in sakralem Sinn nicht befugt, dann konnte ihm auch kein Triumph zustehen. Wer nicht von den Göttern ausging, konnte auch nicht zu ihnen zurückkehren. Für die Magistrate haben wir das vorhin des Breitern dargelegt, es ist allgemein anerkannt, sie konnten ohne lex curiata nicht triumphiren, einerlei ob sie in magistratu oder später die Provinz übernommen hatten. Für die „privati cum imperio" galt ganz das Gleiche, beiden war der Triumph verschlossen aus demselben Grunde, weil sie nämlich ohne ausdrücklichen Götterschutz ihre Kriege geführt hatten. Daher schlug man dem Scipio den erbetenen Triumph ab,[1] obgleich er als blutjunger Mann die Gefahren des

[1] Livius 28, 38, 4.

spanischen Krieges siegreich überwunden hatte, denen nicht einmal der Senat einen Römer gewachsen glaubte. Aber wenn ein Mann von solcher Religiosität, dass ihm das Volk wegen seiner täglichen Andachten göttliche Abstammung beilegte,[1] — wenn ein solcher Mann auch nur um einen Triumph nachsuchte, ohne die sakralen Voraussetzungen zu haben, so zeigt das, wie sehr die Auffassung bereits ins Schwanken gerathen war. Scipio fügte sich der Autorität des Senats, er war nicht der Meinung, dass ihm freistehe, auf eigene Hand aufs Capitol zu ziehen, aber grade die bescheidene Tüchtigkeit und das erhebende Pflichtgefühl des Mannes werden dazu beigetragen haben, den Senat als rigoristisch erscheinen zu lassen und den Umschwung der öffentlichen Meinung zu beschleunigen. Ein Decennium später erklärte der Senat, man habe zwar keinen Präcedenzfall „ut qui neque dictator, neque consul, neque prätor res gessisset, triumpharet", aber man verstand sich doch dazu, den Mittelweg zu gehen und bewilligte den „medius honor" einer Ovation, obgleich ein conservativer Volkstribun anfänglich Einsprache that, weil die Ovation nicht minder gegen der Väter Sitte sei.[2] — Als im folgenden Jahre der Senat aufs Neue eine Ovation für den spanischen Heerführer bewilligen wollte, hielt ein Volkstribun seinen Widerspruch aufrecht und zwang den „privatus" als Privatmann in Rom einzuziehen.[3] — Einige Jahre später zog Cn. Cornelius Blasio wiederum als „privatus cum im-

[1] Livius 26, 19.
[2] Livius 31, 20, 3.
[3] Livius 32, 7, 4,

perio" ovirend in die Stadt.[1] Aber erst dem Pompejus gegenüber durchbricht man vollständig das alte sakrale Prinzip, ihm zuerst bewilligte der Senat zwei Mal einen Triumph, obgleich er nur als „privatus" das Heer geführt hatte. Man beugte sich vor der Grösse der Leistung, selbst gebeugt durch Sulla's Gewaltthätigkeit. Aber es war nur eine Ausnahme, welche die Regel bestätigte; nur ein Pompejus hatte Aussicht darauf, dass ihn der Senat als „privatus" triumphiren liess. Wie streng man auch später an der Regel festhielt, das zeigt zur Genüge der Fall des Appius, der ohne lex curiata in die Provinz gegangen war und bei seiner Rückkehr wohl erkannte, dass nicht einmal für ihn, den frühern Consul, Aussicht auf einen Triumph vorhanden sei, da er ohne lex curiata gegangen war.

Der Ausnahmecharakter dieser pompejanischen Triumphe ist von Mommsen nicht ganz erfasst worden. Da Mommsen die Kriegsauspizien als entscheidend ansieht und sogar annimmt, dass der Feldherr sich dieselben beliebig irgendwo verschaffen könne, so ist es auch nicht wohl möglich, einen innerlich berechtigten Unterschied ausfindig zu machen. Bei den Magistraten wird es ihm daher nicht klar, weshalb dieselben nicht vor ihrem Triumph in die Stadt gehen, da sie durch das Betreten der Stadt doch nur die Auszugsauspizien verlören; für die Promagistrate und Privati behauptet er ohne Anhalt, dass ihr Imperium wohl zum Commandiren aber nicht zum Triumphiren ausreiche, sie sollen im Gegensatz zu den Magistraten ihr Imperium und nicht blos die Auszugsauspizien durch Betreten der

[1] Livius 33, 27.

Stadt verlieren. Dass aber die Promagistrate und Privati wiederum ganz verschieden hinsichtlich eines Triumphs stehen, das ist Mommsen entgangen. Für ihn stehen beide Kategorieen gleich, beiden muss nach seiner Meinung das Imperium verliehen werden durch ein Privilegium, damit sie überhaupt fähig seien zu triumphiren. „Selbstverständlich hat auch in diesem Fall (des Pompejus) durch ein Privileg das Imperium für den Tag des Triumphs verliehen werden müssen.“ [1]

Aber wenn die beiden Klassen gleich standen, wenn in dem Triumph eines Privaten keine grössere Ausnahme lag als in der Prorogatio imperii oder in der Ertheilung des Imperium an den Privatus, wie ist es dann zu erklären, dass Cicero diese Triumphe des Pompejus als Privatus mit dem Worte „incredibile“ belegt? Der Fall war äusserst singulär; man liess zum ersten Male Jemanden zum Triumph zu, der ohne lex curiata, ohne auspicium in die Provinz gegangen war. Aber eines Privilegiums zur Ertheilung des Imperium hat es dazu wiederum nicht bedurft, das Imperium war auch bei Pompejus vorhanden. Der Senat bewilligte einfach diesen Triumph wie alle übrigen. Cicero [2] sagt „Quid tam incredibile, quam ut iterum eques Romanus ex Senatus consulto triumpharet?“ Mommsen glaubt zwar, dass bei Gellius 10, 20, 10 von einem Privilegium gesprochen werde, welches Sulla bei Pompejus Rückkehr zu dessen Gunsten beantragte; allein er übersieht dabei, dass dieses Privilegium vielleicht die Ausstattung, aber nicht die Gewährung des Triumphs

---

[1] Staatsrecht 1, 128.
[2] de imp. Cn. Pompeji 21, 62. pro lege Manil. 21, 61. 62.

betroffen haben kann, denn Gellius sagt ausdrücklich, dass dieses Privilegium durch einen Volkstribunen gehindert sei, während die Triumphe bekanntlich stattfanden.

Wir haben die Untersuchung über das Imperium militare beendet. Fassen wir die Resultate kurz zusammen.

Die römischen Magistrate sind Civilbeamte; sie können eine militärische Competenz nur durch die lex curiata erlangen. Damit haben sie die Möglichkeit des Triumphes erworben, der einen Magistratus und die nur durch lex curiata zu erlangenden Auspizien voraussetzt. Von der ursprünglichen Continuität ist man später abgegangen zu Gunsten früherer Magistrate. — Die lex curiata selbst ist zu einem Scheinact dadurch geworden, dass alle praktisch wichtigen Fragen vom Senat entschieden wurden. Der Senat konnte ausserdem Private mit dem Imperium militare ausrüsten, denen aber alsdann keine lex curiata, keine Auspizien somit auch keine Möglichkeit eines Triumphes zukam. Mit andern Worten: ohne Zustimmung des Senats konnte Niemand ein Truppencommando haben; niemals hat es einen Oberbeamten gegeben mit dem Recht der Heerbildung und Heerführung. [1]

§ 10.

Nunmehr kehren wir zu der Frage des Jus pomerii zurück.

---

[1] Mommsen, Staatsrecht 1, 115 sagt: „es hat nie einen Oberbeamten gegeben ohne das Recht der Heerbildung und Heerführung."

Wir haben dasselbe oben so weit kennen gelernt, dass es die militärische Versammlung des Volkes innerhalb des Pomerium nicht gestattete; wir haben darauf in ausgedehnter Erörterung die Frage festgestellt, dass die Magistrate auch nicht ausserhalb des Pomerium ohne Weiteres die Bürgerschaft militärisch berufen durften, sondern dass dazu eine lex curiata erforderlich war. Jetzt gehen wir einen Schritt weiter: das Jus pomerii verbietet die Anwesenheit des Militärbefehlshabers innerhalb des Pomerium.

Wer als Magistrat das Imperium erhalten hat, muss unmittelbar vom Jupitertempel „ex templo" die sakrale Stadt verlassen. Er erscheint im Paludamentum im Tempel des höchsten Gottes, legt die Gelübde ab und begiebt sich dann unverzüglich vor das Thor hinaus. Mommsen 1, 65 meint, der Feldherr habe erst ausserhalb des Thores den Feldherrnpurpur angelegt; aber nicht nur machen innere Gründe es wahrscheinlich, dass, wer im Namen des Staates als Feldherr feierlich handelte, auch dabei in Feldherrntracht war, sondern die Quellen sagen ausdrücklich, dass der Feldherr im Paludamentum die Vota ablegt und das Capitol verlässt. [1] Auch wäre sonst die Vorschrift Augustus: [2] dass die Feldherrn erst vor dem Thor das Paludamentum anlegen dürfen, garnicht zu verstehen.

Es gab keinen Feldherrn in Rom! Wer mit dem Heerbefehl betraut war, der hatte sofort die Stadt zu verlassen. Dio 48, 13 überliefert daher als ein unerhörtes Ereigniss, dass Antonius, statt gradeswegs zum

[1] Livius 21, 63, 9. 42, 49 31, 14. Cicero, Philipp. 13, 19. ad fam. 15, 19, 2. Valerius Maximus 5, 6, 3.

[2] Dio 53, 13. Mein Justitium S. 95. 141.

Thor zu ziehen, in Feldherrntracht zum Volk gesprochen, seinen Auszug unterbrochen, das jus pomerii verletzt habe. Wir werden später noch darauf zurückkommen, dass auch von anderer Seite Antonius als derjenige bezeichnet wird, der sich um das jus pomerii nicht kümmerte.

Wer so im Paludamentum durch die Stadt zog, der hatte, wie Jedermann wusste, soeben das Imperium erhalten. Aber keineswegs zu dem Zweck, dasselbe in der Stadt zu gebrauchen, er musste es nur von den häuslichen Göttern, vom Altar des Jupiter optimus maximus mit sich hinaus nehmen, um es überhaupt zu haben; der wirkliche Gebrauch stand ihm erst zu, sobald er das Pomerium durchschritten, das Gebiet der militia erreicht hatte, daher waren seine Truppen trotzdem nicht innerhalb der Stadt, sondern warteten seiner vor dem Thor, nur seine ebenfalls in Purpur gekleideten Lictoren zogen mit ihm aus. Daher hatte er auch nicht einmal das Jus vitae et necis in der Stadt; noch dem Crassus traten die Volkstribunen furchtlos in den Weg und suchten seinen Auszug mit der Behauptung zu hindern, dass seine Auspizien fehlerhaft gewesen. — Der Auszug war genau wie der Einzug, der Triumph; bei beiden hatte der Feldherr allerdings das Imperium, ohne solches war weder das eine noch das andere möglich, aber in beiden Fällen durfte er dieses Imperium nicht gebrauchen.

Bei dem Triumph half man ausnahmsweise diesem Mangel ab, befreite den siegreichen Führer aus einer nahezu beschämenden Lage, indem man ihm ein zweites, brauchbares Imperium verlieh; bei dem Auszug ist das nicht überliefert; der Anlass zu Reibungen wie zur Auszeichnung war nicht von gleicher Grösse. Man überliess es dem Magistrat allein, wie er durchkommen und das Thor gewinnen wollte. Von diesem Zustande während des Auszugs könnte man somit treffend den Ausdruck gebrauchen, dass der Feldherr ein ruhendes Imperium habe. Aber irrig ist es, dem Magistrat ausserdem ein solches ruhendes Imperium während seiner ganzen Amtszeit beizulegen, wie dies Mommsen thut.[1] Bis zur Ertheilung der lex curiata hatte der Magistrat überhaupt kein Imperium militare.

Zurück in die Stadt konnte der Feldherr nicht mehr, wer das Pomerium durchschritt, die Urbs betrat, der wurde privatus, sein Imperium militare ging nach dem Jus pomerii unter. Das ist nirgends so präcise ausgesprochen wie bei Plutarch, der Pompejus cap. 58 sagt:

„οἱ ἄρχοντες στρατοπέδων εἰς τὴν πόλιν οὐκ εἰσίασι."

Von der Strenge dieses Satzes wich man auch dann nicht ab, wenn es sich um Staatsgeschäfte handelte, die der ausgezogene Magistrat vornehmen sollte. Freilich blieb er an der Spitze der städtischen Geschäfte, aber seine Autorität ruhte, er konnte sie nicht verwenden, weil er die Stadt nicht betreten durfte. Selbst wenn der Senat den Feldherrn zurückrief zur Vornahme städtischer Geschäfte, verlor der Magistrat das Imperium, falls er in Folge des Auftrages das Pomerium betrat. Sehr häufig sind bekanntlich die Consuln aus dem Feldlager nach Rom berufen, um, nicht selten sehr wider ihren Willen, die Wahlcomitien für die Nachfolger zu leiten. Die Reise selbst, der Wunsch Familie und Freunde wieder zu sehen, führte gewöhnlich dazu,

---

[1] jetzt auch Karlowa 1, 196.

dass der so Berufene nach Rom hinein ging und später, vielleicht am nächsten Tage auf dem Campus Martius zur Leitung der Wahlversammlung erschien, — dann war er Civilmagistrat. Wir erkennen dies deutlich an einem Ausnahmsfall, den Livius 24, 7 ff. mittheilt: Fabius Maximus ist aus dem Kriege zu den Wahlen nach Rom berufen, er findet bei der Wahl Widerstand und weist darauf drohend hin, dass er die Beile in den Fasces habe, „quia in urbem non inierat protinus in campum ex itinere profectus". Das Betreten der Urbs hätte seinem Imperium militare den Untergang bereitet.

War dem aber so, dann erhielt auch offenbar der Senat über einen nach Rom zurückkehrenden Feldherrn, sobald dieser die Stadt betrat, wiederum volle Macht; denn um sich aufs Neue in einen Heerführer zu verwandeln, bedurfte er aufs Neue einer lex curiata. Und in der That sehen wir, dass der Senat die Fähigkeit hat, solche Führer zurück zu halten und ihnen die Erledigung städtischer Geschäfte aufzutragen, ehe er ihnen gestattet, zum Heere zurück zu gehen, d. h. ehe er ihnen die neue lex curiata gewährt.[1] Mit Unrecht glaubt man, dass der Magistrat in solchen Fällen das Imperium ohne neue lex curiata wieder erlangt habe, sobald er nur die Stadt verlasse.[2] Wir brauchen nur an den eben berührten Fall des Fabius zu erinnern, um das Gegentheil darzuthun; der Feldherr beruft sich ausserhalb der Stadt darauf, dass er die Stadt nicht betreten habe; wäre jene Ansicht richtig, so würde jeder Feldherr trotz des frühern Betretens der Stadt auf dem Campus wieder die militärische Autorität gehabt haben.

---

[1] Livius 38, 35, 3. 41, 14, 3.

[2] Weissenborn zu Livius 24, 9, 2.

Aber wenn wir hören, dass die Consuln bisweilen kein Bedenken tragen, gleich von Anfang an ohne lex curiata zum Heer zu gehen und in usurpatorischer Weise den Befehl zu ergreifen, so kann es nicht überraschen, dass man in Fällen, wie wir sie jetzt erörtern, gelegentlich sich dazu verstieg, von den rechtlichen Formen abzusehen und ohne neue lex curiata zum Heer zurück zu gehen. Das Risiko war in diesen Fällen ein weit geringeres. Die Truppen kannten den Führer bereits, er hatte in aller Form Rechtens den Oberbefehl ursprünglich übernommen; wenn er jetzt von Rom zurückkehrte, war es sehr wahrscheinlich, dass Alles sich ohne Weiteres in die alten Geleise fand, zumal man im Lager doch nicht wissen konnte, ob der Führer die Stadt betreten, seines Imperium verlustig gegangen war. — Hätte der Consul auf die neue lex curiata warten wollen, so wäre er vielleicht vom Senat mit zahlreichen städtischen Geschäften beauftragt, die er desto mehr verabscheute, je mehr er Soldat war. Da blieb Nichts übrig, als den Augenblick zu benutzen, wo man frei von laufenden Geschäften war, und dem Senat durchzugehen auf die Gefahr hin, sein schweres Missfallen zu erregen und vielleicht bei dem Beschluss über den Triumph zu büssen! Der Feldherr verschwand Nachts aus Rom,[1] der Senat hatte am nächsten Morgen das Nachsehen; dass er kleinlich genug gewesen wäre, dies später zu betonen, wenn der siegreiche Feldherr

[1] Livius 23, 23, 9: „consul nocte insequenti ad exercitum redit non facto certiore senatu, ne comitiorum causa in urbe retineretur.“ Vgl. 27, 5. 14. Die herrschende Lehre kann solche Vorgänge so viel ich sehe nicht erklären.

ihn um einen Triumph bat, ist uns wenigstens nicht überliefert.

Diese vernichtende Wirkung muss auch dann eingetreten sein, wenn der heerführende Magistrat aus sakralen Gründen ad repetenda auspicia nach Rom zurück ging; er musste durch die Stadt um auf das Capitol zu kommen, bei dem Betreten der Stadt erlosch sein Imperium, er musste es neu erwerben, um als legitimer Führer zum Heer zurück zu gehen. Das mag auch dazu beigetragen haben, dass man schliesslich die Augurnlehre den praktischen Bedürfnissen anpasste, indem man einen Ort fictionsweise ad repetenda auspicia weihte, um den Feldherrn der Reise und zugleich der Gefahr zu überheben, vom Senat in Rom zurückgehalten zu werden. — Ausdrückliche Zeugnisse habe ich freilich hiefür nicht, dieselben erscheinen mir aber auch bei der klaren Consequenz des Jus pomerii nicht erforderlich.

In vollster Schärfe zeigt sich diese Consequenz bei der Frage eines Triumphs. Selbst der siegreich aus dem Kriege heimkehrende Feldherr, den man mit erklärlicher Ungeduld in der Hauptstadt erwartete, musste vor dem Pomerium Halt machen, wenn ihm daran lag, sein Imperium zu behalten. Und ihm lag sehr viel daran, denn dieses Imperium war die unerlässliche Voraussetzung seines Triumphes. Auch die glänzendsten Kriegsleistungen wurden nicht mit dem Triumph belohnt, wenn der Führer nicht mehr das Imperium hatte, wenn er es durch Betreten der Stadt verloren hatte. Wer daher auf einen Triumph hoffte, der kam nur „ad urbem“, und dort hatte er zu warten, bis es dem Senat gefiel ihm eine Sitzung ausserhalb des Pomerium zu gewähren, in welcher der Feldherr ohne Gefahr für sein Imperium persönlich erscheinen und den nothwendigen mündlichen Antrag auf Triumph stellen und begründen konnte. — Das mochte lange dauern; der Senat hatte eine vielleicht willkommene Gelegenheit, dem Führer frühere Willkür oder Geringschätzung heimzuzahlen, ihn warten zu lassen, Angesichts der Residenz, nach jahrelanger Abwesenheit, mit dem Verbot: sie zu betreten. Manche lagen Jahre lang vor den Thoren, stets auf eine günstige Wendung hoffend wie Pomptinius.[1] — Manchem wurde die Zeit bitterlich lang, wie Cicero, der sich immer damit tröstete, dass das erste beste Stadtthor diesem Hangen und Bangen ein Ende machen könne und der doch nie die Kraft fand, der Ehre des Triumphes freiwillig zu entsagen.[2] — Manchen verliess die Geduld, er gab die Hoffnung auf und ging in die Stadt wie Appius Claudius.[3] Damit war die Frage erledigt, das Imperium war erloschen, die nothwendige Voraussetzung des Triumphes vernichtet. — Selbst in Zeiten der grössten Aufregung hat man an diesem Satz des Jus pomerii nicht gerüttelt. Als der Bürgerkrieg vor der Thür stand und in Rom alles drüber und drunter ging, blieb Pompejus doch ausserhalb der Stadt und der Senat zog mit der bestürzten Bevölkerung zu ihm hinaus vor das Thor, weil Pompejus durch das Imperium verhindert war, die Stadt zu betreten.[4]

Von Mommsens Standpunkt aus lassen sich diese Fragen nicht in befriedigender Weise lösen, wir er-

[1] Drumann 2, 189. Cicero, ad Att. 4, 18, 4.
[2] ad famil. 7, 7, 4.
[3] Cicero, ad fam. 8, 6, 1.
[4] Dio 39, 63. 40, 50. 41, 3. 15. 16. 49, 15. vgl. 38, 14 ff. Asconius argum. in Milon. u. § 67. Piso. § 46.

halten vielmehr den Eindruck einer Reihe unverständlich neben einander stehender Sätze. Da Mommsen davon ausgeht, dass die Magistrate stets das Imperium besitzen, so ist ihm nicht nur der eigentliche Werth der lex curiata verschlossen geblieben, sondern er ist dazu bestimmt worden, den Kriegsauspizien einen Charakter beizulegen, den dieselben überhaupt nicht hatten. So ist seine Ansicht entstanden, dass die Magistrate beim Durchschreiten des Pomerium nur die Kriegsauspizien verlieren und er hat es nicht zu erklären vermocht, weshalb sie durch das Betreten der Stadt die Fähigkeit zum Triumph einbüssten. — Noch greller tritt die Unzulänglichkeit seiner Lehre bei den Promagistraten und dem privatus cum imperio ins Licht, denen Mommsen das Zwitterding eines Imperium beilegt, welches wohl zum Commandiren, aber nicht zum Triumphiren ausreiche. Für diese Fälle nimmt auch Mommsen den Untergang des Imperium durch das Betreten des Pomerium an; aber auch hier hat er den richtigen Zusammenhang nicht erkannt. Denn wenn diesen Kategorieen nach seiner Ansicht stets das Imperium durch Privilegium ertheilt werden musste, so ist es offenbar wieder völlig unerklärlich, weshalb dieses Privilegium dadurch unmöglich wurde, dass der Betreffende die Stadt betreten hatte! Sicherlich wurde man doch durch das Betreten des Pomerium nicht unfähig, das Imperium zu erhalten?!

Was die lex curiata dem Magistrat gegeben hatte, das nahm ihm das Jus pomerii, sobald er in die Stadt zurückkehrte; er wurde aufs Neue Civilbeamter, oder, wenn etwa sein Amtsjahr verflossen war, oder er überhaupt nur als Privatus den Heerbefehl gehabt hatte, so trat er mit dem Betreten der Stadt in die Reihe der gewöhnlichen Privatleute zurück. — In alten Zeiten des Königthums war das in Einer Hinsicht anders. Wir haben gesehen, dass der König nicht für den einzelnen Krieg das Imperium erhielt, sondern dass er es gleich für die ganze Zeit seiner Regierung ein für alle Mal bekam. Mit andern Worten: sein Imperium ging nicht durch das Betreten der Urbs zu Grunde. Aber daraus folgt nicht etwa, dass in der Königszeit das Jus pomerii überhaupt nicht bestand, im Gegentheil, der Satz, dass es in Rom keinen Feldherrn gebe, war wirklich so alt, wie Rom selbst, er galt auch in der Königszeit; in Rom war der König Civilist und auch hier kann man treffend von einem ruhenden Imperium sprechen. Diese Sätze sind auch auf das ephemere Abbild des Königthums in der Republik, auf die Dictatur übertragen worden; auch der Dictator, wenn er einmal seine lex curiata erhalten hatte, blieb im Besitz des Imperium trotz des Betretens der Stadt, aber auch der Dictator hatte wie der König intra pomerium nur ein ruhendes Imperium, die Strenge des militärischen Gehorsams stand ihm in der Stadt selbst nicht zu. Aber andrerseits konnte ihn der Senat nicht mit andern Geschäften halten, wenn er aus irgend welchen Gründen in die Stadt gekommen war und sein Triumph hing daher auch nicht davon ab, ob er bereits das Pomerium durchschritten hatte oder nicht, wir sehen den Dictator im Gegensatz zu allen gewöhnlichen Magistraten schon vor seinem Triumph in der Stadt.[1] Ich habe schwerlich nöthig den Blick darauf zu lenken, wie genau sich diese

---

[1] Livius 6, 15, 16. Vgl. 8, 33. 23, 24.

Sätze mit den Thatsachen decken, die uns aus der spätern Kaiserzeit bekannt sind.

Die eben entwickelten Sätze erhalten einen deutlichen Beleg, indem wir zu der Beantwortung einer Frage übergehen, welche zu vielfachen Missverständnissen und falschen Folgerungen geführt hat. Ich meine die Frage der Beile.

Man hält die Beile für ein unwiderlegliches Zeichen der militärischen Autorität, des Imperium militare. Die Könige lassen sich in der Stadt die Beile vortragen, also, meint man, hatten sie in der Stadt das Imperium militare und ihre Befugnisse wurden durch die Frage, ob intra oder extra pomerium? nicht berührt. — Die ersten Consuln nahmen bei Einführung der Provokation die Beile aus den Fascen, also, sagt man,[1] verloren sie ihre militärische Capitaljurisdiction.

Dass diese Sätze falsch sind, lässt sich leicht erweisen. Allgemein nimmt man an, (und das thut auch Mommsen) dass der Magistrat erst nach dem Verlassen des Pomerium wirklich Feldherr werde. Ist aber dieser Satz „so alt wie Rom selbst", dann ist es offenbar unmöglich, die Magistrate vor Einführung der Provokation als Feldherrn innerhalb des Pomerium anzusehen. Ohne Feldherrn zu sein, können sie aber keine militärische Capitaljurisdiction gehabt haben; sie können also auch derselben nicht durch die Provokationsgesetze entkleidet sein. Ist der Satz vom

[1] Mommsen, Staatsrecht 1, 62. 363 ff.

Feldherrn richtig, so muss der Satz von den Beilen falsch sein.

Und das ist er in der That. Die Beile sind nicht das Zeichen des Imperium militare, sondern sie sind das Zeichen des jus vitae et necis. Der landläufige Irrthum, als ob sie das Imperium militare anzeigten, ist augenscheinlich dadurch hervorgerufen, dass die Magistrate regelmässig das jus vitae et necis nur als Militärs hatten; aber er ist so deutlich von den Klassikern im Voraus widerlegt, dass er nicht schwer zu vermeiden war. Livius berichtet z. B. von den Decemvirn, dass sie im zweiten Jahre mit den Beilen in den Fasces erscheinen, weil es keine Provokation gebe;[1] er fügt zu allem Ueberfluss hinzu, dass sie deshalb nicht etwa als Militärmagistrate anzusehen seien, indem er von ihren Lictoren sagt, dass sie „togati"[2] waren, sie so wenig wie ihre Magistratsherrn trugen das Sagum, sie waren alle Civilisten. — So war es auch mit den ersten Consuln bis zur Einführung der Provokation, sie hatten intra pomerium kein Imperium, ihre Beile zeigten ihr jus vitae ac necis an und dieses Recht verloren sie durch die Zulassung der Provokation. Wurde durch ein Senatusconsultum ultimum die Provokation suspendirt, so erhielten die Magistrate wiederum die Beile, aber keineswegs hatten sie damit das Imperium militare, sie hatten nur das jus vitae et necis. Dasselbe zeigt sich bei dem Dictator: er hat sofort die Beile, es giebt gegen ihn keine Provokation, aber den Heerbefehl giebt ihm doch erst die lex curiata.[3] Da-

[1] Livius 3, 36, 4.
[2] Livius 3, 52, 7.
[3] Livius 2, 18, 8.

her ist es denn auch falsch, aus dem Vortragen der Beile vor den Königen in der Stadt zu folgern, dass die Könige auch intra pomerium das Imperium hatten; sie hatten in Wahrheit nur das jus vitae et necis.[1] Der Satz, dass es in Rom keinen Feldherrn giebt, ist in der That „so alt wie Rom selbst“, er galt unter den Königen so gut wie während der Republik, und wir werden später sehen, dass er die Republik überlebte.

Das Verständniss dieser Frage ist ein wenig erschwert worden durch den Umstand, dass die beiden Consuln sich in die Gesammtzahl der Lictoren theilten; sie tritt deutlicher ins Licht, sobald wir die einheitliche Führung durch König oder Dictator ins Auge fassen. Dann erkennt man sofort, dass nicht die Beile entscheidend sind, sondern die Zahl der Beile.

Von dem Dictator wird uns nämlich häufig gesagt, dass er 24 Fasces führe,[2] trotzdem berichtet der Epitomator des Livius 89, dass Sulla als Dictator mit 24 Fasces einhergezogen sei, „quod nemo unquam fecerat“, und Lydus behauptet, dass der Dictator nur 12 Fasces führe. Mommsen[3] hat bereits vermuthet, dass diese Widersprüche so zu lösen seien, dass dem Dictator innerhalb der Stadt 12, ausserhalb der Stadt 24 Fasces zustanden und dass Sullas Benehmen nur darin ungewöhnlich war, dass er mit den 24 Fasces innerhalb der Stadt erschien. Diese Vermuthung hat zweifellos das Richtige getroffen, und wenn Mommsen sie vertieft hätte, so wäre er gradeswegs zu dem Unterschied

[1] Dionys 2, 2, 9.
[2] Dionys 10, 24. Polybius 3, 87.
[3] Staatsrecht 1, 367.

zwischen Civil- und Militärmagistrat und zur Bloslegung des Jus pomerii geführt worden. Sullas Neuerung bestand in der That darin, dass er sich das Imperium militare in Rom beilegte, mit 24 Fasces in der Stadt erschien. Aber ganz derselbe Unterschied bestand zur Zeit der Könige, auch der König hat 12 Fasces, wenn man von ihm intra pomerium spricht, er hat 24, sobald man ihn als Heerführer extra pomerium darstellt. Appian bell. civ. 1, 100 ist keineswegs, wie Mommsen glaubt, durch Analogie zwischen Königthum und Dictatur getäuscht, sondern die Dictatur zeigt auch hier deutlich die Züge des alten Königthums.

Das Jus pomerii duldete also innerhalb der Stadt weder Truppen noch Truppenführer, mit andern Worten: das Jus pomerii war der Grundpfeiler der bürgerlichen Freiheit. Die Staatsregierung, der Senat, war rechtlich durchaus gegen die Möglichkeit geschützt, dass ihm ein Militär gegenüber treten und statt sachlicher Erwägungen sein Schwert in die Wage legen konnte; sie hatte nur mit Civilmagistraten zu rechnen, die ohne sie keine Truppengewalt erlangen konnten und auch nachher nicht befugt waren, den Sitz der Regierung an der Spitze von Truppen zu betreten. Was immer in Rom selbst, „domi“ geschah, dass lag in den Händen von Civilmagistraten und stand der „militia“ so abgeschnitten gegenüber, dass für kein städtisches Geschäft, auch nicht für Wahlen, Justiz oder Heerbildung das Imperium militare in Betracht kam. — Wie klar man sich dieses Verhältnisses bewusst war, das zeigt uns deutlich eine Aeusserung

Ciceros. Er spricht davon,[1] dass Antonius erklärt habe, er werde trotz seines Imperium in Rom aus- und eingehen; das, sagt Cicero, heisst „Romae servitutem denunciare". Auf der Achtung des Jus pomerii beruhte die Freiheit Roms.

Mit dieser Freiheit der Regierung ging die Freiheit der Individuen Hand in Hand; auch sie waren geschützt dagegen, dass die furchtbare Strenge des römischen Militärbefehls ihnen intra Pomerium begegne. So weit wir uns auf die Tradition verlassen können, sollte schon zur Königszeit kein Römer innerhalb der Urbs geschlagen werden; nur der Landesfeind hatte den Schutz des Tempelfriedens nicht, wer von ihm kam, wurde daher auch in die Stadt nicht hineingelassen.[2] Und wenn der Einzelne von der Gemeinschaft ausgestossen, zum Landesfeind, zum perduellis erklärt war, dann war auch ihm der Schutz des Templum entzogen; von ihm sagte das carmen nefarium aus alter Zeit: „verberato vel intra pomerium vel extra pomerium."[3] Wer nicht hostis war, der mochte draussen bestraft werden, aber innerhalb des Pomerium stand er im Frieden. Das ist die geschichtliche Wurzel jener Rechtssätze geworden, welche später die Magistratur beschränkten; die Provokationsgesetze gaben im Jus wieder, was schon das alte Fas gebot.

Für moderne Vorstellungen war man damit an

---

[1] Philipp. 5, 21.

[2] Livius 42, 36.

[3] Livius 1, 26, 6. Karlowa 1, 87 ist jetzt auf diese Worte aufmerksam geworden, die m. W. trotz aller Erörterungen über die Perduellio bislang nicht beachtet sind. Ich glaube nicht, dass Karlowa richtiger Weise auch das Henken intra pomerium gestattet.

eine Grenze gelangt, welche die Freiheit des Individuum auf Kosten der Ordnung und Autorität gewährleistete. Stellen wir uns vor, was es bedeutet, wenn das Publikum der Strasse, geschützt und gestützt durch stachelnde Volkstribunen, mit einem „provoco!" den Arm der Executive hemmen kann. Dass man mit solchen Sätzen leben konnte, ist wohl das grossartigste Zeugniss ernster Gesittung. Andrerseits freilich hatte der staatskluge Sinn für den Fall des Missbrauchs vorgesorgt: wenn Provokation und Intercession unerträglich wurden, dann schob der Senat sie bei Seite und machte die Magistrate souverän, enthob sie der gesetzlichen Schranken. Aber auch bei solchem Senatusconsultum ultimum blieben die Magistrate Civilbeamte; es gab gegen sie keine Provokation und Intercession, sie mochten dreinschlagen und tödten, sie mochten mit der vox ultima die gutgesinnten Bürger zur Unterstützung aufrufen, aber weder waren sie Heerführer, noch die ihnen folgenden Bürger Soldaten. Das Senatusconsultum ultimum gab nicht das Imperium militare, sondern nur das Jus vitae et necis; es liess das Jus pomerii unberührt. Wir sehen das deutlich bei dem Beginn des Bürgerkriegs: der Senat hat das Consultum ultimum ausgesprochen, aber trotzdem bleibt Pompejus ausserhalb der Stadt, um nicht durch das Betreten des Pomerium sein Imperium einzubüssen.[1] Militär und Militärgewalt blieben auch dann noch von Rom ausgeschlossen.[2]

Zwei Stellen stehen hiermit freilich im Widerspruch.

---

[1] Asconius Milon. § 67.

[2] Mein Justitium S. 94. Cicero pro Milone 70: „versiculum, quo semper satis armati fuerunt consules etiam nullis armis datis."

Cäsar bellum civ. 1, 7, 4 und Sallust Catilina 29, 3 sagen, dass durch das Senatusconsultum ultimum das Volk zu den Waffen gerufen und die Consuln zu Krieg und Frieden ermächtigt werden. Allein diese Sätze stehen mit der ganzen übrigen Ueberlieferung so wenig im Einklang, dass ich nicht anstehe, sie für unrichtige Zusätze aus spätrer Zeit zu halten, was ja bereits von manchen Philologen angenommen ist. Ciceros Fall zeigt zu deutlich das Gegentheil; er schritt gegen die Catilinarier auf Grund eines Senatusconsultum ultimum ein, er gebrauchte das ihm durch Aufhebung der Provokation und Intercession zugefallene jus vitae et necis, aber er hatte kein Imperium militare, er blieb Civilmagistrat, togatus, dessen er sich unausgesetzt berühmt. — Weil aber das Senatusconsultum ultimum die Magistrate in ihrer civilen Amtsstellung beliess, deshalb ist es nicht gerechtfertigt, wenn man annimmt, dass die Dictatur durch das Senatusconsultum ultimum verdrängt, ersetzt sei. Die Magistrate standen doch nur einem Dictator gleich, der noch ohne lex curiata war; regelmässig sollte der Dictator aber an die Spitze der Truppen treten und von dort aus ist denn auch (aus den Gründen, die wir früher betrachteten,) zu erklären, weshalb die Dictatur in Abbrauch kam.

§ 11.

Das Pomerium, so sahen wir, scheidet Civil- und Militärautorität. Aber das Pomerium war ein sakraler Streifen, wir müssen daher noch die Frage erörtern, an welche Linie, ob an die innere oder an die äussere sich diese Abgrenzung ansetzte, oder ob gar der Streifen neutral zwischen domus und militia sich hineinschob. Mommsen 1, 61, 2 erklärt freilich, für das Staatsrecht sei es nicht wesentlich, „wie die Linie lief", aber wie weit man damit kommt, zeigt Mommsen selbst am besten, indem er 1, 65, 1 den Austritt aus der Stadt so verstehen will, dass der Feldherr „nicht blos das Pomerium, d. h. die die Stadt gegen den Wall abgrenzende Linie überschritten, sondern auch das Thor durchschritten, also die Mauer mit der Wallgasse und ihrem Zubehör, namentlich den Aventin, hinter sich gelassen haben muss. Es war nur in der Ordnung, dass man den Raum des auspicium urbanum durch die innere, den Raum des militärischen Imperium durch die äussere Linie der Wallbreite begrenzte".

Ich vermag nicht zu erkennen, weshalb das „nur in der Ordnung" sein soll; mir scheint, wenn man einmal die Theorie des innern Pomerium annimmt, dann führt die Consequenz zu der von Jordan [1] aufgestellten Ansicht, dass auf der Mauer das Kriegsrecht herrsche. — Aber lassen wir die Frage der Mauer bei Seite, sie kann für uns überhaupt nicht von Werth sein, seit wir wissen, dass man die Mauer nicht mit dem murus des Pomerium identifiziren darf.

Wir haben gesehen, dass die sakrale Urbs durch die Pflugfurche umgrenzt ist und dass in dieser Furche sich die Portae befinden zur Vermittlung des Verkehrs. Es kann danach nicht zweifelhaft sein, welche Linie für die militärische Frage entscheidend sein muss; das Imperium militare ist von der Urbs ausgeschlossen, sein Träger kann daher die sakrale Porta nicht durch-

[1] Topographie 1, 170. Anders freilich 2, 94.

schreiten. Wie sich das zu der weltlichen Mauer und deren Thoren verhält, das kann man erst dann beurtheilen, wenn man weiss, wie dieselben im Verhältniss zum Pomerium liegen. Bei dem palatinischen Rom, bei welchem innerhalb der Urbs die ummauerte Arx lag, bedarf die Frage keiner weiteren Erörterung; wie sich später die Sachlage gestaltete, müssen wir in anderm Zusammenhang prüfen.

Bis an die sakrale Pflugfurche also erstreckte sich das Imperium militare. Damit treiben wir jedoch in eine Collision hinein, denn die Competenz der städtischen Civilmagistrate fand ihre Grenze nicht an derselben Linie, sondern sie ging von Alters her darüber hinaus und umfasste Alles, was sich unter den Augen [1] der Stadt, d. h. innerhalb der ersten 1000 Schritt von der Urbs zutrug. Neben der Civilmagistratur sehen wir regelmässig Provokation und Intercession. Wir erhalten also ein Gebiet, auf dem die beiden Gewalten aufeinander platzen. Es fragt sich, wie ist diese Collision zu lösen?

Mommsen [2] fasst das Verhältniss so auf, dass die Provokation dem Imperium militare gegenüber auch innerhalb des ersten Meilensteins unzulässig war. Die Intercession sei in einem Falle geschichtlich verneint, Appian bell. civ. 2, 31 sage, dass Curio gegen Pompejus nichts ausrichten könne, weil er nicht die Stadtmauer überschreiten dürfe. Dio 51, 19 setze auch den Unterschied der kaiserlichen Intercession von der republikanischen ausdrücklich darein, dass die erstere bis

[1] Varro L. L. 6, 80: Tausend Schritt gilt als Sehweite.
[2] Staatsrecht 1, 66 ff.

zum ersten Meilenstein gehe, die zweite dagegen mit der Stadtmauer ihre Grenze finde. Dies erkläre sich aus der Verschiedenheit des Imperium mit Auszugsauspizien und ohne solche. Gegenüber dem Imperium ohne Auszugsauspizien sei bis zum ersten Meilenstein Intercession und Provokation zulässig gewesen, gegen das Imperium mit Auszugsauspizien nicht.

Demgemäss soll das Gebiet von der Stadtmauer bis zum ersten Meilenstein neutral zwischen den beiden sich gegenüberstehenden Systemen liegen. Alle magistratischen Acte, welche der Provokation und Intercession unterlagen, hätten innerhalb des ersten Meilensteins vorgenommen werden müssen, für die Centuriatcomitien lasse sich das erweisen. Damit seien Provokation und Intercession für dieselben gesichert gewesen. Möglich freilich sei es geblieben, dass ein Magistrat mit Auszugsauspizien derartige Acte vornehme, dann sei Provokation und Intercession weggefallen, eine Incongruenz zwischen Buchstaben und Geist der Verfassung, die man sich habe gefallen lassen, weil ernstliche Missbräuche nicht vorgekommen seien.

Ich glaube nicht, dass damit das Richtige getroffen ist. Hätte wirklich alles von den Auszugsauspizien abgehangen, so wäre den Magistraten eine Macht eingeräumt gewesen, die von der Klugheit der Römer keinen grossen Begriff gebe, zumal wenn man bedenkt, dass es von dem Consul abhängen soll, ob er sich diese Auszugsauspizien schaffen will oder nicht. Es ist auch misslich, dieselben Befugnisse gar in den Händen des privatus cum imperio zu finden, der sich ja ebenfalls nach Belieben Auszugsauspizien beilegen konnte. Soweit ich sehen kann, baut sich die Frage auf durchaus andern Voraussetzungen auf.

Die Volkstribunen haben die Befugniss gegen alle Massnahmen der Magistrate Einspruch zu erheben, welche unter den Begriff „domi“ fallen. Das lässt sich im allgemeinen durch „städtische Geschäfte“, im Gegensatz zu den „res duelli“ wiedergeben; es fordert aber eine specielle Erörterung.

Alles was „militiae“ zugehört, ist der Intercession der Tribunen entzogen;[1] sie können daher regelmässig dem Magistrat gegenüber nichts ausrichten, sobald derselbe die lex curiata erhalten hat, vorausgesetzt, dass der Magistrat sich ausserhalb des Pomerium befindet, denn innerhalb der Stadt war für Auszug wie Einzug sein Imperium nicht praktisch brauchbar. Wir wissen, dass die Tribunen sich in beiden Fällen ungefährdet dem Feldherrn entgegenstellen, wenn nicht etwa demselben für den Triumphzug ein praktisches Imperium verliehen war.

Innerhalb des Pomerium konnten die Tribunen daher regelmässig mit dem Feldherrn nicht collidiren, weil er dort materiell nicht existirte; ausnahmsweise mochte das anders sein, denn galt in der Stadt militia, dann war keine Intercession zulässig.

Ausserhalb der Stadt geht die Befugniss der Civilmagistrate bis zum ersten Meilenstein; was hier geschieht, ist regelmässig „domi“, d. h. es handeln Civilmagistrate in bürgerlichen Regierungsgeschäften; ihnen gegenüber steht den Tribunen ohne Bedenken stets die Intercession zu. Mommsen nimmt an, dass dies sich ändere, sobald ein

---

[1] „militiae sine tribuniciis vinculis“ Livius 2, 58, 4.

Magistrat cum imperio die betreffenden Geschäfte leite; in gleicher Weise habe ich selbst früher angenommen,[1] dass z. B. die Centuriatcomitien dem militärischen Befehl unterlagen, sobald in ihnen ein Magistratus cum imperio erscheine. Das halte ich jetzt für falsch. In dem Bericht bei Livius 24, 9, 2 unterbricht der Consul die Wahlhandlung und setzt in langer Rede dem Volk auseinander, weshalb man die beiden Consulats-Candidaten besser nicht wähle. Das Volk ist offenbar überzeugt, nur der eine Candidat, ein angeheiratheter Neffe, will dem Onkel Opposition machen und besteht auf seiner Candidatur. Darauf schickt Fabius ihm die Lictoren, und da er ausserhalb des Pomerium geblieben war, mithin sein Imperium militare behalten hatte, so „admonuit cum securibus sibi fasces praeferri“. Gewiss droht der Consul mit Gewalt, aber wir hören weder, dass Intercession noch auch nur Provokation dagegen erhoben wurde. Angenommen der Neffe liess sich durch eine Drohung einschüchtern, was ihm die einmüthige Zustimmung des Volkes zu des Consuls Vorschlägen ziemlich nahe legte, so liesse sich das Ganze sehr wohl als ein Uebergriff auffassen, zu dem Fabius sich im Interesse der guten Sache verleiten liess. Wir dürfen bei der Würdigung solcher Fragen nicht aus den Augen verlieren, dass die letzte Entscheidung bei dem Volk lag, welches den Werth der Provokation wie des Uebergriffs gelegentlich vorher erkennen liess. Das zeigt sich deutlich an Livius 2, 27, 12: „ille, cum a lictoribus jam traheretur, provocavit. Nec cessisset provocationi consul,[1] quia non dubium erat populi

---

[1] Justitium S. 82.

[2] Dionys 9, 39.

judicium, nisi aegre victa pertinacia foret consilio magis et auctoritate principum quam populi clamore." Solchen Verlauf hätte auch der Fall des Fabius nehmen können.

Dass aber die Intercession gegenüber dem Feldherrn in dieser Zone gradeswegs zulässig war, das ergiebt sich aus Livius 3, 20: die heerführenden Consuln wollen Centuriatcomitien am See Regillus abhalten, um den Volkstribunen aus dem Wege zu gehen. Das hätte offenbar keinen Sinn, wenn schon auf dem Campus Martius den heerführenden Consuln gegenüber die Intercession unzulässig wäre.

Daraus folgt, dass der Begriff der militia sich weder lokal, noch persönlich erschöpfen lässt. Die Frage verwickelt sich aber noch mehr, wenn wir über den ersten Meilenstein hinausgehen. Man nimmt gemeiniglich an, dass über diese Grenze hinaus die Intercession überhaupt nicht bestanden habe, Mommsen behauptet das sogar für jeden Magistrat, der auch ohne Auszugsauspizien jenseits des ersten Meilensteins amtirt habe. Das ist jedoch nicht richtig: der Begriff militia fordert auch ein sachliches Moment, die städtischen Geschäfte können ausnahmsweise über jene Zone hinaus im Felde oder selbst im Kriegslager vorgenommen werden; das Heer kann sich in Comitien verwandeln und in dieser Qualität Gesetze beschliessen oder Wahlen vornehmen; es ist nichts Weiteres dazu erforderlich, als dass ein Magistrat es zu diesem Zweck loco auspicato beruft.

Mommsen behauptet dagegen, es sei erweislich, dass die Centuriatcomitien an die Zone bis zum ersten Meilenstein gebunden waren; den Beweis erblickt er (1, 69, 2) darin, dass die Annalen im Jahre 397 ein

Gesetz durch Tributcomitien im Lager beschliessen lassen, dem dann die Tribunen mit einem Gesetz antworten, welches den für sakrosanct erklärt, der „populum sevocaret“. „Für die Centuriatcomitien stand offenbar die Regel längst fest, dass die Gemeinde nicht sevocirt werden dürfe.“ — Das kann man wohl kaum einen Beweis nennen. — Aus Livius 3, 20 kennen wir den Plan, Centuriatcomitien am See Regillus abzuhalten, und dass auch durch das eben erwähnte Gesetz „ne quis postea populum sevocaret“ die Centuriatcomitien nicht getroffen wurden, scheint mir deutlich daraus hervorzugehen, dass Pompejus Anstalten traf, Centuriatcomitien zur Consulatswahl in Thessalonich abzuhalten.

Für unser modernes Urtheil nimmt es sich seltsam aus, dass draussen im Lager die Armee plötzlich anfangen kann, Gesetze zu erlassen und Magistrate zu wählen. Man kann sich über den Gedanken nicht hinweg setzen, dass dabei entweder die Disciplin zu Grunde gehen oder der Militarismus die Regierungsgewalt erlangen müsse. Das letztere ist ja auch in der That der Fall gewesen, als zur Zeit des Prinzipats die Truppen einfach das Staatsoberhaupt wählten. Für die Republik aber war diesem Dilemma in einer höchst interessanten Weise vorgebeugt, die Truppe trat für Comitien aus dem militärischen Commando heraus, die Soldaten verwandelten sich in Bürger, sie waren frei in ihrer Abstimmung; wie sehr sie auch immer materiell durch die Weisung ihres Führers beeinflusst sein mochten, befehlen konnte er ihnen ihre Abstimmung nicht. Der Feldherr zog gleichsam die Uniform aus und stand vor ihnen als Civilmagistrat. Mitten in die militia schob sich eine Handlung aus dem Kreise domi.

Das ist von grosser praktischer Wichtigkeit. Denn daraus erklärt es sich, dass zu solchen bürgerlichen Handlungen im Feldlager nur ein Magistrat mit Imperium militare fähig war und der blosse Besitz des Imperium nicht ausreichte, weil sein Träger sich nicht in einen Civilmagistrat verwandeln konnte. Ein Proconsul konnte keine Comitien abhalten, weder bei Rom noch im Feldlager; wir sahen früher schon, dass daran der Plan des Pompejus scheiterte, neue Consuln in Thessalonich wählen zu lassen. Pompejus hatte keine Magistratur, die Consuln kein Imperium, jeder hatte einige Erfordernisse, keiner alle. Formell hätte sich denken lassen, dass Pompejus seine Truppen als solche entlassen, die Consuln sie dann als Bürger berufen hätten; voraussichtlich eine derartige Confusion, dass man nachher wohl Consuln, aber keine Truppen gehabt hätte.

Daraus erklärt sich ferner, dass gegen solche im Felde vorgenommenen Massregeln aus dem Bereich domi die Tribunen intercediren können. Die Lehre, dass die Tribunen an den ersten Meilenstein oder gar an die Mauern Roms gebunden seien, ist irrig; Livius 3, 20, 7 widerlegt sie auf das Bündigste. Die Consuln haben dort den Plan, Centuriatcomitien im Lager am See Regillus abzuhalten, die Tribunen halten das für sehr misslich, eine Provokation gebe es nicht, weil diese auf 1000 Schritt beschränkt sei, die Einzelnen erschienen daher wehrlos gegenüber dem provokationsfreien Consul, und die Tribunen, wenn sie dorthin gingen, wären auch nicht sicher davor, dass der Consul sie nicht mit militärischer Strenge behandle.[1] Es ist un-

[1] „neque enim provocationem esse longius ab urbe mille

bestreitbar: die Volkstribunen sind an die 1000 Schritte nicht gebunden, sie können auch zum See Regillus gehen, sie können überall erscheinen, wo Amtshandlungen domi vor sich gehen, aber sie sind dann vielleicht ihres Lebens nicht sicher. Der Heerführer möchte die Geduld verlieren und drein schlagen; was hülfe ihnen mitten im Lager ihre sakrosancte Stellung? Und wenn sie sich auch sagen konnten, dass ihr Tod gerächt werde, so blieb auch das doch ein magerer Trost. Besser war es, sich in solche Gefahr überhaupt nicht zu begeben. Dass es sich dabei aber nur um befürchtete Uebergriffe handelt und das „subjectos fore consulari imperio" nicht etwa rechtliche Unterwerfung anzeigen soll, das ist klar aus der Erörterung zu ersehen, ob sie gehen wollten, die keinen Sinn hätte, wenn sie nicht intercediren könnten; das ergibt sich weiter deutlich daraus, dass sie für die in Centuriatcomitien stimmenden Soldaten ausdrücklich den Civilistennamen verwenden, die „turba Quiritium".[1] — Ihre Lage dort wäre zu vergleichen derjenigen des Senats, wenn dieser vor das Thor hinaus kommt, um mit dem Feldherrn über den Triumph zu berathen; das war selbstredend ein Geschäft domi, aber wer stand dem Senat dafür, dass der Truppenführer das nicht aus den Augen verlor? Faktisch war auch der Senat dann dem consularischen Imperium unterworfen, das zeigt sich deutlich darin, dass er nicht grade an der Stelle zu tagen wünscht, wo der Feldherr seine Truppen zur Hand hat, und durch den Senats-

---

passuum et tribunos, si eo veniant, in alia turba Quiritium subjectos fore consulari imperio."

[1] Vgl. Livius 3, 17, 2 „discedi ab armis legesque ferri placet."

beschluss gereizt, sich vielleicht im Jähzorn zur Anwendung von Gewalt hinreissen lassen könnte; sondern dass der Senat ihn ersucht, an eine andre Seite der Stadt zu kommen.[1]

Daraus erklärt sich endlich, dass die Volkstribunen keinen Schutz gewähren können gegen alle Heerführer, die nicht Magistrate sind; gegen einen Proconsul und privatus cum imperio giebt es keine Intercession, weil sie überhaupt nicht fähig sind, Amtshandlungen domi vorzunehmen. Sie haben nur die militia und könnten mit den Volkstribunen nicht innerhalb ihres Geschäftskreises, sondern nur (wie der Dictator zu speziellem Zweck) bei einer thatsächlich kaum möglichen Competenzüberschreitung in Berührung kommen.

Angesichts dieses Materials kann es wenig ins Gewicht fallen, wenn Appian und Dionys 8, 87 uns sagen, dass die Volkstribunen an die Mauern Roms gebunden waren. Gewichtiger ist, was Dio 51, 19 uns über die Aenderung berichtet, die mit der Intercession zur Zeit des Prinzipats vor sich ging; sie wurde nicht nur lebenslänglich gemacht, sondern sie wurde zugleich schlechtweg gegen Jedermann und jede Handlung gewährt. Darauf werden wir bei dem Prinzipat zurückkommen.

Weit einfacher als die Intercession liegt die Frage der Provokation; dieselbe ist schlechthin an die ersten 1000 Schritt gebunden. Diese Vorschrift ist augenscheinlich von der Regel entnommen, dass hier die bürgerlichen Geschäfte vorgenommen wurden und die

[1] Livius 3, 63, 6.

Civilautorität ihr Ende fand; die Ausnahmen werden so selten gewesen sein, dass man nicht nöthig fand, die Provokation für die Handlungen domi im Lager zuzulassen, denen die Intercession von selbst folgte, weil ihr keine lokale Schranke gezogen war. In ihrem lokalen Geltungsgebiet aber unterliegt die Provokation denselben Rechtssätzen, wie die Intercession, auch sie ist zulässig bei jeder Handlung domi und das wurde durch die persönliche Qualität des leitenden Magistrats nicht geändert.

Bei diesem Anlass darf ich mir vielleicht erlauben, über eine Frage, die ich nicht studirt habe, eine Vermuthung zu äussern. Ich habe den Eindruck, dass Sullas Reform darin bestand, die Civilgewalt der Consuln über den ersten Meilenstein hinaus auf ganz Italien und Gallia togata auszudehnen. Das gab zu dem Irrthum Anlass, als ob Sulla den Consuln das Imperium militare verschlossen habe, während er doch nur vorschrieb, dass sie dessen regelmässig, d. h. abgesehen von Unruhen, in Italien nicht mehr bedurften,[1] so dass sie nach wie vor ausserhalb Italiens und bei Unruhen auch innerhalb Italiens eine provincia übernehmen konnten. Jener Ausdehnung der Civilgewalt folgte die Provokation ganz von selbst als nothwendiges Seitenstück und so drang sie auch in die Provinzen ein, sobald sich die Sitte bildete, über römische Bürger nicht mehr militärisch abzuurtheilen.[2]

Das Pomerium schied nicht nur die bürgerliche von der Militärgewalt, es bildete auch die Grenze zwischen

[1] Vgl. schon Livius 44, 19, 5.

[2] Valerius Maximus 9, 14, Ext. 3.

der sakralen Urbs und deren weltlicher Umgebung. Das liefert uns noch einen weiteren, den letzten Inhalt des Jus pomerii, der uns dessen sakralen Grundton wiederum deutlich vor Augen führt. Man durfte nach römischem Recht das Stadttemplum nicht verlassen, ohne darauf zu achten, ob die Götter nicht ungefragt warnende oder hindernde Botschaft sandten, wie gewiss keine frommer Römer sein Haus verliess, ohne auf auf die Himmelszeichen Acht zu geben.[1] Cicero berichtet, als Tiberius Sempronius Gracchus die Consulatswahl geleitet habe, sei der primus rogator gestorben; der Consul habe sich dadurch nicht in der Wahl stören lassen. Als später die Sache im Senat zur Sprache gekommen, hätten die Haruspices erklärt: „non fuisse justum comitiorum rogatorem", aber Gracchus habe erwidert: „consul rogavi et augur et auspicato". Erst in Sardinien sei ihm eingefallen, dass er sein Auspicationstemplum für die Consulatswahl falsch bezogen habe; er sei in das Pomerium zurückgegangen, um eine Senatssitzung zu halten, und „in redeundo quum idem pomerium transiret," habe er versäumt zu auspiziren.[2] Desselben Vorfalls erwähnt Cicero noch an drei anderen Stellen, in farbloser Weise ad Quint. fr. 2, 2 und de divin. 2, 35, 74; breiter dagegen de divin. 1, 17, 33 mit den Worten: „qui quum tabernaculum vitio cepisset imprudens, quod inaupicato pomerium transgressus esset, comitia consulibus rogandis habuit." Bei Granius Licinianus S. 11 heisst es: quod denuo extra pomerium auspicari debuisset, cum ad habenda

---

[1] Plinii Pan. Trajano. cap. 76.

[2] Cicero, de nat. deor. 2, 4.

in campo comitia contenderet, quoniam pomerium finis esset urbanorum auspiciorum, se vero in villa Scipionis tabernaculum posuisse, et quum ingrederetur pomerium etc." Aber die entscheidenden Worte: quod denuo extra pomerium auspicari debuisset, sind nicht original, sondern nur von der Heptas auf Grund der Ciceronianischen Darstellung und m. Er. unrichtig ergänzt. Wir haben es allein mit Cicero zu thun. Die Darstellung Plutarch's Marcellus 5, nach welcher das Vitium darin gelegen habe, dass Gracchus zwei Mal dasselbe Templum bezogen habe, verdient neben Cicero keine Berücksichtigung, weil Cicero Sachverständiger war.

Was aber der Sinn Cicero's sei, darüber hat man sich nicht einigen können. Wir brauchen auf die „hortus Scipionis" hier nicht einzugehen,[1] sie sind für unsre Frage nicht von Bedeutung. Huschke will im Wesentlichen dem Plutarch folgen; Gracchus habe versäumt, das templum zum zweiten Male auspicato zu beziehen, sein Aufstehen habe die erste Spectio vernichtet; dieser Zusammenhang sei Cicero nicht klar gewesen. Auch Mommsen[2] scheint die Ansicht zu theilen, dass Cicero, ein Augur, von der Augurenlehre ohne genaue Kenntniss spreche; er hält dafür, dass Gracchus den petronischen Bach inauspicato überschritten habe. Dagegen hat sich bereits Jordan 1, 267 erklärt und diesem Widerspruch hat sich jetzt auch Karlowa 1, 156, 1 angeschlossen. In der That lassen die Worte Cicero's[3]

[1] Müller-Deecke, Etrusker 2, 152 will „hortos spicionis" lesen, Huschke, Iguv. Tafeln 237: „comitiis Scipionis". Klotz will die Worte streichen.

[2] Staatsrecht 1, 69, 1. 93, 6. 100, 3.

[3] „tabernaculum vitio cepisset imprudens, quod inauspicato pomerium transgressus esset."

wohl keinen Zweifel übrig, dass der Fehler der Wahl in dem „transgredi pomerium" zu suchen sei. — Es fragt sich dann, welches transgredi das Entscheidende war? Karlowa hält sich an das erste, welches den Consul wieder in die Urbs führt, er sieht daher in der Stelle den Nachweis dafür, dass die draussen für die Consulatswahl genommenen (oder vorbereiteten) Auspizien durch das spätere Betreten des Pomerium untergegangen seien; mir scheint, dass Cicero auf das zweite Ueberschreiten mit den Worten: „in redeundo quum idem pomerium" hinweist und dass die Stelle daher den Fehler darin erblickt, dass der Consul die inzwischen betretene Urbs wiederum verlässt, ohne darauf zu achten, ob ihm beim Austritt aus dem Templum nicht göttliche Botschaft geschickt werde. So ist die Stelle bereits von Müller-Deecke, Etrusker 2, 152 verstanden, die nur darin m. Er. zu weit gehen, dass sie bestätigende Zeichen fordern, um die vorher eingeholten Auspizien in Gültigkeit bleiben zu lassen. Nur das ist dem Consul-Augur nicht gestattet, das Pomerium zu überschreiten, das Stadttemplum zu verlassen, ohne auf mögliche Götterzeichen zu achten. Was die andern Ansichten zum Vitium stempeln wollen, liegt so sehr auf der Hand, dass es höchst unwahrscheinlich ist, ein Consul-Augur könnte das übersehen und sich erst später darauf besonnen haben.

Auf den ersten Blick würde man geneigt sein, diese Vorschrift für uralt, für etruskisch zu halten, und voraussichtlich ist auch das Beziehen sowohl, als das Verlassen des Templum zu allen Zeiten ein Act gewesen, bei welchem man die Sinne für Götterbotschaft zu öffnen hatte. Aber grade bei diesem Anlass spricht

Cicero davon, dass es sich um das spezifisch römische Jus pomerii handle, von welchem etruskische Haruspices keine Kenntniss haben könnten. Wir müssen daher annehmen, dass man nicht in allen Städten, sondern nur in Rom die rechtliche Gültigkeit von Staatsgeschäften davon abhängig machte, ob die handelnden Personen das Stadttemplum inauspicato verliessen.

§ 12.

Nachdem wir jetzt den Inhalt des Jus pomerii völlig ermittelt haben, fragt es sich, wie war es mit dem Schutz desselben bestellt?

Ich zweifle nicht, dass ein Römer, der das Jus pomerii dadurch verletzte, dass er unerlaubter Weise die militia in die Urbs hineintrug, sich zum Landesfeind [1] machte und sich jenem zweifelhaften Verfahren der Perduellio aussetzte, welches man nie ausdrücklich aufzuheben wagte, obgleich die Centuriatcomitien mit ihrer Entscheidung de capite civis und der Senat mit seinem „hostem judicare“ es nahezu in Vergessenheit gebracht hatte, als man schliesslich die Rüstkammer der Republik nach Waffen zum Bürgerkrieg durchforschte. Die späten, geschichtlich erkennbaren Fälle der Vergewaltigung gingen dergestalt ins Grosse, dass sie jeder rechtlichen Verantwortlichkeit spotteten; daraus erklärt es sich, dass wir Quellenbelege für diese Frage nicht besitzen.

Der Senat aber nahm zu dem Jus pomerii noch

[1] Lange's Versuch die perduellio als die Tödtung eines Gleichen aufzufassen, halte ich vom Standpunkt des Rechts aus nicht für gelungen; die philologische Seite entzieht sich mir.

eine besondere Stellung ein. Es lag ihm nicht blos die allgemeine Ueberwachung ob, — eine Aufgabe, in welche er sich mit jedem Magistrate und Jedermann aus dem Volke theilte, — sondern er hatte auch die Befugniss, von dem Jus pomerii zu entbinden.

Von dieser Befugniss machte der Senat zunächst Gebrauch bei der Bewilligung eines Triumphs. Der Feldherr hatte nicht, wie Mommsen lehrt, ein eignes Recht zu triumphirendem Einzug in Rom; wer ohne Autorisation im Besitz des Imperium das Pomerium überschritt, der wurde Privatmann oder war ein Friedbrecher wie diejenigen, die sich beikommen liessen, auf eigne Hand zu triumphiren. Nur daraus erklärt es sich, dass alle Feldherrn vor der Stadt warteten und die günstige Entschliessung des Senats herbeizuführen suchten; hätten sie vorher das Pomerium betreten, so wäre es dadurch unmöglich geworden triumphirend einzuziehen; Triumph und Ovation forderten das Imperium, sie konnten daher nur mit dem ersten Betreten der Stadt verknüpft sein. — Hier hat allerdings das Volk concurrirt, indem es ebenfalls Triumphe bewilligte, also von der Wirkung des Jus pomerii entband; aber auch in diesen Fällen ist das Jus pomerii insofern stets anerkannt, als niemals die Wirkung eines Bruches condonirt, sondern nur der Eintritt der Wirkung suspendirt ist. Die Verleihung des Imperium zu dem alleinigen Zweck eines Triumphs ist dem römischen Recht unbekannt; wir haben früher gezeigt, dass die herrschende Lehre die Ausstattung eines bewilligten Triumphes mit dem Imperium irriger Weise mit der Bewilligung des Imperium behufs eines Triumphs verwechselt hat. Solche Ausstattung hat andrerseits stets in freiwilliger Unterwerfung des Volks bestanden, der Senat hat dieselbe wohl *veranlasst*, aber niemals *verursacht*; das erklärt sich leicht, wenn wir die weitern Fälle der Dispensation betrachten..

Der Senat entbindet nämlich weiter von dem Jus pomerii, sobald eine Nothlage des Staates es fordert. Daraus erklärt sich zur Genüge, dass man nicht zu den gleichen Massregeln griff, wo es sich um das freudige Ereigniss eines Triumphes handelte. Solche Fälle der Noth können verschieden gestaltet sein, und danach nimmt auch der Dispens verschiedene Ausdehnung an.

Die Stadt kann mit ihrem Jus pomerii strategischen Massregeln dergestalt im Wege sein, dass die freie Bewegung der Truppen durch sie behindert wird. Wenn wir uns vorstellen, dass der Feind in der Nähe Roms steht, — ein Fall, der in alten Zeiten gewiss häufig eintrat, und für Hannibal ja geschichtlich beglaubigt ist, — dann hätte das Jus pomerii die Truppen gehindert, den directen Weg durch die Stadt zum Rendez-vous zu nehmen; sie wären genöthigt gewesen, durch einen vielleicht nicht unerheblichen Umweg Zeit zu verlieren und hätten sich wohl gar einem gefährlichen Seitenangriff ausgesetzt. Nicht einmal zu einer Recognoscirung hätte der Führer die Stadt passiren dürfen, er hätte durch das Betreten des Pomerium seinen Heerbefehl eingebüsst. Und bei einer Aufstellung in der Nähe der Stadt wäre die Stadt selbst zu dem allergrössten Hinderniss geworden; man hätte sich aus strategischen Gründen möglichst von ihr fern halten müssen, denn gleich einem Fluss ohne Brücken hätte sie jede Möglichkeit abgeschnitten, sich rückwärts zu bewegen. Die Heerführer konnten dies nicht ändern; aber der Senat griff ein, er entband die Truppen von dem Jus pomerii, so dass Pomerium und Stadtthore dem Heer geöffnet waren. Aus der Zeit, in welcher Hannibal vor Rom lag, ist uns dies ausdrücklich überliefert. Fulvius Flaccus zieht von Capua mit Truppen heran, „cui ne minueretur imperium, si in urbem venisset, decernit senatus, ut Q. Fulvio par cum consulibus imperium esset“.[1] Auf Grund dieses Dispenses zieht der Proconsul zur Porta Capena ein, ohne sein Imperium zu verlieren, er marschirt durch die Stadt durch und schlägt zwischen Porta Collina und Esquilina sein Lager auf. Dorthin kommen Senat und Consuln und man beschliesst dann im Kriegsrath, dass die beiden Consuln zu beiden Seiten des Proconsul Stellung nehmen sollen. Alle die Heerführer sind rechtlich gleichgestellt, der Senat hat ihnen allen gestattet, das Pomerium ohne Verlust des Heerbefehls zu betreten „ne minueretur imperium“.[2] Aber damit schliesst auch der Inhalt des Dispenses ab; die Stadt selbst und die städtische Bevölkerung ist dadurch eventuell dem Durchmarsch oder vielleicht der Einquartirung ausgesetzt, aber sie ist nicht etwa dem militärischen Imperium unterworfen, sie bleibt in ihrer bürgerlichen Lage. — Das Jus pomerii bleibt also bestehen, aber Privilegien stehen ihm gegenüber.

Die Nothlage kann jedoch zu Weiterem treiben. Die grosse Mannigfaltigkeit der Magistrate, die noch dazu nicht wie das heutige Beamtenthum, alle nur Organe der Staatsgewalt waren, sondern von denen Einige berufsmässig die Controle und Hinderung der Andern hatten; dem gegenüber eine Bevölkerung, deren Selbst-

[1] Livius 26, 9, 10.
[2] Früher, Justitium S. 121, habe ich dies falsch verstanden.

gefühl über alle heutigen Vorstellungen hinausging, da sie nicht nur in jedem Einzelnen die Befugniss hatte, die Staatsgewalt durch ein „provoco!" zu hindern, sondern ihr Wille schliesslich in Gestalt der Centuriatcomitien den Ausschlag gab, sie Justiz, Gesetzgebung und Beamtenernennung in der Hand hielt, — das musste nothwendiger Weise gelegentlich zu einem solchen Durcheinander führen, dass von einer Leitung des Staatswesens nicht mehr zu sprechen war und Alles aus den Fugen zu gehen drohte. Von draussen zog der Feind heran, Innen haderte Jeder mit dem Andern, keiner wollte wie der andre, Niemand wollte sich zur Fahne stellen, jede Partei suchte die Bedrängniss in ihrem Interesse auszubeuten. — Aber neben das Uebermass der persönlichen Freiheit und dem mehr auf guten Willen als auf Autorität ruhenden Beamtenthum hat der imponirende Tact der Römer die ebenso übermässige Abhülfe gelegt: wenn der Senat nicht mehr Herr der Situation war, dann ordnete er die „domus" der „militia" unter, entkleidete das Stadttemplum seines Friedens und rief das Imperium militare herein nach Rom, indem er ein Justitium indizirte. Dadurch wurde das Jus pomerii sistirt. [1] Aber soweit jene Ungebundenheit über unsere heutigen Zustände fremdartig hinausragt, soweit thut dies andrerseits auch diese Gebundenheit. Das römische Justitium unterstellte die ganze Bevölkerung direct der

[1] Ich habe früher angenommen, dass der Name auf Sistirung des Jus Romanum hinweise (Justitium S. 98). Das Jus pomerii war auch mir damals völlig unbekannt. Jetzt erscheint es mir richtiger, das Wort aus der Sistirung des Jus pomerii zu erklären. Sachliche Aenderungen werden dadurch nicht herbeigeführt.

militärischen Zucht, Jedermann hatte das Sagum, die Uniform, ohne Waffen zu tragen, mit alleiniger Ausnahme der Consularen; dagegen ist unser heutiger Belagerungszustand ein Kinderspiel und wir thun auch hier wohl, von den Römern zu lernen, welcher Steigerung selbst die allgemeine Wehrpflicht noch fähig ist, wenn es sich einmal darum fragt, ob Ordnung oder Unordnung herrschen soll.

Wem in solchem Fall das Commando zustehen soll, das hat der Senat zu bestimmen. Vielleicht ruft er einen zufällig vor der Stadt befindlichen Heerführer herein, — vielleicht beauftragt er einen der Magistrate in der Stadt, der alsdann cum imperio wäre, ohne lex curiata, ohne auspicium, nicht für den Auszug, sondern nur für diesen Nothfall in der Stadt. Vielleicht endlich greift der Senat auf einen privatus zurück; das muss sich nach den Umständen richten. Davon wird es auch abhängen, ob der Senat Einen oder Mehrere mit dem Heerbefehl betrauen will. Schritte nach aussenhin werden voraussichtlich zu monarchischer Leitung drängen; sodald es sich dagegen darum handelt, die städtische Bevölkerung möglichst schnell und dauernd zur Ruhe zu bringen, dann mag es sich empfehlen, mehrere Führer aufzustellen, die sich sofort über die verschiedenen Quartiere der Stadt vertheilen und überall mit Einem Schlage eingreifen konnten. Auch das ist für Hannibals Zeit beglaubigt. Livius 26, 10, 9 sagt: „et quia multis locis comprimendi tumultus erant, qui temere oriebantur, placuit omnes qui dictatores consules censoresve fuissent, cum imperio esse“.

Halten wir hier einen Augenblick inne, um uns den Abstand von der herrschenden Lehre zu vergegenwärtigen. Sie geht an der Hand des Wortes „consultum" davon aus, dass der Senat nur eine berathende Stellung einnahm; dadurch wird sie dazu gedrängt, die Magistrate mit Befugnissen auszurüsten, welche dieselben quellenmässig nicht haben. Das hat dazu geführt, die Abhülfe im Fall der Noth bei den Magistraten zu suchen, wo sie nach unzweifelhaften Zeugnissen nicht zu finden ist. So treibt die Consequenz dazu, in diesem Fall der Verleihung des Imperium zur Beschwichtigung von Volksunruhen einen „Rathschlag" zu erblicken, „wie die Selbsthülfe am besten zu organisiren sei". Mit staunenswerther Energie wirft diese Theorie alle unbequemen Quellenzeugnisse aus ihrem Wege; es fehlt nur, dass man es offen ausgesprochen hätte, die Verweigerung des Triumphs war ein Rathschlag: „Triumphiren Sie lieber nicht!" [1]

Die Magistrate waren zu keiner Zeit im Stande, Fragen von Bedeutung aus eigner Machtvollkommenheit zu erledigen, sie waren frei in der Berufung und Geschäftsleitung des Senats, aber die Beschränkung ihrer Macht sorgte mit politischer Weisheit dafür, dass sie von jener Freiheit den richtigen Gebrauch machten. Die sorgfältige Abwägung der Machtverhältnisse, die jährliche Hand des Staates [2] mit dem bleibenden Haupt des Staates, [3] das allein erklärt die welterschütternden Erfolge; mit jährlich wechselnder Regierung kann man nicht einmal einen Theaterstaat leiten.

In allen wichtigen Fragen gab der Senat den Aus-

---

[1] Livius 10, 36, 19: Cui de triumpho agenti negatus honos. 34, 10, 3: causa triumphi negandi senatui fuit.

[2] Livius 9, 18, 13.

[3] caput publici consilii, Livius 5, 39, 12.

schlag und so sehen wir denn auch hier, dass ihm und nicht den Magistraten zustand, die Stadt ihrer Privilegien, die Bürger ihres rechtlichen Schutzes zu entkleiden. Nur die königliche Gewalt war von dem Senat unabhängig. Der König sollte freilich ebenfalls das Pomerium achten und militärische Massnahmen ausserhalb der Urbs halten; hören wir doch, dass er intra Pomerium nur zwölf Beile führt und dass er nicht einmal im Triumph einzieht, ohne dass der Senat ihm die Hand geboten hätte. Aber unter dem König hatte das Volk nur den Schutz des königlichen Gewissens, ihn band nur das Fas, es gab noch kein Jus pomerii, vor den Göttern und deren Priesterschaft allein hatte er es zu verantworten, ob ein Justitium verhängt werden sollte. In dieser Stellung folgte ihm später der Senat, auch er entschied nach seinem pflichtmässigen Ermessen, wann die bürgerliche Freiheit dem militärischen Zwang, die domus der militia weichen solle. Unter allen Magistraten stand dem Senat nur der Dictator cum lege curiata gleichberechtigt zur Seite, der in seinem kurzlebigen Königthum ebenso souverän war, wie ein König alter Zeit. Auch das mag dazu beigetragen haben, die Dictatur bei Seite zu lassen; der Senat war jeder Sicherheit entkleidet und der Discretion dieses Mannes gänzlich überlassen, der vielleicht der Versuchung unterliegen mochte, mit militärischem Terrorismus die Freiheit von Regierung und Bürgerschaft zu vernichten und sich an die Spitze des Staats zu drängen. Wie wohlbegründet diese Besorgniss war, das zeigt am besten Sullas Dictatur; Seneca[1]

---

[1] de clem. 1, 12, 1. Valerius Maximus 3, 8, 5.

sagt von ihm: „descenderit dictatura sua et se togae reddiderit“, er trug das sagum in Rom und erschien mit den Insignien des Imperium militare, mit vierundzwanzig Fasces innerhalb des Pomerium, — seine Dictatur war die Vernichtung des Jus pomerii, die ausgesprochene Säbelherrschaft.

§ 13.

Cicero sagt uns, dass Etrusker über das römische Jus pomerii nicht unterrichtet sein können; er hätte hinzufügen können, dass es auch in Rom wenig Menschen gebe, welche Sinn und Bedeutung desselben kannten. Die wilden Ereignisse der sullanischen Zeit, das ungeheure Blutvergiessen mochte die Religiosität der Einzelnen gesteigert haben, den Formen der Religion kann es nur schädlich gewesen sein. Wieder und wieder klagt Cicero darüber, dass Niemand sich um Auspizien kümmere; das Beispiel des Pompejus zeigte deutlich genug, was sich ohne sie ausrichten liess. Musste doch Cicero bis auf das Jahr 591 zurückgreifen, um ein sprechendes Beispiel der Auspizien des Jus pomerii zu erlangen, und auch in jener Zeit schon wurde es einem Augur-Consul erst nach wiederholter Prüfung klar, dass er eine Vorschrift des Jus pomerii vernachlässigt habe. Die sakrale Seite des Jus pomerii kam offenbar im täglichen Leben zu Cicero's Zeit nicht mehr zur vollen Geltung; das wird sich noch deutlicher zeigen, wenn wir nun zu der Frage übergehen, wie es überhaupt zu Cicero's Zeit mit dem Pomerium bestellt war.

Livius 1, 44 stellt uns zweifellos das Pomerium seiner Zeit als einen Streifen dar, der zu beiden Seiten der Stadtmauer frei sei oder zum mindesten frei sein solle, denn von der Stadtseite aus wurde das nicht mehr beobachtet, die Häuser stiessen schon vielfach an die Mauer an.[1] Dieser Doppelstreifen ist nach des Livius Ansicht ein nothwendiger Begleiter der Stadtmauer, beim Vorrücken der Mauer müssen auch diese geweihten Termini vorgerückt werden; daher berichtet Livius von Servius, dass er neue Hügel der Urbs Roma hinzugefügt habe, „aggere et fossis et muro circumdat urbem: ita pomerium profert".

Für den thatsächlichen Zustand, der zu seiner Zeit bestand, müssen wir Livius wohl als klassischen Zeugen ansehen und ihm daher aufs Wort glauben, dass zu seiner Zeit das Pomerium sich zu beiden Seiten der Stadtmauer befand und auf der innern Seite meist schon überbaut war. Zwar wissen wir aus sicherer Quelle, dass zu jener Zeit der Aventinus wohl von der Mauer, aber nicht von dem Pomerium umschlossen war, dass dort also das Pomerium nicht der Mauer folgte; allein wenn Livius über diesen Umstand schweigend hinweg geht, so wird es dadurch nur um so wahrscheinlicher, dass der Umstand keine praktischen Consequenzen hatte und dass man im täglichen Leben anstandlos sagen konnte: das Pomerium liege zu beiden Seiten der Mauer. — Dagegen liegt keinerlei Grund vor, Livius für seine theoretischen Argumente Glauben zu schenken. Seine Behauptung, dass Pomerium und Mauer stets zusammen seien, ist bereits durch unsre Kenntniss des Palatinischen Rom widerlegt. Wir müssen daher den Mittheilungen über die

[1] Dionys 4, 43.

servianische Befestigung mit der Notiz „ita pomerium profert“ mit misstrauischer Kritik entgegen treten.

Zunächst wollen wir uns über den Begriff des proferre pomerium ins Reine setzen. Es scheint der älteste technische Ausdruck zu sein, an welchen sich später promovere, ampliare, addere, augere anlehnen. Wenn jener Streifen, der die Urbs umgiebt, vorgeschoben werden soll, so könnte das auf zwiefache Weise geschehen: man könnte den ganzen Streifen vorschieben, so dass er nunmehr einen grössern Innenraum umschlösse, oder man könnte die innere Grenze lassen, wo sie ist und nur die äussere vorschieben. Im letztern Fall würde die Urbs dieselbe bleiben, dem Pomerium der Urbs würde nur etwas hinzugefügt, worauf einige der eben zusammen gestellten Ausdrücke ja deutlich hinweisen. — Nicht möglich wäre es dagegen, die innere Linie allein zu schieben; nach innen zu gerückt, würde sie eine Verkleinerung der Urbs bringen, während das pomerium proferre stets mit einer Vergrösserung der Urbs verbunden ist, — nach aussen zu gerückt, würde sie das Pomerium verkleinern, was durch die Bezeichnungen des Actes ausgeschlossen erscheint.

Die Behauptung des Livius: dass Servius seine Befestigung angelegt und solchergestalt das Pomerium vorgeschoben habe, erscheint nun sehr bedenklich, sobald wir erwägen, dass es von Allen als feststehend angesehen wird, dass Sulla das Pomerium Roms vorschob.[1] Dadurch ist augenscheinlich die Mög-

[1] Gellius 13, 14. Dio 43, 50. Seneca, dialog. 10, 13, 8. Henzen, Bulletino 1857, S. 11. Zachariae, Sulla 2, 104. Jordan, Hermes 2, 40. Topographie 1, 259. 322 ff. Mommsen, Staatsrecht 2, 716. röm. Forschungen 2, 30.

lichkeit ausgeschlossen, den zu Livius Zeiten bestehenden Zustand: das Pomerium zu beiden Seiten der servianischen Mauer als von Servius herrührend anzusehen. Jordan meint, Sulla habe das servianische Pomerium (welches nach Jordans Meinung ja innerhalb der Mauer lag,) aufgehoben, indem er es bis hart an die Mauer vorrückte, um Baugrund zu gewinnen; auch Mommsen ist der Ansicht, dass es sich nur um ein Vorschieben des zur Besiedelung freigegebenen Raums durch Sulla handle. Ich glaube ein derartiges Vorgehen Sullas würde eine Schmälerung und nicht ein proferre pomerium gewesen sein. Ueberdies bliebe es unerklärt, wie dann überhaupt noch ein Pomerium übrig bleiben und gar ein Streifen des Pomerium ausserhalb der Mauer liegen konnte, wie Livius uns dies berichtet. Ich glaube kaum, dass man dieses Zeugniss mit dem Prädikat „archäologische Spitzfindigkeit" zur Seite schieben darf. Wir wollen versuchen, die Frage auf anderm Wege zu lösen.

Servius fügte nach Livius 1, 44, 3 der alten Stadt den Quirinalis und Viminalis, nach Dionys 4, 13 den Esquilin und Viminalis hinzu. Er erweiterte jedenfalls die Stadt dergestalt, dass die Urbs Palatina nicht das faktische Uebergewicht hatte. Nach Livius Darstellung, welcher die heutige Lehre allgemein folgt, umgab er diese neue Stadt mit einer weitausgedehnten Befestigung, welcher sich überall das Pomerium anschloss. Servius war von etruskischer Herkunft [1] und ein nach etruskischem Ritus gegründetes Gemeinwesen war es, was er vorfand und erweiterte. Ist nicht die Form, die er dafür wählt, ausserordentlich überraschend? Sorgfältige

---

[1] Soltau, altröm. Volksversammlungen S. 450 ff

Wahl der strategisch wichtigen Berghänge führt ihn zu einer Gestalt, die durchaus irregulär sich allein den natürlichen Verhältnissen anpasst. Zwar meint Jordan 1, 168, es sei ein Kreis und habe einigermassen das etymologische Kunststück gerechtfertigt, „urbs" aus „orbis" zu erklären,[1] allein einerseits ist es doch wohl mehr als zweifelhaft, ob „urbs" überhaupt mit „orbis" zusammenhängt, oder nicht vielmehr von „urvum" herzuleiten ist,[2] andererseits macht schon Nissen[3] darauf aufmerksam, dass weder orbis noch κύκλος die strikte Bedeutung des Kreises haben. In der Form der servianischen Befestigung endlich kann wohl kein Unbefangener etwas entdecken, was auch nur entfernt einem Kreise ähnlich wäre. Es ist eine vielfach geknickte Linie[4] und Jordan selbst, der sie 1, 168 einen Kreis nennt, steht 1, 285 nicht an, zu erklären, dass sie keiner geometrischen Figur ähnlich sei.

Nun vergegenwärtigen wir uns die alte palatinische Stadt: sie war eine offene Urbs, in deren einer Ecke sich eine befestigte Burg befand. Treten wir mit dem Bewusstsein auf die servianische Stadt zu, dass Mauer und Pomerium durchaus nicht zusammenfallen, dann drängt sich uns von selbst die Lösung auf, dass wir es mit einem analogen Verhältniss zu thun haben, bei welchem nur die Lage der einzelnen Theile eine ver-

---

[1] Auch Mommsen, röm. Forsch. 2, 36 will die älteste „urbs" als Kreis ansehen, in welchen vielleicht das Pomerium als Quadrat hineingezeichnet sei. Die Segmente hätten als Zufluchtsort und für militärische Formation gedient.

[2] l. 239 § 6 D. de R. J. 50, 16.

[3] Pompej. Studien 470.

[4] Lucan, Pharsal. 1, 595: „longa per extremos pomeria cingere fines . . . = effusam longis anfractibus urbem."

änderte ist. Die palatinische Urbs war grösser als ihre Befestigung, die servianische Urbs war kleiner als ihre Befestigung, die Befestigung lag weit draussen, und drinnen befand sich die etruskische Urbs mit dem vorschriftsmässigen Pomerium, welches gleich dem palatinischen keine Mauer trug. Es war das altbekannte, sakrale Tempelquadrat, welches sich an das palatinische Pomerium dergestalt anschloss, dass zwei seiner Seiten verlängert und durch gegenüberliegende neue Seiten wieder zum Templum geschlossen wurden. Dieses neue Stadttemplum liess den Capitolinus aussenvor, schnitt den Esquilin und theilte die Subura in zwei Hälften.

Diesem Gedanken ist man bereits merkwürdig nahe gewesen, und hätte nicht die Meinung, dass man ein Pomerium stets in der Nähe der Mauer zu suchen habe, den Blick verdunkelt, so wäre er längst gefunden worden. Schon Göttling[1] und nach ihm Nissen[2] haben die Ansicht ausgesprochen, dass die sacra via der Decumanus der servianischen Stadt sei, aber dem hat man stets entgegen gehalten, dass die Mauerthore der servianischen Befestigung damit nicht in Einklang zu bringen seien. Das thut auch Jordan 1, 285 wiederum, der in offenbarem Missverständniss sogar nach vier Thoren sucht, als ob er es mit einem Lager und nicht mit einer Urbs ritu Etrusco condita zu thun hätte, die bekanntlich nur 3 Thore haben darf. — Für uns existiren diese Schwierigkeiten nicht; wir haben nichts als die sakralen portae in der Pflugfurche zu fordern, von denen die eine zweifellos an der Aussenseite des Palatin in

[1] sacra via. Jena 1837. röm. Staatsverf. 202.
[2] Templum S. 85.

Gestalt der alten porta Romana zu erblicken ist, während die zweite sich wohl unterhalb des Capitolinus befunden haben muss, um den Aufgang in die Arx zu ermöglichen. Wo die dritte porta war, dafür fehlt es mir an Anhalt; vielleicht entsprach sie dem auf porta Capena zuführenden Wege. Aber selbst wenn diese Einzelheiten sich nicht als congruent erweisen sollten, und wenn wir auch keinen Cardo ermitteln können, so würde die Richtigkeit der Auffassung dadurch nicht getroffen sein. Livius 5, 55, 5 sagt ausdrücklich, dass Rom die forma urbis divisae hatte, bis es durch die Gallier verwüstet wurde.

Durch die Annahme eines solchen servianischen Stadttemplum mit mauerlosem Pomerium lassen sich eine Reihe von Fragen befriedigend lösen, die bis jetzt Gegenstand vielfachen Zweifels sind.

Innerhalb der servianischen Urbs lagen, durch Decumanus und Cardo geschieden, die vier Tribus: palatina, esquilina, suburana, collina. Sie bildeten zu Servius Zeit die eigentliche Urbs quadrifaria,[1] mit Unrecht will man sie häufig mit dem ganzen ager Romanus identifiziren.[2] Diesen 4 Tribus schloss sich die Wehrverfassung mit ihren 4 Legionen an; auf ihnen ruhte die Justizverfassung, das Centumviralgericht mit seinen 4 Concilia, wahrscheinlich gebildet durch die Wahlen der 30 Curien, zusammen gerufen im Fall des Bedarfs von einem leitenden, ständigen Magistrate, den Decemvirn,[3] welche von Livius 3, 55, 4 für sacrosanct erklärt

---

[1] Livius 1, 43, 13.

[2] Wie das jetzt auch wieder Soltau, altröm. Volksvers. S. 457 thut. Vgl. Müller in Philologus 34 S. 114 ff. Dionys 4, 15.

[3] l. 2, § 29 D. de orig. juris 1, 2.

werden und noch oder wieder zu Ciceros[1] Zeit Libertätsprozesse entscheiden, — ursprünglich zusammen wirklich 100 Männer. — Um diese 4 Tribus zog sich das sakrale Pomerium. Es liess den kapitolinischen Hügel aussenvor;[2] das zeigt sich in dem stereotypen „Urbs et Capitolium“; und weiter in der Formel „ex urbe et arce“,[3] die nicht wohl in einer Zeit entstanden sein kann, in welcher die Urbs die Arx umfasste, — endlich in dem Umstande, dass die sacra via beim Beginn des Aufstieges, also wo sie das Pomerium verlässt, ihren Namen verliert.[4] — Auf diesem Pomerium vollzog sich die jährliche Reinigung der servianischen Stadt in der sogenannten Argeerprozession, welche an den 24 Sacraria die Opfer für die 4 Tribus brachte; freilich liegen nach der jetzigen Auffassung diese Opferstellen im Zickzack durch die Stadt verstreut,[5] indess ist das Material zu ihrer Bestimmung ebenso elastisch wie unbestimmt und die bisherigen Annahmen können daher nicht als definitive betrachtet werden.[6]

Zwischen dem Pomerium und der Befestigung lag ein Vorland, ursprünglich landwirthschaftlicher Benutzung überlassen und zugleich, wie Dionys berichtet, als Zufluchtsstätte für das mit Hab und Gut hereinflüchtende Landvolk dienend, die sogenannten „pagi“, allmählich mit Wohnstätten bedeckt. Diese Wohnstätten aber

---

[1] pro Caecina 33, 97. Dio 54, 26.

[2] a. M. Rubino S. 373. Aber Müller in Böttiger, Archäol. u. Kunst 1, 80. Jordan 1, 280: ausserhalb des Tribusgebietes. 2, 238. Varro L. L. 5, 45.

[3] Festus S. 115.

[4] Gilbert S. 327.

[5] Jordan 1, 288. 2, 237 ff.

[6] Ueber das carmen lustri vgl. Valerius Maximus 4, 1, 10.

zählten weder zur servianischen Urbs, noch waren sie selber „urbes“, d. h. sakral gegründet und umpflügt, sondern sie bildeten nur lose, nach Ortsgelegenheit verbundene Siedelungen, sogenannte „oppida“, [1] als solche z. B. erwähnt in der lex Oppia, welche 557 d. St. das Fahren verbietet „in urbe oppidove aut propius inde mille passus“. [2] Die Bewohner dieser oppida werden allerdings auch oppidani genannt, aber wenn sie von den Einwohnern der sakralen Urbs, des „Septimontium“, von den „Montani“ unterschieden werden sollen, dann nennt man sie „Pagani“. Jordan 1, 278 meint, es spreche sich darin die Erinnerung an das stets nach aussenschiebende Verhältniss der Verwandlung des ländlichen Gebiets in städtisches aus; damit ist jedoch augenscheinlich kein Aufschluss für den Umstand geliefert, dass montani und pagani innerhalb der servianischen Mauer, also nach der herrschenden Meinung in derselben Stadt wohnen. — Endlich erklärt sich nun ohne Weiteres, dass derselbe Eigenname für Tribus und Pagus überliefert ist: das servianische Pomerium schnitt das von früherher so benannte Land in zwei Hälften.

Das war der Zustand, den Sulla vorfand. Mitten durch die dicht gedrängte Stadt zog sich ein offener Landstreifen, in spärlichen Fällen für sakrale Handlungen benutzt, den Verkehr mit der Vorstadt, den „pagi“, in drückender Weise hemmend, ein willkomme-

---

[1] Valerius Maximus 1, 1, 1 noch für Velia. Oppidum Minervium neben Velia, Livius 45, 16, 5, mit eignen Mauern.

[2] Livius 34, 1. Valerius Maximus 9, 1, 3 giebt dies schon einfach durch urbs wieder. Vgl. Livius 42, 36, 1. 45, 16, 5. Varro L. L. 10, 20.

ner Aufenthalt für Alles und Alle, die das Licht scheuten. Ein wahrer Segen muss es gewesen sein, dass Sulla kurzen Prozess machte, das Pomerium beseitigte und den Raum der allgemeinen Benutzung zuführte. Aber die Erinnerung an die früheren Zustände überlebte seine Reform: noch Cicero[1] spricht von den „montani“ und „pagani“, die zusammen in Rom wohnen, und Festus[2] berichtet uns von einem früheren Pomerium, welches später unter Häusern verschwunden sei.

Von diesem Standpunkt aus gewinnen wir denn auch ein neues Licht für eine Stelle des Horaz, die bis auf den heutigen Tag unklar ist; ich meine Satir. 1,8,10 ff.:

„Hoc miserae plebi stabat commune sepulcrum,
Pantolabo scurrae Nomentanoque nepoti.

---

[1] de domo 28, 74. Vgl. Mommsen, Röm. Geschichte [3] 1, 109. Tribus S. 212. Corp. I. L. 1, 205. Varro L. L. 6, 3, 24. Festus 340. Nissen, Templum 85.

[2] Die Stelle bietet grosse Schwierigkeiten. Müller S. 249 liest „Olim quidem om*nem urbem comprehendebat praeter Aven*tinum nunc etiam intra aed*ificia finitur.*“ Ursinus (Egger S. 109) las: „Olim quidem om*nes auspicabantur extra Aven*tinum nunc etiam intra aed*ificia.*“ Dacerius stimmt dem zu; man hätte vor der Gründung Roms auf dem Aventin, nachher in der Stadt auspizirt. Scaliger las: „Olim quidem om*ne post murum in*timum nunc etiam intra aed*ificia pomerium.*“ Mommsen schlägt (röm. Forschungen 2, 27) vor: „Cato olim quidem om*ni muro proximum si excipias Aven*tinum nunc etiam intra aed*ificia manere ait pomeriam.*“ Ihm folgt Nissen, pompej. Studien 473. Ich gestehe, dass keine dieser Ergänzungen mir klar ist. Aber die Lücke liesse sich unschwer so ausfüllen, dass sie den oben vorgeschlagenen Sinn giebt und das aufgehobene servianische Pomerium bestätigt. Vielleicht sprach Festus sogar von dem weltlichen und dem sakralen Pomerium in dieser Stelle; Paulus Worte: Posimerium pontificale pomoerium deuten darauf hin.

Mille pedes in fronte, trecentos cippus in agrum
Heic dabat, heredes monumentum ne sequeretur.
Nunc licet Esquiliis habitare salubribus atque
Aggere in aprico spatiari, quo modo tristes
Albis informem spectabant ossibus agrum."

Horaz spricht von Maecenas' Gärten, die an die Stelle eines ungesunden, alten Begräbnissplatzes auf dem Esquilin getreten seien. Man versteht das gemeiniglich so, dass Maecenas ausserhalb des agger der Befestigung sich angesiedelt habe, dass die Befestigung nicht mehr beachtet und der agger zum öffentlichen Spaziergang gemacht sei. Freilich berichten die Alten, dass Maecenas sich hoch in besonders gesunder Lage anbaute, dass Nero vom Thurm seines Hauses den Brand Roms überschaute[1] und später einen Palast zwischen dem Palatin und den Gärten des Maecenas erbaute,[2] was Alles zu der Lage am Agger nicht stimmen würde, auch hat man während des Mittelalters stets angenommen, dass die Gärten des Maecenas sich auf dem höchsten Punkte Roms, etwa zwischen S. Maria Maggiore und S. Martino ai Monte befanden.[3] Aber neuerdings hat man geltend gemacht, dass das von Horaz erwähnte Leichenfeld wegen des Beerdigungsverbotes nicht habe in der Stadt sein können. Man versucht daher jetzt die Angaben so zu vereinigen, dass die Gärten allerdings jene erwähnten Punkte in der Stadt umfassten, aber über den Agger des Servius hinausgingen und draussen jenes Leichenfeld trafen. —

[1] Sueton, Nero 38.
[2] Tacitus, Ann. 15, 39.
[3] Kirchner, Horaz 2, 270.

Es lässt sich nicht leugnen, dass diese Auslegung grosse Bedenken verursacht. Mag immerhin zu Augustus Zeiten auf die innere Strasse längs der Mauer kein militärischer Werth gelegt, und auch ausserhalb längs der grossen Strassen eine beträchtliche Ansiedlung erfolgt sein, so ist daraus doch kein Anhalt dafür zu entnehmen, dass man die Befestigung gering genug geschätzt hätte, um ihre Niederlegung für die Gärten des Maecenas zu gestatten. Auch in späterer Zeit erscheint Rom doch als ringsum befestigt und ohne Niederlegung des Agger wären Anlagen auf beiden Seiten nicht möglich gewesen. Nimmt man nun meine Hypothese eines servianischen Pomerium an, so fehlt es offenbar an jedem Grunde, um des Leichenfeldes willen die Gärten theils innerhalb theils ausserhalb der Befestigung zu verlegen. Das Beerdigungsverbot fände dann seine Grenze an der sakralen Urbs und wohl könnte sich an oder gar in das Pomerium derselben ein solches Leichenfeld gesetzt haben,[1] vielleicht gar einer der Gründe, um Sulla zum Eingriff zu bewegen.

Man wird uns auf das „in aggere aprico spatiari" hinweisen als mit diesem Vorschlage unvereinbar, und das ist es allerdings, so lange man daran festhält, dass hiermit der Agger der Befestigung gemeint sei, wie dies h. z. T. ganz allgemein angenommen wird.[2] Diese Interpretation, die den Aelteren ganz unbekannt war, ist jedoch keineswegs nothwendig, sie ist sogar sehr misslich. Soll der Agger abgetragen sein, dann ist nicht anzunehmen, dass durch Maecenas' Gärten eine

---

[1] Nissen, pompej. Studien 481 bestätigt dies für Pompeji.

[2] Vgl. die Herausgeber zu dieser Stelle. Nissen, pompej. Studien 469. 481. Jordan, Topogr. 1, 215.

öffentliche Promenade ging, — soll der Agger nicht abgetragen sein, dann würde er jeden Verkehr zwischen den beiden Hälften der Gärten ausschliessen. Es erscheint weit einfacher, die Worte so wie früher von einer Aufschüttung, welche Maecenas für seine Gärten vornehmen liess, zu verstehen und jede Beziehung zu dem Agger der Befestigung aufzugeben.

Bei diesem Anlass möchte ich die Aufmerksamkeit auf den seltsamen Umstand lenken, dass überhaupt ein Theil der servianischen Befestigung den Namen „a g g e r" trägt. Ueberall sonst heisst die Erdaufschüttung zur B e f e s t i g u n g „v a l l u m" und bezeichnet „agger" die Anschüttung des A n g r e i f e r s, die ihm zur Ueberwältigung des „vallum" dienen soll. So dienen vor Capua die todt im Graben liegenden Elephanten als „agger",[1] um den Graben zu durchschreiten; — so bedient man sich vor Utica der vor Anker liegenden Schiffe als „agger",[2] und so nennt Cicero Griechenland „agger oppugnandae Italiae".[3] Ueberall ist „vallum" das Mittel der Befestigung und h i n d e r t den Verkehr, „agger" dagegen das Mittel des Angriffs und e r m ö g l i c h t den Verkehr.[4] Wie ist es zu erklären, dass ein Theil der römischen Befestigung nicht „vallum" sondern „agger" genannt ist? Sagt doch Cicero de repub. 2, 6,

---

[1] Livius 26, 6, 2.

[2] Livius 30, 10, 3.

[3] Philipp. 10, 9.

[4] Cäsar, bell. civ. 1, 25, 3. bell. gall. 2, 20. 7, 58. Tacitus, Ann. 4, 49. 51. 73. Hist. 4, 23. Livius 5, 7, 3. 6, 8, 9. 8, 16, 8. 44, 46, 6. Isidor, Orig. 15, 9, 3. 16, 7.

dass der unus aditus zwischen Esquilin und Quirinal durch den agger geschlossen worden sei;[1] um so mehr sollte man für diesen Vertheidigungsbau „vallum" erwarten.

Der Name, glaube ich, weist darauf hin, dass dieser Theil der Befestigung in Wirklichkeit nicht blos der Abwehr diente, sondern (13 Meter breit)[2] zugleich den Verkehr zwischen den beiden höher gelegenen Befestigungen vermittelte und besonders hoch (6 Meter 40 Centimeter) gehalten war, um das Niveau der Hügel möglichst zu erreichen. Es war ein „vallum", welches zugleich als „agger" diente und davon seinen Namen erhielt.[3]

Dass für Sulla nur weltliche Gründe der Nützlichkeit und nicht etwa religiöse Bedürfnisse zur Aenderung des Pomerium führten, das steht bei seinem Charakter wohl ausser Frage. Der Mann, der das Jus pomerii brach und unter dem die kapitolinische Priesterschaft ihre Liegenschaften einbüsste, der wird sich nicht sonderlich um die sakralen Grenzen der servianischen Stadt gekümmert haben und es wird ihm nicht in den Sinn gekommen sein, den Göttern in dankbarer Pietät Geschenke zu bringen, ihr Templum zu erweitern oder gar neu zu schaffen. Ihm war es nur um die Verkehrsfrage zu thun, und daraus erklärt sich, dass er

[1] Vgl. Plinius 3, 5.

[2] Jordan 1, 219.

[3] Cäsar, bell. civ. 3, 63 spricht ähnlich auch beim „vallum" vom „agger". Der 10 Fuss hohe Wall hat einen 10 Fuss breiten Kamm; die Dimensionen lassen die Erklärung als Basis unmöglich erscheinen.

nicht etwa das servianische Pomerium ganz aufhob und ganz verlegte, sondern dass er es dort, wo es den Verkehr nicht hemmte, gleichgültig fortbestehen liess. So ist das Pomerium in der Richtung nach dem Tiber zu erhalten geblieben und so blieb es auch durch das Thal des Circus Maximus bestehen; der Aventinus lag von Anfang an innerhalb der servianischen Mauer, aber ausserhalb der servianischen Urbs; das hat auch Sulla nicht geändert.

Woraus sich dieser Ausschluss des Aventin erklärt, wird sich kaum ermitteln lassen. Möglich ist es, dass die ungünstigen Auspizien des Remus oder das internationale Heiligthum der Diana Servius zurückhielten; es könnte aber auch sich aus den blossen Grössenverhältnissen des Aventin erklären, den man ganz nicht wohl in die Urbs hineinnehmen konnte, während seine Unzugänglichkeit einer theilweisen Einbeziehung widerstand. In die Befestigung dagegen musste man den Hügel hineinziehen, weil er eine dominirende Stellung im Verhältniss zur Urbs hatte. Die Communication zwischen der Urbs und dem Aventin war die denkbar schlechteste und für die Zwecke, die Mommsen[1] ihm anweist, nämlich als grosser häuserfreier Raum zur Sammlung der Truppen zu dienen, war er am allerwenigsten geeignet; es wäre ein nutzloses Auf- und Abklettern gewesen. Das zeigt sich deutlich daran, dass Aufständische stets den Aventin zu gewinnen suchen, weil ihnen dort am schwersten beizukommen war. Zu Sullas Zeiten war der Hügel dicht bewohnt, durchweg von einer armen Bevölkerung, die sich in

[1] Röm. Forschungen 2, 37, 30.

die dürftigen Aufgänge von den Seiten her geschickt hatte, der man aber selbst beim besten Willen vom Circusthal aus nicht hätte helfen können. Im Thal selbst konnte Niemand daran denken, Privatbauten zuzulassen; so ist es gekommen, dass dort das Pomerium erhalten und der Aventin ausserhalb desselben blieb.

Ist dem aber so und traf wirklich Sulla keine Vorschrift über die Verlegung des servianischen Pomerium, sondern zerriss dasselbe nur, soweit es ihm im Wege lag, dann bleibt immer noch die Frage zu beantworten, wie denn Livius dazu kommt, das Pomerium seiner Zeit als zu beiden Seiten der servianischen Mauer liegend darzustellen? Das erklärt sich in folgender Weise.

Der ursprüngliche Zweck des Pomerium war die Abgrenzung eines Templum, in welchem Gesetz und Friede herrschen sollte, von dem die Waffengewalt, abgesehen von Fällen der Noth, fern zu halten war. Bei der palatinischen Stadt war dies leicht ausführbar. Eine mässig grosse Burg lag innerhalb der Urbs, der Hügel selbst bot kaum einen militärischen Sammelplatz, noch weniger eine dominirende Position, und war man einmal unten, so war man auch ausserhalb des Pomerium und der Urbs. Die natürlichen Verhältnisse stützten die Vorschrift des Sakralrechts. — Anders aber wurde das bei der servianischen Urbs, sie lag mit ihrem mauerlosen Pomerium inmitten beherrschender Positionen, welche die Vorschrift der Trennung von domus und militia leicht illusorisch machen konnten. Faktisch wäre die Urbs in der Macht desjenigen gewesen, welcher die das Herz, das Forum umgebenden Höhen in Händen hatte. Das konnte man um so weniger ausser Acht lassen, als die Verschmelzung verschiedener Stämme die

Erhaltung des Tempelfriedens ohnehin zweifelhafter machen musste. Wollte man also in Wahrheit den alten Frieden des Stadttemplum aufrecht erhalten, dann blieb nichts übrig, als die örtliche Scheide zwischen domus und militia an die Mauer und ihre Thore zu verlegen, das militärische Commando und die Bewaffnung der Bürger nicht nur aus der Urbs, sondern auch aus dem Umlande zu verbannen, aus den pagi, welche den Keim der vergrösserten weltlichen Stadt in sich trugen und ja auch wirklich zur Reife brachten. Und das ist in der That geschehen, man hat die militärische Seite des Pomerium gleichzeitig mit dem Bau der Befestigung von der sakralen getrennt und an die Mauerthore verlegt.

Die thatsächlichen Verhältnisse der Befestigung boten hiezu die Hand. Denn was von dem etruskischen Sakralrecht zur Theorie ausgebildet war, das empfahl der gesunde Menschenverstand auch ohne solche religiöse Folie. Jede Befestigung muss von ganz den gleichen Gesichtspunkten ausgehen, sie muss einen Landstreifen dem Privateigenthum entziehen, breit genug um darauf nicht nur die Anlagen der Befestigung zu errichten, sondern auch den errichteten Anlagen Schutz zu gewähren gegen Freund und Feind. Von innen muss man sich die Möglichkeit des Aufganges sichern, von aussen muss man sich die Landwirthschaft fern halten, die jeden Graben unbemerkt schädigt und verringert, muss man ebenso den Häuserbau hindern, der dem Feind Gelegenheit zu geschützter Stellung oder gar zur Ersteigung der Mauer bieten würde. Kurzum, entkleidet man das Pomerium seines sakralen Characters, so stimmen die Vorschriften des etruskischen Rechts mit denen jeder andern Befestigungsanlage im Wesentlichen überein und Nissen[1] zieht mit vollem Recht die Anweisungen Philons heran, welche aus Gründen der Fortificationslehre zu praktisch gleichem Ergebniss führen. Allein wir dürfen dabei den grossen Unterschied nicht übersehen, den grade der sakrale Character des Pomerium mit sich bringt. Eine profane Befestigung schliesst sich der lokalen Situation an, sie benutzt hier den Absturz, beschränkt sich dort auf eine Brustwehr, nimmt das natürliche Wasser statt eines trocknen Grabens, zieht sich durch das flache Land mit hoher Mauer und breitem Graben hin, verschliesst das Thal durch berghohe Aufschüttung. Das Alles bleibt dem Pomerium fern, es kennt keine Berücksichtigung der Situation; eine solche wird bei der Wahl des Orts für die Urbs massgebend sein, aber sie kann bei der Gründung selbst nicht mehr in Betracht kommen, denn ohne Rücksicht auf das Lokal muss das Pomerium die ganze Urbs umziehen, unfähig sich den Verhältnissen zu akkommodiren oder gar aus Rücksichten auf natürlichen Schutz ganz zu fehlen. Ohne geschlossene murus und fossa des Sakralrechts wäre die Urbs nicht vorhanden; ob sie einer faktischen Befestigung bedarf, das ist eine andre Frage. Aber wo und soweit eine solche Befestigung besteht, wird sich innen und aussen ein Schutzstreifen regelmässig als nothwendig darstellen.

Nissen legt in den pompejanischen Studien einen besonderen Werth darauf, dass ein Aussenraum schon deshalb erforderlich sei, weil die Vertheidigung auch auf der niedrigsten Stufe der Entwicklung nicht erst

---

[1] pompej. Studien 468.

am Thor beginnen könne. Das ist gewiss richtig, aber trotzdem möchte ich dieser Erwägung für unsere Frage keinen grossen Werth beilegen. Wir können Nissens Gedankengang noch erheblich verstärken durch den Hinweis darauf, dass es gradezu für schimpflich galt, sich nicht mit dem Gegner in offener Feldschlacht zu messen, [1] und dass man sich schon als halbbesiegt ansah, wenn man genöthigt war, sich auch nur hinter den Wall des Lagers zurückzuziehen. Das kann aber auf das Vorland der Befestigung keinen Einfluss haben, weil dasselbe diesen Zwecken doch niemals entsprechen könnte; man müsste soviel Raum dafür beanspruchen, dass man dafür in Friedenszeiten keine Vorsorge treffen kann. Statt dessen setzt man im Kriege sich darüber hinweg, ob man auf diesem oder jenem Felde Aufstellung nehmen darf. Mommsen weist schon darauf hin, dass ein römisches Lager keinen äusseren Schutzstreifen gehabt habe. Gewiss hatte das Lager keinen, weil er ihm doch nicht hätte genügend breit gemacht werden können. Aber sicherlich hat man darum nicht weniger darauf Bedacht genommen, in nächster Nähe des Lagers hervorragende Gegenstände, Häuser, Bäume nicht stehen zu lassen; schon der eigene Bedarf zum Bauen und Brennen hat dafür zweifellos gesorgt.

Diese allgemeinen Regeln der Befestigungskunst können bei der palatinischen Arx so wenig wie bei der servianischen Mauer ausser Acht gelassen sein. Selbst die überzeugtesten Anhänger der Binnentheorie geben zu, dass ein „militärisches Glacis“ sich um Roms Mauer zog, welches Livius mit dem Pomerium ver-

---

[1] Tacitus, Hist. 3, 82. 4, 20. Agricola 35. Livius 3, 29.

mengt habe. Allein richtiger Weise war es in der That das Pomerium, freilich nicht das sakralrechtliche, welches die Urbs umgab, aber derjenige Streifen, auf welchen man die militärischen Sätze des alten Sakralrechts übertragen hatte, dergestalt aus dem fas pomerii ein jus pomerii machend. Dieses Pomerium aber ging rings um Rom herum und umschloss auch den Aventin, da es einfach überall der Mauer folgte. So erklärt es sich, dass Varro 5, 143 sagt „cippi pomerii stant ... circum Romam“ und dass Livius ebenfalls das Pomerium rings der Mauer folgen lässt. Die Schwierigkeit bestand nur darin, dieses Pomerium von dem sakralrechtlichen zu unterscheiden. Zu Livius Zeit bestand das alte Stadttemplum nicht mehr, die sakralen Prozessionen umfassten die ganze Stadt und folgten der gebrochenen Mauerlinie.[1] Die Priester hielten vielleicht fest daran, dem alten Pomerium zu folgen, soweit es noch bestand, d. h. zwischen Palatin und Tiber und längs dem Thal des Circus maximus, aber wenn sie deshalb den Aventinus aussenvor liessen, so mochte dem grossen uneingeweihten Publikum sich das lediglich als eine erklärliche Abkürzung des Weges darstellen. Auspizirt wurde nicht mehr regelmässig, — von allen Seiten häuften sich die Schwierigkeiten, aus den thatsächlichen Verhältnissen das alte Sakralrecht zu entziffern und sein Pomerium zu begreifen. So ist es denn auch gekommen, dass Livius die beiden vermengte: er wurde gut und richtig unterwiesen, das Pomerium sei: „locus quem in condendis urbibus quondam Etrusci, qua murum ducturi erant, certis circa ter-

[1] Lucan, Pharsalia 1, 592.

minis inaugurato consecrabant, ut neque interiore parte aedificia moenibus continuarentur, ... et extrinsecus puri aliquid ab humano cultu pateret soli"; — aber mit dieser fremden Weisheit im Munde führt er uns an die Stadtmauer, an deren Thoren sich täglich die Consequenzen des Jus pomerii offenbarten. Hätte seine Quelle ihm gar davon gesprochen, dass sakral die Pflugfurche „fossa", die Scholle „murus" heisse, er würde nur noch fester geworden sein in seiner Ueberzeugung, dass es sich um Nichts als die faktische Befestigung, um die Stadtmauer und deren Graben handeln könne.

§ 14.

Wir wollen nun unsere Fragen in den Prinzipat hinein verfolgen.

Der Prinzipat hat die Institutionen der Republik so weit irgend möglich aufrecht erhalten. Sein Ausgangspunkt ist das Imperium militare gewesen.[1] Cäsar erlangte dasselbe, wie jeder republikanische Magistrat oder Exmagistrat, durch eine lex curiata, als er nach seinem Consulat pro consule in die Provinz ging; und als im Jahre 709 der Senat ihn zum lebenslänglichen Imperator ernannte, da war dies nur eine Anwendung der alten Grundsätze über das Imperium prorogatum, freilich in einer Ausdehnung, wie die Republik sie weder kannte, noch ertragen konnte: das Imperium sollte bekanntlich ausschliesslich sein und auf Sohn und Enkel übergehen.[2] Damit war die faktische Allmacht gegeben,

[1] So sieht jetzt auch Mommsen die Sache an, Staatsrecht 2, 723 ff. Vgl. aber Röm. Geschichte 3, 446.

[2] Dio 43, 44.

Rom trug die Schlinge um den Hals, Cäsar brauchte nur Sullas Beispiel zu folgen, das Jus pomerii nicht zu achten und er war im Stande jeden Widerstand nieder zu werfen. Thatsächlich waren es die Zeiten des alten Königthums ohne den Namen; wie weit bürgerliche Freiheit, Provokation, Intercession geachtet werden sollte oder nicht, das hing lediglich von der Gewissenhaftigkeit dieses angeblich republikanischen Proconsuls ab. — Auch Augustus begann seine Laufbahn in altrepublikanischer Form, der Senat ertheilte ihm zuerst mit dem Titel eines Proprätors als Privatus das Imperium militare, er ging dann durch das Consulat und Triumvirat hindurch und liess sich im Jahre 727 das dauernde Imperium proconsulare ertheilen.[1] Nicht anders war der Hergang bei den spätern Kaisern, der Senat ertheilte ihnen das Imperium militare und wie zu den Zeiten der Republik war dieser Beschluss des Senats der normale, legitime Weg zur Erlangung des Imperium.

Mommsen[2] ist anderer Ansicht; nach seiner Meinung wird das Imperium überhaupt nicht übertragen, sondern übernommen und zwar auf eine Aufforderung, die entweder vom Senat oder von den Truppen ausgeht. Damit stimmt freilich schlecht, dass Mommsen selbst von Senatsbeschlüssen spricht, welche den Kaiser creiren, und dass er hinzufügt, jeder vom Senat ernannte Imperator sei von der Truppe, jeder von der Truppe ernannte Imperator sei vom Senat anzuerkennen, der neue Prinzipat sei immer erst dann regulirt, wenn beides stattgefunden habe. Ich vermag dem nicht

[1] Mommsen 2, 815.
[2] Staatsrecht 2, 813.

zu folgen. Sollen beide, Heer und Senat, wenn auch in vielleicht verschiedener Zeitfolge, erforderlich sein, dann kann, so viel ich sehe, nicht einer genügen; soll eine Uebernahme und nicht eine Uebertragung stattfinden, dann kann, so viel ich sehe, auch nur die Uebernahme-Erklärung rechtlich entscheidend sein. Ich glaube, dass die historische Continuität der Institution von Mommsen nicht genügend gewürdigt ist; die angebliche Uebernahme ist m. Er. nichts als die zu allen Zeiten vorhandene, wenn auch nur durch concludente Handlungen gegebene Erklärung, das übertragene Imperium anzunehmen. So wenig man in den Zeiten der unverfälschten Republik davon sprechen darf, dass ein Privatus, dem der Senat das Imperium überträgt, dasselbe streng genommen nur übernehme, so wenig trifft dies für die Zeiten des Prinzipats zu. Aeusserlich war der Hergang durchaus derselbe: der Senat übertrug dem Princeps das Imperium.

Das Material, welches Mommsen für die Behauptung: dass die Ernennung durch das Heer der vom Senat rechtlich gleichbedeutend sei, zusammen gestellt hat, ist nach meiner Ansicht nicht beweiskräftig. Mommsen selbst geht davon aus, dass die militärische „Anerkennung“ insofern kein einfacher Act gewesen sei, als sie von Lager zu Lager stattfinde. Trotzdem soll es nicht auf den Abschluss derselben ankommen, sondern die erste von dem neuen Herrn entgegen genommene militärische Bezeichnung als Kaiser soll formell entscheidend sein.[1] Man kann die Lehre von einem Creirungsrecht der Truppen kaum besser be-

[1] Staatsrecht 2, 814, 1.

streiten als durch einen Hinweis auf diese Vorgänge, bei denen es sich darum fragt, was die nächste Stunde bringen werde. Wie dem Imperator selbst dabei zu Muthe sein mag, das schildert Tacitus in bündiger Weise, indem er[1] von Otho sagt, dass 23 Mann ihn zum Kaiser ausrufen und ihn mit gezückter Waffe fortreissen „paucitate salutantium trepidum". Solche Wahl mochte sich in Bälde als ein blosser Militärputsch erweisen, der allen Betheiligten das Leben kosten konnte. Er war vom Recht so weit entfernt wie nur möglich. Gelang die Sache, stimmten die übrigen Truppen bei, dann hatte der Gewählte die factische Macht in Händen, aber auch nur diese. Seine Legitimität erhielt er nur durch den Beschluss des Senats. Aber freilich waren die Zeiten vorüber, in denen der Senat ihm hätte antworten können: „rem mali exempli esse, imperatores legi ab exercitibus, et solemne auspicatorum comitiorum in castra et provincias procul ab legibus magistratibusque ad militarem temeritatem transferri".[2] Schon Scipio Africanus wurde dem Senat zum Consul vor der Zeit durch die Stimme des Heeres aufgedrungen;[3] — seit Sulla wusste man, was Proscriptionslisten bedeuteten; es blieb dem Senat nichts übrig, als gute Miene zum bösen Spiel zu machen und zu legalisiren, was die Macht des Heeres ihm aufzwang, je nach der Persönlichkeit vielleicht gar mit rückwirkender Kraft bis auf die ersten Rufe der Truppen zurück, um nur nicht die Empfindlichkeiten zu reizen. Ein Recht der Truppen lässt sich daraus aber nicht entnehmen, und gerade die-

[1] Hist. 1, 27.
[2] Livius 26, 2, 1.
[3] Valerius Maximus 8, 15, 1.

jenige Stelle, auf welche Mommsen den Hauptwerth legt, ergiebt m. Er. auf das klarste, dass die Prinzipes selbst das Recht auf der Seite des Senats sahen. Vita Hadriani cap. 6 heisst es: „cum ad senatum scriberet, veniam petiit, quod de imperio suo judicium senatui non dedisset, salutatus praepropere a militibus imperator". Dass hier, wie Mommsen 2, 813, 3 meint, sich deutlich zeige, wie Senat und Heer dem Rechte nach gleichstanden und der Imperator nur die Convenienz verletzte, wenn er die Bezeichnung aus den Händen der Truppen annahm, — das halte ich nicht für richtig. Der Imperator entschuldigt sich, praepropere von der Armee begrüsst zu sein, das drückt nach meiner Ansicht genau das vorhin erörterte Verhältniss von Macht und Recht aus. Thatsächlich sind denn auch weitaus die meisten Creirungen durch Beschlüsse des Senats erfolgt.[1] Freilich hatte der Imperator regelmässig die beste Fühlung mit der Armee, und es lag daher für ihn sehr nahe, den Weg der Gewalt zur Legitimität einzuschlagen, aber die Fälle sind überliefert, in denen die Truppen selbst dem Senat die Ernennung zuweisen,[2] oder der von den Truppen gewählte Imperator niederlegt und sich im Senat ὡς ἀληθῶς[3] wählen lässt. Und zu allen Zeiten hat es als ein Beweis rechtlichen Sinnes gegolten, ist dem Kaiser zu besonderem Ruhme angerechnet, „imperatorem non ab exercitu factum".[4]

Die andere Seite von Mommsens Lehre, dass nämlich der Creirung durch den Senat eine Anerkennung

---

[1] Vgl. Mommsen 2, 762, 4. 812, 3.
[2] Mommsen 2, 813, 1.
[3] Dio 73, 1,
[4] Plin. Pan. Trajano cap. 9 (XII pan. Baehrens).

Seitens der Truppen habe folgen müssen, damit der Prinzipat regulirt sei, — das hat auch nicht einmal den Schein der Quellenmässigkeit aufzuweisen. Sicher war es für den Senat der einzig vernünftige Weg, sich nicht in Widerspruch mit der faktischen Macht zu setzen, nicht einen Imperator zu ernennen, von dem man nicht überzeugt war, dass die Truppen ihm folgen würden;[1] von einem Recht der Truppen aber, die Anerkennung zu geben und dadurch erst zum Prinzeps zu machen, oder die Anerkennung zu verweigern und dadurch vom Prinzipat auszuschliessen, — von einem solchen Recht kann ich keine Spur entdecken. Wenn die Truppen die Annerkennung des vom Senat cum imperio ausgestatteten Führers verweigerten, so war das zur Zeit des Prinzipats nichts andres, als was es zur Zeit der Republik war, nämlich ein Aufstand. Ein solcher mochte wie z. B. bei Septimius Severus zum Ziel führen und durch den unausbleiblichen Senatsbeschluss in die Legitimität hinüber geleitet werden, aber es war darum nicht minder ein Aufstand, es war der Versuch das Recht der Gewalt unterzuordnen. Mommsens Behauptung,[2] dass es wohl nie ein Regiment gegeben habe, dem der Begriff der Legitimität so völlig abhanden gekommen sei wie dem augusteischen Prinzipat, kann ich daher nicht als richtig anerkennen.

---

[1] Vopiscus, Aurelian 40 schiebt der Senat sogar die Wahl dem Heer zurück, weil er weiss, dass das Heer einen vom Senat gewählten Imperator nicht gern sieht. Vgl. Vopiscus, Tacitus 3 u. 7.

[2] Staatsrecht 2, 814.

Das militärische Imperium ist der Ausgangspunkt, die Basis des Prinzipats; aber keineswegs darf man um deswillen den Prinzipat und das Imperium militare bis zu dem Grade identifiziren,[2] dass man die beiden als rechtlich zusammen fallend und den Heerbefehl als genügend ansieht, um den Prinzipat zu constituiren. Das Gegentheil ist richtig. Es giebt allerdings keinen Prinzipat ohne Heerbefehl, der Heerbefehl ist der nothwendige, wenn auch nicht der ausschliessliche Inhalt des Prinzipats; aber es giebt Heerbefehl ohne Prinzipat. Das ergiebt sich aus dem Folgenden. Zu allen Zeiten der Republik hatte es Männer gegeben, die durch den militärischen Oberbefehl über alles hinausgehoben waren, so dass für sie die salus publica das einzige Gesetz war. Die gewöhnlichen Schranken existirten für sie nicht, Cicero nennt sie ausdrücklich „legibus soluti".[2] Aber trotzdem war ihre Macht in mehr als einer Hinsicht beschränkt, zeitlich durch die Dauer des Amts, sachlich durch die Art der Geschäfte, örtlich durch das Pomerium. Im Prinzipat wurde diese Machtfülle beträchtlich gesteigert; es fragt sich jedoch, ob diese Steigerung so weit ging, dass ihr das Jus pomerii gänzlich geopfert wurde? Diese Frage erst erschliesst uns den wahren Character des Prinzipats.

Mommsen[3] hat denselben so dargestellt, dass der Prinzeps nichts als ein Beamter sei, „nicht mit einer Machtfülle, die ihn über die Verfassung stelle, sondern mit einer in die verfassungsmässigen Ordnungen eingefügten und fest umschriebenen Competenz" (S. 727.)

---

[1] wie Mommsen 2, 810 ff. dies thut.

[2] de lege agr. 2, 36.

[3] Staatsrecht 2, 726 ff.

In überraschendem Widerspruch heisst es dann freilich S. 751: „die Stellung des Prinzeps ruht auf dem persönlichen Ansehen und schliesst so wenig irgend eine magistratische Competenz in sich, dass an sich der Prinzeps sehr wohl ein Privatus sein kann." Die übrigen Deductionen lassen aber m. Er. keinen Zweifel, dass Mommsen's eigentliche Ansicht in der ersten Behauptung zu erblicken ist und dass Mommsen den Prinzeps für einen Magistratus hält, obgleich er selbst hinzufügt, dass ihm eine dementsprechende Benennung nicht bekannt sei.

Hätte Mommsen den Versuch gemacht, die „fest umschriebene Competenz" inhaltlich blos zu legen, so würde ihm die Unhaltbarkeit dieser Ansicht sofort klar geworden sein; er hätte gar keinen Inhalt gefunden, weil gar keine Competenz vorhanden ist. Der Prinzeps ist kein Magistratus; er kann nicht nur ein Privatus sein, sondern er ist stets ein Privatus,[1] und wenn er etwas andres sein soll, so muss er erst wie jeder andre Bürger Roms die dafür erforderliche Magistratur erwerben oder (in Folge seiner Machtfülle) annehmen, wie dies bekanntlich häufig mit dem Consulat geschehen ist. Das Jus pomerii weist uns den richtigen Weg.

Die herrschende Lehre geht heut zu Tage dahin, dass die Prinzipes sich ohne Weiteres das Imperium militare in der Stadt beilegten; ich selbst bin dem früher gläubig gefolgt[2] und habe Dio 53, 32 so aufgefasst, dass der Senat das Imperium innerhalb der Stadt noch ausdrücklich bewilligt habe, um wenigstens den Schein zu retten, als ob die faktischen Zustände auf seinen rechtlichen

---

[1] Plin. Pan. Trajano cap. 59: cum principem quam simillimum esse privato, consulem quam dissimillimum deceat.

[2] Justitium S. 144. Puchta, Instit. [4] 1, 380.

Beschlüssen ruhten. Das ist jedoch offenbar falsch, der Prinzipat ist weit sanfter, verstohlener ins Leben getreten. In jener Stelle wird nur von einem Senatsbeschluss gesprochen, nach welchem Augustus das Imperium durch das Betreten des Pomerium nicht verlieren und nicht verpflichtet sein solle, beim Verlassen der Stadt das Imperium aufs Neue zu erwerben. Das ist ersichtlich ein altes, uns längst bekanntes Verhältniss, welches sich vom Rex nur dadurch unterscheidet, dass der Name fehlt: Augustus soll genau wie in alten Zeiten die Könige das Pomerium überschreiten dürfen, ohne das, ein für alle Mal, erworbene Imperium zu verlieren.

Aber so wenig für die Könige daraus folgte, dass sie ihr Imperium innerhalb des Stadttemplum gebrauchen sollten, so wenig war dies bei Augustus und den spätern Prinzipes der Fall. Auch zur Zeit des Prinzipats gab es keinen Feldherrn in Rom. Die Prinzipes haben das Imperium militare innerhalb des Pomerium nicht geübt, ja nicht einmal beansprucht. Das zeigt sich darin, dass die Prinzipes in Rom wie jeder Andre die Toga trugen und nicht als Militär, im sagum, erschienen; noch Severus wechselte das Gewand am Thor.[1] Sah man den Prinzeps innerhalb der Stadt im sagum, in der chlamys, so war das gleichsam ein Ereigniss, welches ausdrücklicher Erwähnung werth erachtet wurde, wie dies z. B. bei Claudius und Caracalla geschieht.[2] Daher liess man nicht nur die Truppen im Lager ausserhalb des Pomerium, sondern man hielt darauf, dass die Palast-

---

[1] Dio 74, 1.
[2] Dio 60, 17. 77, 4.

wache aus Nichtrömern bestand, die nicht einmal Uniform trugen, sondern „togati“ waren,[1] so dass einerseits die Leute weder Provokation noch Intercession zu ihrer Deckung hatten, andrerseits doch die alten Privilegien der Stadt, das jus pomerii geachtet blieb; denn dem Aeussern nach hatte der Prinzeps nur bewaffnete Diener, kein Militär zu seinem Schutz. — Und auch darin hielt man das jus pomerii aufrecht, dass man den Senat als das Organ behandelte, welches dem militärisch auftretenden Prinzeps das Betreten der Stadt gestatten könne; so lud Augustus den Senat vor das Thor hinaus,[2] so liess sich Tiberius den Triumph ausserhalb der Stadt zuerkennen;[3] in gleicher Weise beschloss der Senat, dass Nero „ovans urbem iniret“,[4] und aus demselben Grunde hielten die Freunde den Vitellius davon zurück, ohne Weitres paludatus nach Rom hinein zu ziehen.[5] Selbst zu Dios Zeit[6] beansprucht der Kaiser staatsrechtlich nicht den militärischen Befehl in Rom, sondern nur das Jus vitae et necis. Wir haben es ganz wie in der alten Königszeit, mit dem ein für alle Mal erworbenen Imperium zu thun, welches innerhalb des Pomerium ruhte.

Aber obgleich man fortfuhr, das Jus pomerii zu achten, es war doch nur die „imago reipublicae“.[7] Die geänderten Verhältnisse brachten Sätze hervor, die mit dem alten Jus pomerii nicht im Einklang standen. Da

---

[1] Tacitus, Annal. 16, 27. Hist. 1, 38. 74. 87. 89. Hist. 3, 24 werden die Prätorianer als „pagani“ angeredet.

[2] Dio 49, 15. 55, 2.

[3] Dio 55, 8.

[4] Tacitus, Annal. 13, 8.

[5] Tacitus, Hist. 2, 89.

[6] Dio 53, 17.

[7] Tacitus, Annal. 13, 28

war zunächst die Neuerung, dass der Prinzeps sein Imperium nicht verlieren sollte, wenn er auch die Stadt betrete; die Folge davon war, dass der Kaiser immerhin die Senats-Entschliessung einholen mochte, dass er aber nicht mehr, wie früher die republikanischen Feldherrn, ausserhalb der Stadt auf diese Entschliessung zu warten brauchte; der Kaiser ging aus und ein, wie er wollte, er wurde dadurch nicht unfähig zu triumphiren, weil das jus pomerii ihm nicht das Imperium nahm, und so sehen wir, dass Vespasian Rom betritt und dann später im Triumph einzieht.[1] — Da war ferner die Neuerung, dass der Senat wohl dem Prinzeps Triumphe und Ovationen in einer scheinbaren Machtstellung zubilligen mochte, dass aber bei jedem Beschluss des Senats, der einen andern Heerführer betraf, sich doch fragte, was der Prinzeps zu solcher Auszeichnung sagte? Ohne seine Erlaubniss war es nicht möglich, triumphirend in die Stadt zu ziehen. Das zeigt uns deutlich der Fall des Drusus. Der Senat hat ihm bewilligt „ut ovans iniret,“ aber trotzdem wird die Sache verschleppt und Drusus begiebt sich ungeduldig in die Stadt.[2] Alles hing am Kaiser; weil dieser mit seiner Zustimmung zögerte, konnte Drusus nicht in Ovation einziehen. Nach altem Jus pomerii hätte er sein Imperium verloren, indem er in die Stadt ging, aber nach altem Recht hätte er auch gleich ovirend in die Stadt gehen dürfen, nachdem der Senat ihm die Ovation beschlossen hatte. Die Abwicklung des Falles zeigt in interessanter Weise die Vermittlung der widersprechenden Kräfte; nachdem Drusus des Kaisers Zustimmung erlangt hatte, ging er wieder

---

[1] Josephus, bell. jud. 7, 5, 4.

[2] Tacitus, Annalen 3, 11: prolato honore urbem intravit.

vor die Stadt, übernahm aufs Neue den Oberbefehl über die Truppen und zog nunmehr ovirend ein.[1]

Die neue Zeit zeigt sich endlich darin, dass wir keine Spur mehr von einem Justitium finden. Die Bürgerschaft kam nicht mehr in die Lage, vorübergehend zum rechtlosen Soldaten gemacht zu werden, das Sagum anziehen zu müssen; sie war auf eine solche Stufe herabgedrückt, dass man solcher Mittel ihr gegenüber nicht mehr bedurfte. Jedermann wusste, dass Alles von dem Willen des Prinzeps abhing, wollte der das Jus pomerii nicht achten, dann hatte man sich darein einfach zu ergeben, besondere Beschlüsse und Formen dafür gab es nicht mehr.[2] Mit der bürgerlichen Freiheit verschwand naturgemäss auch die Garantie gegen ihren Missbrauch.

Der Prinzeps war innerhalb Roms nichts als ein Privatmann, officiell hatte er mit den Staatsgeschäften nichts zu thun, er bekleidete keine Magistratur, er hatte keine Rechte und keine Pflichten, die nicht jeder Bürger mit ihm theilte; er lebte als der erste Bürger in voller

---

[1] Tacitus, Ann. 3, 19: „Drusus urbe egressus repetendis auspiciis, mox ovans introiit." Mommsen 1, 96, 4. 124, 5 versteht dies von den Kriegsauspizien, die bei Betreten des Pomerium untergingen und daher beim Zurückkehren in das Lager erneuert werden müssten; der Ausdruck der Stelle sei ungenau. Allerdings müsste es, um Mommsens Ansicht zu stützen, wohl „repetitis auspiciis" heissen. Denn auch Mommsen wird wohl nicht annehmen, dass man in Rom sein und dann zur Erneuerung der Auspizien Rom verlassen konnte, statt die Auspizien in Rom zu erneuern. Ich sehe keine Schwierigkeiten des Verständnisses.

[2] Vgl. die Belege in meinem Justitium S. 140 ff.

„inertia“,[1] wenn es ihm nicht beliebte, sich bestimmten Geschäften zu unterziehen. Nur in einer Hinsicht war dieser erste Bürger ausgezeichnet, der Senat verlieh ihm die tribunicia potestas. Mommsen[2] nimmt an, dass diese Gewalt dem Prinzeps durch einen Comitialbeschluss übertragen wurde und dass die überall von den Schriftstellern allein erwähnten Senatsbeschlüsse nur die Bedeutung der Vorbereitung jenes Comitialbeschlusses hatten; er stützt dies hauptsächlich auf die Aeusserung, die Augustus im Monum. Ancyranum macht: „et sacrosan[ctus ut essem . . . et ut qu]o [ad] viverem tribunicia potestas mihi [esset lege sanctum est]. Allerdings ist hier „lex“ durch das im griechischen Text gebrauchte „νόμος“ beglaubigt, aber trotzdem bin ich der Ansicht, dass die tribunicia potestas Augustus wie den andern Prinzipes durch den Senat gegeben wurde und dass nur eine nachträgliche renuntiatio in Scheincomitien stattfand, die nichts mehr als eine öffentliche Verkündigung war.[3] Dass der Ausdruck „lex“ sich damit vereinigen lässt, werden wir später sehen.

Durch diese tribunicia potestas erhielt der Prinzeps einerseits die hergebrachte Unverletzlichkeit, die sich bei ihm zur Majestät ausbildete, andrerseits die Möglichkeit, Alles was ihm nicht zusagte, zu hindern, und zwar nicht nach alter republikanischer Sitte für eine Amtszeit, sondern lebenslänglich und bis zum ersten Meilenstein mit ausschliessender Macht,[4] so dass es rechtlich Nie-

[1] Plinius, Pan. Trajano cap. 59. 77. Trajan liess sich daher als Consul nicht princeps nennen. Dio 57, 8.
[2] Staatsrecht 2, 772. 812, 3. 836 ff.
[3] So auch Henzen in Arvalacten S. 65.
[4] Dio 51, 19.

manden, auch keinen Heerführer gab, der seiner Intercession widerstehen konnte. Dass man aber auch dabei den Gedanken einer Magistratur nicht hatte, ergiebt sich deutlich daraus, dass man dem hergebrachten Titel des Magistrats aus dem Wege ging. Der Prinzeps blieb trotzdem Privatus. Aber thatsächlich war dieser Privatus allmächtig, alle Wahlen, alle Beschlüsse, auch auf dem Gebiete des Geldwesens, die ganze Staatsverwaltung und Politik hing faktisch von ihm ab; einen Widerstand gegen seinen Willen hätte weder ein Magistrat noch auch der Senat durchführen können, der Prinzeps liess beide das, und nur das thun, was ihm beliebte. Ich glaube nicht, dass Mommsen das Richtige trifft, wenn er den Prinzipat als eine Theilung der Herrschaft zwischen Prinzeps und Senat, als eine Dyarchie bezeichnet. Dio 59, 6 spricht allerdings von einer solchen Theilung, aber mit modernen Augen können wir doch nur eine Monarchie erkennen, denn der Senat und die Magistrate hatten nur genau so viel Befugnisse, als der Kaiser ihnen beizulegen oder zu lassen für gut befand. Damit steht es auch nicht im Widerspruch, dass Pomponius in l. 2 D. de fluminibus 43, 12 erklärt, man dürfe aus öffentlichem Fluss Wasser leiten, wenn nicht der Kaiser oder der Senat es verbiete; aus dem Umstande, dass zwei Verbotsberechtigte angenommen werden, lässt sich das Verhältniss derselben zu einander überhaupt nicht beurtheilen.[1]

Die Alleinherrschaft zeigt sich in drastischer Weise am Volkstribunat. Schützer des Individuums, allgemeiner Controlbeamter zu sein, das ist in Zeiten unbe-

---

[1] Mommsen stützt hierauf seine Lehre von der Dyarchie.

schränkter Herrschaft nicht ohne grosse Gefahr; wer wollte sein Leben wagen gegenüber dem Prinzeps, der sich selbst für sacrosanct wie ein Tribun erklärte, aber demjenigen Tribun, der ihm widersprochen hätte, sicher nicht die gleiche Eigenschaft zuerkannt hätte. Daher hört die Bewerbung um das Tribunat unter den Prinzipes auf, man muss die alten Beschützer des Individuums und der Volksrechte ernennen.[1] Und wenn sie ihre Zeit verstehen, so sehen sie als ihre erste Aufgabe an, den ersten Bürger zu schützen, darauf zu achten, dass nicht etwa hinter seinem Rücken geschehe, was er Auge in Auge nicht dulden würde.[2]

Die unbeschränkte Machtstellung des Prinzeps findet ihren klarsten Ausdruck darin, dass ihm gegenüber kein Gesetz existirt, er ist „legibus solutus". Bisher herrschte wohl allgemeines Einverständniss über den Sinn dieser Worte, aber Mommsen[3] legt ihnen jetzt einen ganz andern Sinn bei. Nach ihm war der Kaiser nur von den privatrechtlichen Prohibitivgesetzen entbunden; er habe jedem Gesetz, von welchem eine Dispensation zulässig war, ohne solche zuwider handeln dürfen, weil er befugt gewesen, selbst die Dispensation zu ertheilen und man in seinem Zuwiderhandeln daher eine Dispensation erblickt habe. Dies soll der Sinn Ulpians sein, der in l. 31 D. de legibus 1, 3 sagt „princeps legibus solutus est", aber dabei nur an die lex Papia Poppaea denken soll, hinsichtlich deren er diese Aeusserung mache. Erst die byzantinische Auffassung des König-

---

[1] Dio 54, 26. 30.

[2] Tacitus, Hist. 4, 9. „tribunus plebis intercessit, ne quid super tanta re, principe absente, statueretur."

[3] Staatsrecht 2, 727 ff.

thums hat nach Mommsen dem Satz den heute allgemein angenommenen Sinn zugeführt, dass den Herrscher kein Gesetz binde; der römische Prinzeps sei rechtlich nicht mehr privilegirt gewesen wie jeder andre Oberbeamte der Republik; man habe ihn gleich dem republikanischen Magistrat nur während seiner Amtsdauer nicht zur Verantwortung ziehen können. Diese Amtsdauer sei aber rechtlich keineswegs die Lebenszeit gewesen, und selbst als dies sich ausgebildet habe, hätte immer noch der Prinzeps abgesetzt werden oder niederlegen können, er sei dann gegen ein Strafverfahren nicht gesichert gewesen; auch sei man häufig gegen den verstorbenen Prinzeps noch strafrechtlich vorgegangen.

Es wäre m. Er. wohl möglich gewesen, dass sich diese Lehre gebildet hätte, wenn der Prinzipat mit zahlreichen Absetzungen und Niederlegungen sich entwickelt hätte. Solche Möglichkeiten sind jedoch vom Standpunkt des Rechts aus ohne Interesse. Nach dem historischen Verlauf hat der Prinzeps die Zügel der Regierung in der Hand gehabt, bis sein Tod dem ein Ende machte; daran können die Scheinresignationen und zeitlichen Beschränkungen nicht irre machen. Zeit seines Lebens ist damit der Prinzeps jeder, auch der strafrechtlichen Verantwortlichkeit enthoben gewesen, von Anfang an hat thatsächlich Niemand es gewagt, sich dem Willen des Prinzeps zu widersetzen. Freilich machen die gelegentlichen Dispensationen in einzelnen Gesetzen den Eindruck, als ob sie einen realen Inhalt hätten, das ist jedoch, so weit ich sehe, nicht der Fall, ihr Werth erhebt sich nicht über ein Compliment, welches man dem unbeschränkten Herrscher macht, um ihn in dienstbereiter Unterwürfigkeit der Mühe zu überheben, ein

Gesetz bei Seite zu schieben. — Auch die „damnata memoria" und die Revision der früheren Gesetze lassen sich nicht für Mommsens Lehre verwenden, sie zeigen nur deutlich die Macht des Lebenden und sind nicht selten blos ein Act der Schmeichelei gegen den neuen Machthaber. Thatsächlich bestand für den Prinzeps kein Gesetz, weil Niemand gewagt hätte, ein Gesetz gegen ihn in Anwendung zu bringen, und kaum lässt der Umschwung sich in weniger Worten zusammenfassen, als indem man darauf hinweist, dass zur Zeit der Republik der Truppenführer legibus solutus[1] war, dass für ihn nur die salus publica als Massstab seines Thuns und Lassens galt, — dass man aber jetzt einen Privaten mit gleicher Stellung hatte, einen: princeps legibus solutus. Mommsen's Ansicht beruht, so viel ich sehe, auf der irrigen Voraussetzung, dass das „legibus solutus" der Republik fremd gewesen sei.

So ruhte der Prinzipat auf zwei Unterlagen: in Rom ein mit tribunicia potestas ausgestatteter Privatmann, ausserhalb Roms der alleinige Höchstcommandirende des römischen Staats, dem man den Titel des Proconsul geben musste, weil er einen Magistrat überhaupt nicht bekleidete. Mommsen[2] nimmt an, dass auch jetzt noch der sullanische Satz gegolten habe, nach welchem in Italien kein militärischer Befehl bestehen dürfe. Das Imperium proconsulare der Prinzipes soll daher von Italien ausgeschlossen gewesen sein; ich glaube nicht, dass sich dies angesichts der von Mommsen selbst abgedruckten Stelle Dio 53, 17 aufrecht erhalten

---

[1] Livius 4, 13, 11: „libero exsolutoque legum vinculis."
[2] Staatsrecht 2, 753. 816.

lässt, dieselbe legt dem Kaiser das proconsulare imperium ausdrücklich „ἔξω τοῦ πωμηρίου“ bei.[1] Auch würde, so weit ich sehe, Mommsens Theorie eine lokale Kluft für Italien in die Befugnisse des Kaisers hinein bringen, die sich durch Nichts überbrücken liesse. Innerhalb der Stadt war es der dominirende Einfluss auf alles, was geschah, namentlich auch die Verfügung über die Geldmittel des Staates, — ausserhalb der Stadt war es die unbeschränkte militärische Autorität: mit Recht sagt Dio 50, 16, dass der Prinzipat auf Geld und Soldaten gegründet sei. Aber so sehr auch immer die militärische Macht in's Gewicht fiel, so zeigt doch schon der Name an, dass nicht der Imperator, sondern der Prinzeps den Staat leitete. Die bürgerliche Stellung innerhalb des Pomerium war das eigentlich Entscheidende, nicht die militärische ausserhalb desselben, die auch jetzt nur ausführte, was die in Rom regierende Autorität ihr vorschrieb. Der Prinzipat ist nicht mit dem Heerbefehl identisch gewesen und der Heerbefehl hat somit nicht ausgereicht, den Prinzipat zu constituiren. Wer wie Pescennius Niger nur den Heerbefehl hatte, der war immer nur Imperator, und es war fraglich genug, ob er die Stellung des Prinzeps sich verschaffen konnte; dass aber diese allein entscheidend war, zeigt sich deutlich in dem Umstande, dass die Kaiser nach ihrer tribunicia potestas, d. h. nach ihrer bürgerlichen Stellung ihre Regierung zählten.[2] — Das alte Jus pomerii hat dem Prinzipat die Richtung und den Namen gegeben.

---

[1] Mommsen 2, 753 spricht im Text von „ausserhalb Italien“, in Note 4 von „nicht in Rom“. Vgl. Tacitus, Ann. 12, 41, wo Nero ebenfalls das imperium proconsulare extra urbem erhält.

[2] Mommsen, Staatsrecht 2, 772.

Die Kaiser erhielten ihre Stellung anfangs durch vereinzelte Acte, aus denen später ein einziger wurde, so dass gleich nach der Wahl dem Kaiser alle Befugnisse und Ehren auf einmal gegeben wurden. Von dem Act, durch welchen im Jahre 69/70 n. Chr. der Prinzipat Vespasian übertragen wurde, ist uns bekanntlich ein Fragment erhalten, dasselbe nennt sich „lex“ und wird ziemlich allgemein als ein Beispiel dafür angesehen, wie vorher und nachher der Prinzipat, wenn auch mit Abweichungen in den Einzelheiten, übertragen wurde. Auch Augustus beruft sich, wie wir früher sahen, im Monumentum Ancyranum darauf, dass ihm seine Stellung durch eine „lex“ gegeben sei. Gajus 1, 5 sagt: „cum ipse imperator per legem imperium accipiat“, die l. 3 C. de testam. 6, 23 spricht desgleichen von einer „lex imperii“; in einigen Stellen endlich wird dieselbe „lex“ mit dem Zusatz „regia“ erwähnt.[1] Schon Ernesti[2] und Niebuhr[3] haben die Ansicht ausgesprochen, dass diese lex de imperio nichts andres sei als die alte lex regia, an welche die Kaiser ihr Imperium historisch anzuknüpfen suchten. Mommsen[4] hat sich jetzt hiergegen erklärt. Das Imperium sei nicht durch eine „lex“ verliehen worden, daher könne sich der Ausdruck nur auf dasjenige Gesetz beziehen, durch welches dem Kaiser die tribunicia potestas verliehen wurde. Die Competenzbestimmung dieser Gewalt sei die geeignete Stelle gewesen, um die Rechtskraft der kaiserlichen Verfügungen zu formuliren. Wenn Gajus von der lex

---

[1] Ulpian in l. D. de const. princ. 1, 4. l. 1, § 7. C. de vet. jure enucl. 1, 17. § 6. I. de jure nat. 1, 2.

[2] 2. Excurs zu Tacit. 2 p. 865.

[3] Röm. Geschichte [3] 1, 381.

[4] Staatsrecht 2, 840.

spreche, welche das Imperium übertrage, so erkläre sich dies daraus, dass zu seiner Zeit schon mit dem Worte Imperium nicht mehr blos die militärische, sondern die Kaiser-Gewalt bezeichnet sei. Den spätern Ausdruck „lex regia" müsse man auf byzantinische Einflüsse zurückführen; auch bei Ulpian habe entweder eine byzantinische Interpolation stattgefunden, oder er habe mehr als Syrer denn als Römer geschrieben. In der Königszeit sei die lex curiata allerdings eine lex regia gewesen, die das Imperium zwar nicht gab, aber bestätigte; dieser Name möge für die Kaiserzeit eingewirkt haben, aber wenn dies der Fall gewesen, so könne man darin nur eine byzantinische Confusion erkennen.

In welchem Zusammenhang die Rechtskraft kaiserlicher Verfügungen mit der tribunicia potestas steht, vermag ich nicht zu erkennen; ich glaube jene Rechtskraft hat sich langsam aus den factischen Verhältnissen zugleich mit dem „legibus solutus" zu einem Rechtssatz entwickelt und ist zu keiner Zeit dem Kaiser ausdrücklich formulirt übertragen worden. Aber wäre dem auch anders, so sehe ich nicht ein, was sie besonders zu dem wesentlich negativen Institut der tribunicia potestas hätte hindrängen sollen. — Der eigentliche Grund, durch den Mommsen sich zu seiner Ansicht bestimmen lässt, ist der, dass das Imperium nicht durch eine „lex" übertragen worden sei und daher der später gewöhnliche Ausdruck „lex imperii" einen andern Sinn haben müsse.

Nach Allem, was wir über die lex curiata ermittelt haben, kann aber, so viel ich sehe, nicht wohl ein Zweifel daran sein, dass wir in dieser „lex imperii" die alte lex curiata de imperio vor uns haben. Die Bindeglieder zwischen beiden sind freilich nicht historisch beglaubigt, aber ich denke, wir dürfen folgende Hypothese als wahrscheinlich ansehen.

Der Senat konnte in republikanischer Zeit das Imperium an Private verleihen, wir wissen, er gab es so dem Augustus, er übertrug ihm das Imperium pro praetore eo jure quo qui optimo. Man hätte an diesem Wege den Prinzipes gegenüber festhalten können, waren sie doch in Wahrheit Private. Aber der Weg trug den Charakter des Surrogats, man erklärte durch ihn, dass der Beliehene Andern, die ein Imperium lege curiata hatten, nicht wirklich an Recht und Würden gleich sei, nicht einmal gleich geachtet werden solle. Das stand mit den thatsächlichen Verhältnissen unbeschränkter Unterwürfigkeit nicht im Einklang; man konnte den Prinzeps nicht daran erinnern, dass es etwas höheres gab, was er auch genau genommen, nicht erreichen konnte, da es nur dem römischen Magistrat zugängig war. Man gab ihm den höchsten Oberbefehl, ausschliesslich, für Lebenszeit, unabhängig vom Betreten des Pomerium, es war nicht möglich, daneben irgend welche Vorrechte für denjenigen aufrecht zu erhalten, der als Magistrat zum Oberbefehl kam, zumal er dem princeps imperator militärisch nachstehen sollte. Ausserdem war der Kaiser zugleich pontifex maximus, er allein war als solcher berufen, das Erforderniss der alten Scheincurien zu fordern oder zu ignoriren, er nahm überall, was er haben wollte, Niemand hätte ihm sagen dürfen, dass er nur durch eine lex curiata zu Auspizien kommen könne. Das hat dazu geführt, dass jene comitia curiata, die schon zu Ciceros Zeit nur „auspiciorum causa“ bestanden, jene Förmlichkeit der dreissig Lictoren wegfiel. Der

Kaiser sollte das Imperium nicht mehr, wie früher ein republikanischer Consul, mit dem Auspicium zum sofortigen Auszug in den Krieg erhalten: er wollte es als bleibende Eigenschaft lebenslänglich haben, auch wenn er keinen andern Gebrauch davon machte, als von Rom aus seine Befehle an die Armeen zu schicken; insofern bedurfte er des alten Auspizium überhaupt nicht. Aber der Beschluss, welcher dem Prinzeps das Imperium übertrug, musste das Beste bieten, was der Senat zu bieten hatte, man gab dem Prinzeps Alles, was man einem Magistrat hätte geben können, man übertrug ihm privato das Imperium, aber man nannte diesen Beschluss mit dem Namen der lex curiata, und da die Scheinrepräsentation der Curien in Abbrauch kam, verlor sich auch der Beisatz „curiata", es blieb nur die „lex", die man in den Händen des Senats liess, ohne sich darüber zu beunruhigen, dass der Senat eine „lex" im eigentlichen Sinn gar nicht erlassen konnte. Hatte doch schon in republikanischer Zeit der Senat den eigentlichen Inhalt der lex curiata erledigt und oft genug im Namen des Volkes gesprochen, ohne dass dieses auch nur gehört wäre.[1]

Die Kaiserwahl ist nichts als der Rest der alten lex curiata de imperio. Der Senat gab dem Prinzeps wie in Zeiten der Republik das Imperium und stattete ihn mit den einzelnen Attributen aus, unter denen die tribunicia potestas obenan steht. Dies ist der Abschluss des Entwicklungsganges der lex curiata. Derselbe steht mit den klassischen Schriftstellern in Einklang,[2] die

---

[1] Livius 5, 20, 4. 5, 35, 5. 31, 5, 4. 44, 15, 1. 45, 13, 7.—42, 8.

[2] Tacitus, Hist. 1, 47. 4, 3. 4, 6.

stets nur vom Senat berichten, nirgends von einem Volksschluss, den man überhaupt nur dem vorgefundenen Wort „lex“ zu Liebe angenommen hat. Sobald wir in dem Senatsbeschluss über das Imperium die alte lex curiata erkennen, dann bietet es keine Schwierigkeiten, dass Augustus behauptet, die ihm vom Senat übertragene tribunicia potestas durch eine „lex“ zu haben, — dass Dio 53, 52 die Senatsbeschlüsse über Imperium und tribunicia potestas als den Keim des „νόμος“ bezeichnet, durch welchen die spätern Kaiser ihre Macht erhielten, — dass die lex imperii Vespasians in den Formen eines Senatusconsultum abgefasst ist,[1] — dass unsre Juristen von einer „lex“ sprechen, durch welche die Kaiser ihr Imperium erhalten. Und wenn endlich, als das Herz der Römer nicht mehr höher schlug, sobald sie von „rex“ und „regnum“ sprechen hörten, wenn man dann sich auch nicht mehr scheute, jenen Senatsbeschluss, den Rest der alten lex curiata regis, als „lex regia“ zu bezeichnen, so glaube ich nicht, dass wir eine byzantinische Confusion anzunehmen brauchen, um das zu erklären. Man übersprang mit vollem Bewustsein die republikanischen Zeiten und knüpfte an das alte Königthum an, dessen Machtstellung die Kaiser nur unter anderm Namen und aus andrer Quelle in Händen hielten. Justinians Worte in l. 1, § 7 C. de vet. jur. enucl. 1, 17 zeigen das ganz deutlich.[2]

---

[1] Haubold, Monum. legalia 221 ff. nennt es einfach „Senatusconsultum“. Mommsen 2, 842.

[2] „lege antiqua, quae regia nuncupabatur.“

§ 15.

Wir sind am Ziel. Seit die Macht des römischen Staates in einer Hand vereint war, hatte das Jus pomerii seine eigentliche Bedeutung verloren. Lange Jahrhunderte hindurch hatte man zuerst mit sakralen, dann mit rechtlichen Gründen Gesetz und Waffen getrennt, das Haupt des Staates vor physischer Gewalt geschützt, die Macht unter die Leitung der Weisheit gebeugt, — ein achtunggebietendes Zeichen politischer Energie und sittlichen Ernstes. Jetzt lag der stolze Bau in Trümmern; wiederum wie zur alten Königszeit hing es von dem Erwägen eines Einzelnen ab, wieweit bürgerliche Freiheit bestehen sollte, nur war jetzt die sakrale Garantie aus der Welt verschwunden.

Aber wie es nicht selten geschieht, dass beim Absterben die kleinen Aeusserlichkeiten deutlicher hervortreten und vom Machthaber das am meisten ausgezeichnet, was am wenigsten geachtet wird, so ist das auch hier der Fall gewesen: seit das Jus pomerii seine praktische Bedeutung eingebüsst hatte, begannen die Kaiser mit Eifer das Pomerium selbst zu vergrössern, als ob die lokale Ausdehnung den Mangel an Gehalt ersetzen könne. In zahlreichen Fällen wird uns jetzt von einem proferre, promovere, augere, ampliare pomerium berichtet, als ob die Prinzipes es als eine ihrer ersten Aufgaben angesehen hätten, die Wehr des freien Bürgerthums zu stärken und den Unsterblichen durch Vergrösserung des Templum ehrenden Dank darzubringen. Aber die Schriftsteller befinden sich mit ihren Angaben häufig in so entschiedenem Widerspruch, dass es kaum möglich ist, sich über die einzelnen Fälle eine bestimmte Ansicht zu bilden. Wir wollen dieselben prüfen, um das Bild abzuschliessen.

Von Cäsar berichten Dio [1] und Gellius, [2] dass er Sullas Beispiel folgend, das Pomerium vorgeschoben habe; Tacitus [3] dagegen erklärt, nur Sulla und Augustus hätten es gethan, und Seneca [4] stimmt damit insofern überein, als er Sulla als den letzten bezeichnet, der das Pomerium vorgeschoben habe. Man nimmt meistens an, dass die letztere Ansicht die richtige sei. [5] Cäsar trug sich bekanntlich mit dem Plan, das Marsfeld zu städtischen Bauplätzen zu verwenden und Jordan [6] meint, dies sei im Sinn spätrer Vorgänge als Erweiterung des Pomerium erklärt worden; [7] das scheint mir nicht möglich, weil es einerseits an spätern Vorgängen in dieser Richtung gebricht und weil es andrerseits nach Cicero [8] nicht wohl zweifelhaft sein kann, dass Cäsar seine Pläne mittelst einer „lex“ durchzuführen beabsichtigte, was mit dem jus proferendi pomerii sich nicht vereinigen liesse. Der Widerspruch der Schriftsteller lässt sich m. Er. nicht beseitigen.

Nicht günstiger ist das Ergebniss hinsichtlich der von Augustus angeblich vollzogenen Vorschiebung. Tacitus l. c., Dio 55, 6 und Vopiscus, Aurelian 21 melden sie, aber da das Monumentum Ancyranum schweigt,

---

[1] 43, 50. 44, 49. *πωμήριον ἐπὶ πλεῖον ἐπεξήγαγε.*

[2] 13, 4, 4.

[3] Annal. 12, 23.

[4] de brevitate vitae. Dialog. 10, 13, 8.

[5] Mommsen 2, 717, 1.

[6] Topogr. 1, 299.

[7] 321, 20 meint Jordan, man habe Cäsars Erweiterung nicht als rechtsgültig gelten lassen (?). Drumann 3, 645 spricht davon, dass Cäsar ermächtigt worden.

[8] ad Att. 13, 33, 4.

so nimmt man h. z. T. an, dass jene Schriftsteller im Irrthum seien und vielleicht des Augustus Regionen-Eintheilung [1] oder eine Termination des Pomerium [2] damit verwechselten.

Vopiscus, Aurelian 21, nennt ohne weitere Unterstützung Nero und Trajan. — Sichere Nachrichten haben wir dagegen über Claudius.[3] Gellius meldet, gestützt auf die Autorität des Grammatiker Elys, dass dieser Kaiser das Pomerium um den Aventin gelegt habe, und drei erhaltene Cippi sagen „Pomerium ampliavit terminavitque.“[4] Vespasian erhielt in seiner lex de imperio daher die Clausel „utique ei fines Pomerii proferre promovere, cum ex republica censebit esse, liceat, ita uti licuit Ti. Claudio Caesari Aug. Germanico“,[5] dem Princeps legibus solutus wird die voraussetzungslose Vorschiebung des Pomerium noch ausdrücklich gestattet. Ein zwischen Monte Testaccio und Porta Paolo gefundener Cippus sagt, dass Vespasian und Titus „Pomerium ampliaverunt terminaveruntque“.[6] — Von Hadrian endlich wissen wir durch einen Stein, dass er „terminos pomerii restituendos curavit,“[7] er schob das Pomerium also nicht vor.

Unter diesen Massregeln hebt sich die des Kaisers

---

[1] Jordan 1, 323. Henzen, Bulletino 1857 nimmt dagegen an, dass Augustus das Pomerium vorschob.

[2] Mommsen, 2, 1024.

[3] Tacitus, Ann. 12, 23. Gellius 13, 14, 7. Henzen, Bulletino 1857, S. 14 hält es freilich nicht für sichere Auskunft.

[4] C. I. L. 6, 1, 1231. Jordan 1, 326

[5] Puchta, Instit. [4] 1, 381 versteht dies von Augustus, Tiberius und Claudius. So auch Padelletti, röm. Rechtsgesch. (Holtzendorff). S. 209.

[6] C. I. L. 6, 1, 1232. Jordan 1, 325.

[7] C. I. L. 6, 1, 1233.

Claudius durch bestimmt erkennbaren Inhalt heraus: er legte das Pomerium um den Aventin. Jordan[1] meint, dass die Figur dieses neuen, von der Mauer losgerissenen Pomerium sich auffallend der quadratischen Form nähere und es daher einleuchte, dass der Kaiser das Stadttemplum habe wieder herstellen wollen und dazu durch den auguralen Satz von der Untrennbarkeit der Mauer und des Pomerium bewogen sei. Für diese Sätze, die unter sich im Widerspruch stehen, finde ich keinen Anhalt. Ich glaube der Kaiser fand das weltliche, militärische Pomerium rings um Roms Mauern, also auch um den Aventin herum, vor (wenn anders wir Livius und Varro folgen wollen), und seiner pedantischen Grübelei war es peinlich, das alte sakrale Pomerium den Aventin ausschliessen zu sehen, daher legte er das sakrale Pomerium zu dem weltlichen. Die Inschrift der Steine aber deutet an, dass er dabei zugleich über die Grenze des weltlichen Pomerium um Etwas hinausging, da er sonst für seine Massregel kaum den Ausdruck „ampliare“ gebraucht haben würde.

Alle übrigen Vorschiebungen werden mit denselben oder ähnlichen Ausdrücken bezeichnet, welche Ausdrücke aber durch die lex imperii Vespasiani dem „proferre promovere“ augenscheinlich gleichgestellt werden. Die einzelnen Prinzipes schaffen nicht neue Pomerien, sondern sie vergrössern um mehr oder minder grosse Stücke das bisherige Pomerium. Das ist nicht ohne Wichtigkeit, denn daraus könnte es sich erklären, dass uns wohl überliefert ist, dass Jeder das Recht habe, das Pomerium vorzuschieben, der dem römischen Staat

[1] Topographie 1, 285. 333. 324.

„ager Italicus" hinzugefügt habe,[1] und dass es doch an Nachrichten aus früherer Zeit über solches „proferre" völlig gebricht und wir nur von Servius und Sulla hören, deren Massregeln sich durch Ausdehnung auszeichneten. Es könnte durch die Zeiten der Republik hindurch ein im Einzelnen unbedeutendes „ampliare pomerium" erfolgt sein, welches erklären würde, dass wir die Ländereien am Capitolin schliesslich ganz in den Händen der Priesterschaft finden. Und so könnte auch für die Zeiten des Prinzipats verständlich werden, dass man dieses „ampliare" gelegentlich für so wenig wichtig hielt, dass man selbst es nicht der Mühe werth fand, dessen ausdrücklich zu gedenken.[2]

Auf jeden Fall beschränkten sich die Vergrösserungen der Prinzipes darauf, dem Pomerium der servianischen Mauer etwas hinzuzufügen. Da schon zu Livius Zeit von innen die Häuser an die Mauer stiessen, wir ausserdem früher sahen, dass an der innern Seite des Pomerium sich eine Vorschiebung nicht bewerkstelligen liess, so kann nicht wohl ein Zweifel sein, dass diese Vergrösserungen sich an die äussere Seite ansetzten, was ja auch die Fundorte der erhaltenen Steine bestätigen. Für die Binnentheoretiker, die das Zeugniss des Livius ihrer Theorie zu Liebe verwerfen, bietet dieser Stand der Dinge ein nur gewaltsam zu lösendes Problem. Jordan[3] nimmt an, Claudius habe das bis dahin hinter der Mauer befindliche Pomerium auf die

---

[1] Cicero, de rep. 2. 15. Gellius 13, 14, Seneca, de brev. vitae 13, 8.

[2] Das Schweigen des Monumentum Ancyranum liesse sich so erklären.

[3] Topographie 1, 323.

Aussenseite verlegt, das lässt sich aber mit der Nachricht nicht vereinigen, nach welcher Claudius das Pomerium nur um den Aventin legte. Mommsen [1] glaubt, das Pomerium sei jetzt lediglich als die ideale Grenzlinie der als mauerlos betrachteten Stadt angesehen worden und die Pomeriensteine zeigten ihre Bestimmung: die Häusergrenze zu bezeichnen, deutlich dadurch, dass sie mit der Schriftseite nach der Stadt zu aufgestellt waren. — Diese letzte Thatsache ist kaum als festgestellt anzusehen; die übrigen Behauptungen zeigen m. Er. nur, dass die realen Verhältnisse sich auf dem von Mommsen eingeschlagenen Wege nicht begreifen lassen. Nach Jordan, dem Mommsen in Sachen der Topographie folgt, zog sich das Pomerium der Kaiserzeit um die Aussenseite der Mauer dergestalt herum, dass es im Norden und Süden von der Mauer weiter abstand, dagegen im Osten die Mauer nicht oder um eine für die Messung gleichgültige Distanz überschritt. Welchen Sinn könnte es haben, durch eine solche, die Mauer begleitende Aussenlinie den Bürgern zu erklären, dass sie bis hierher bauen dürften? als ob sie bauen könnten! Jordan [2] legt die 1. 5. 7. 9. 14. Region der augusteischen Stadt ausserhalb der servianischen Mauer, sollen sie denn etwa zwischen der Mauer und der sie kaum, oder in mässigem Abstande überschreitenden Pomeriumlinie liegen? Nach dem Tiber zu ist das alte Pomerium zu keiner Zeit geändert worden, wie reimen sich die jenseits entstehenden Stadttheile mit der idealen Grenzlinie? Offenbar macht diese Lehre aus dem Pomerium

[1] Römische Forschungen 2, 41.

[2] Topographie 1, 317.

ein Bauverbot, so dass dem Wachsen der Stadt ein stetiges Vorschieben des Pomerium vorangehen müsste. Aber allgemein[1] ist es anerkannt, dass das kaiserliche Pomerium im Wesentlichen stabil war; überall stossen wir auf Widersprüche; die „ideale Grenzlinie der jetzt als mauerlos betrachteten Stadt“ zerfliesst vor den realen Verhältnissen in Nichts.

Richtiger Weise ist Rom in der Kaiserzeit nicht als mauerlos betrachtet worden, es behielt die servianische Mauer und um dieselbe zog sich das Pomerium wie zu Livius Zeiten als ein Streifen, der den äussern Anbau und Landbau hinderte und dem die einzelnen Prinzipes gelegentlich Stücke hinzufügten. Die Wohnhäuser aber wuchsen in jeder Richtung weit über dieses Pomerium hinaus, und als schliesslich die Angriffe der Barbaren drohten, da musste man ernstlich daran denken, diese offenen Vorstädte ebenfalls zu schützen. Das hat dazu geführt, dass Aurelian zu seinem neuen Mauerbau schritt, der, so weit möglich,[2] Alles umfasste, was damals bereits bebaut war. Diese neue Mauer baute der Kaiser sicher nach den allgemeinen Grundsätzen der Fortifikation, aber er baute sie nicht mit einem „Pomerium“, weil das Jus pomerii seine Bedeutung völlig eingebüsst hatte, so dass Niemand mehr an Privilegien der Stadt dachte. — Aber das alte Pomerium längs der servianischen Mauer bestand auch zu dieser Zeit noch, es überlebte das Jus pomerii. Vo-

---

[1] Nur Bremer, zur Geschichte des Handelsrechts in der Strassburger Festgabe zu Thöls Jubilaeum S. 62 erblickt in den wiederholten Erweiterungen des Pomerium den Beweis reissender Zunahme der früher ferngehaltenen Bevölkerung.

[2] Jordan, Topographie I, 345.

piscus berichtet, dass Aurelian nach seinem Mauerbau auch das Pomerium vergrösserte. Aufs Neue war es, wie zur Zeit des Servius, ein sakraler Streifen zwischen den Siedelungen der Menschen, die Grenze bildend der eigentlichen Urbs Roma, deren Entfernungen bekanntlich auch nach dem Aurelianischen Mauerbau von den alten Thoren aus bemessen wurden, — in weitem Umkreis wiederum umgeben von weltlicher Befestigung. — Und auf's Neue konnte das Pomerium sich unter diesen Umständen nicht halten. Die neue Mauer nahm der alten Befestigung offenbar den militärischen Werth; hatten sich von Innen schon seit Jahrhunderten die Häuser hinan gedrängt, so schoben sich jetzt von Aussen Garten und Haus mit stiller Geschäftigkeit hinauf,[1] bis schliesslich das Christenthum die Rolle übernahm, die Sulla gegen das servianische Pomerium führte, indem es den heidnischen Prozessionen ein Ende machte.

So verschwand das Pomerium Roms. Aber zahlreiche andre Städte waren ebenfalls ritu Etrusco gegründet, ohne dass bei ihnen fürstliche Erweiterung oder Hinauswachsen der Bevölkerung in Frage kam. Solche Städte behielten daher ihr ursprüngliches Pomerium. Daraus erklärt sich, dass im Jahre 400 die l. 5 C. Theod. de locatione fundor. 10, 3 von den städtischen Ländereien spricht, die sich ausserhalb der Mauer an das Pomerium anschliessen.[2] Das ist ein correctes, classisches Zeugniss, was auch immer Mommsen sagen mag, der da glaubt,[3] dass der Concipient dieser Verordnung

[1] Wie Nissen uns das so anschaulich für Pompeji dargelegt hat.

[2] „loca, quae aut includuntur moenibus civitatum, aut pomeriis sunt connexa."

[3] Röm. Forsch. 2, 26, 12.

unter dem Einfluss des Livius'schen Irrthums stehe und mit löblichem Schülerfleiss das im praktischen Gebrauch damals verschollene Wort verwende. Ich wüsste nicht, welch' besseres Zeugniss für den praktischen Gebrauch eines Wortes man begehren könnte, als dass die Gesetzgebung dasselbe verwendet. Zudem, wie lange war es denn damals her, dass Macrobius in seinen Saturnalien[1] das Wort durchaus richtig gebrauchte? — Auch die Landmesser wussten recht gut, was ein Pomerium sei; hatten sie auch vielleicht nicht selbst mehr Hand anzulegen bei neuer Gründung, so musste sich bei ihnen doch die Kenntniss erhalten, deren sie nicht selten bei Rechtsstreitigkeiten als Sachverständige bedurften. So schreibt Frontin (Lachmann S. 17):

„De jure territorii controversia est de his, quae ad ipsam urbem pertinent, sive quod intra pomerium ejus urbis erit, quod a privatis operibus obtineri non oportebit", und Aggenius stimmt damit überein, indem er sagt: „De jure territorii controversia est, cum quidam privatorum aut pomerium ejus urbis privatis operibus inverecunde vult pervadere". Erklärend fügt dieser „ganz schlechte, jeder Anschauung baare Commentator"[2] hinzu: „Pomerium autem urbis est, quod ante muros spacium sub certa mensura demensum est. Sed et aliquibus urbibus et intra muros simili modo est statutum propter custodiam fundamentorum". Die meisten Städte also haben zu seiner Zeit innen kein Pomerium; sie

---

[1] 1, 7, 15 „fana eorum extra pomerium locaverunt", 1, 9, 6 „vias quae intra pomeria sunt ἀγυιάς appellant."

[2] Mommsen, röm. Forsch. 2, 26, 12. Trekell, Ant. Rom. 1, 2, 10 nennt ihn omni exceptione major; et ob perspicuitatem omnem excludunt cavillationem. Nissen, pomp. Studien S. 471.

haben aussen vor der Mauer ein Vorland, welches regelmässig Gemeindegut ist und nur ausnahmsweise sich in den Händen von Privaten befindet, wie liber coloniarum S. 239 sagt: „Carsolis usque ad muros privati possident“. Das ist in wenig Strichen eine Skizze der ganzen Lehre: die Mauer wird je nach den örtlichen Verhältnissen hier oder dort auf das für sie ausgemessene Pomerium gebaut und ob sie nachher innen oder aussen ein freies Pomerium hat, das lässt sich a priori nicht bestimmen; es könnte, wie Livius von Rom berichtet, innen überbaut sein, — es könnte, wie wir hier von Carseoli hören, der Privatbesitz aussen bis an die Mauer hinangehen.

Aber während so Gesetz und Technik den alten Sinn festhielten, ging die Sprache des täglichen Lebens ihren eigenen abweichenden Gang. In übertragener Rede gebrauchte schon Valerius Maximus das Wort zur Bezeichnung der Stadt selbst,[1] und Varro verwendete es im Sinne der unübersteiglichen Grenze; er schreibt de re rust. 1, 2, 13: „qui minore pomerio finierunt, exclusis partibus, quae non pertinent ad hanc rem“. Derselbe Sinn kehrt wieder bei Macrobius, Saturnal. 1, 24, 12: „Ita sibi belli isti homines certos scientiae fines et velut quaedam pomeria et effata posuerunt“. So spricht Pacatus[2] davon, dass in alter Zeit auch hochstehenden Römern Arbeit durch die engen Verhältnisse aufgezwungen sei „ut quibus ipsis suburbani horti praecepsque Janiculum et jugera artata pomerio vomere

[1] 2, 9, 4: vix enim credibile est, intra idem pomerium decem pondo argenti et invidiosum fuisse censum, et inopiam haberi contemptissimam.

[2] Pan. Theodosio cap. 9 (Baehrens 12 paneg. S. 279).

essent .... versanda".[1] Aehnlich verwendet Mamertinus[2] das Wort für „Gebiet". — Die Vulgärsprache aber trieb noch weiter seitab. Für sie lag das Pomerium ausserhalb der Stadt, vor der Stadt, und gar bald bildete sich daraus die Vorstadt. Schon Florus sagt 1, 9: das Volk sei nach Vertreibung der Könige zwar frei geworden, aber von Feinden auf allen Seiten, umgeben gewesen, „cui patrii soli glaeba nulla set statim hostile pomerium mediusque inter Latium atque Etruscos quasi in quodam bivio conlocatus omnibus portis in hostem incurreret"; er könnte noch den richtigen Sinn gehabt haben, aber wer aus ihm schöpfte, lief jedenfalls Gefahr, sich unter Pomerium das Rom umgebende Aussenland vorzustellen. Zu Papinians Zeit hatte sich der Sprachgebrauch „Vorstadt" bereits fest gebildet; in l. 5 D. de serv. export. 18, 7 heisst es:

„Cui pacto venditoris pomerio cujuslibet civitatis interdictum est, urbe etiam interdictum esse videtur. [Quod quidem alias quum Principum mandatis praeciperetur, etiam naturalem habet intellectum,] ne scilicet, qui careret minoribus, fruatur majoribus".

Mommsen, röm. Forsch. 2, 28, 13, hat diese Stelle bereits abgedruckt und richtig bemerkt, dass nach Papinian Urbs und Pomerium sich wie Stadt und Vorstadt verhalte, was Mommsen als ein unverständliches Factum hinzunehmen scheint. Die eigentliche Bedeu-

---

[1] Rodbertus, Hildebrand Jahrbücher 1874, 2, S. 47 hat aus dieser Stelle irriger Weise entnommen, dass der Janiculus im Pomerium gewesen sei.

[2] Pan. Maximiano cap. 13: sit licet nunc tuum tanto majus imperium, quanto latius est vetere pomerio quicquid homines colunt.

tung dieser Stelle jedoch ist Mommsen entgangen, wie sich darin zeigt, dass er sie mit Weglassung der von mir eingeklammerten Worte abdruckt, obgleich grade diese für den Sinn von hervorragender Bedeutung sind. Papinian interpretirt eine Vertragsbestimmung, durch welche dem Sclaven der Aufenthalt im Pomerium der Stadt untersagt wird. Dies involvirt nach seiner Auslegung auch die Stadt selbst, weil es nicht Absicht des Verkäufers sein könne, dem Sclaven das plus: die Stadt frei zu geben, das minus: das Pomerium zu untersagen. Hätte ein kaiserliches Mandat vom Pomerium gesprochen, dann läge die Sache anders; aber Pomerium „etiam naturalem habet intellectum". Die Vulgärsprache ist hier der Sprache des Gesetzgebers schlagend gegenüber gestellt, der „naturalis intellectus" des Pomerium ist „Vorstadt" geworden. Dass aber Justinian diese Stelle unverändert aufnahm, zeigt unwiderleglich, dass noch im 6. Jahrhundert dieser naturalis intellectus einem technischen Gebrauch gegenübersteht.

Dadurch war denn jedweder Zusammenhang mit dem alten Institut zerrissen. Ohne Rücksicht auf ihre Gründungsart erhielten nunmehr die Städte [1] ein Pomerium oder mehrere Pomeria, und wenn sie auch ein altetruskisches Pomerium besassen oder besessen hatten, so dachte doch Niemand an dasselbe, wenn man jetzt im täglichen Leben von Pomerium sprach. Das spiegelt sich deutlich darin wieder, dass Apollinaris Sidonius 1, 4, auf Rom zureisend, die Peterskirche erreicht: „priusquam vel pomoeria [2] contingerem."

---

[1] Papinian l. c. „cujuslibet civitatis".

[2] Baret liest pomaeria, das ist wohl nur Druckfehler.

Diese Bedeutung als Vorstadt hat sich dann lange im Mittelalter erhalten: Accursius in der Glosse zur l. 5 cit. sagt zu „pomerio“ „suburbiis et hortis circa civitatem positis“. Die Grammatiker aber, die von der klassischen Literatur aus auf das Wort zukamen, geriethen auf wunderliche Vorstellungen. Suidas[1] glaubt, es sei „*τὸ τοῦ τείχους εἰκόνισμα.*“ Für Tzetzes[2] ist es ein Raum zwischen Graben und Mauer und zwischen Mauer und Häusern. Das mag sich aus Befestigungen erklären, die Tzetzes vor Augen hatte, bei denen Mauer und Graben nicht nebeneinander[3] lagen, für die uns bekannten Verhältnisse ist es nicht brauchbar. — Den Meisten aber spielt der „Apfel“ einen schelmischen Streich: Pomoerium, Pomerium, Pomarium läuft ihnen in und durcheinander und aus dem alten sakralen Institut wird so ein Obstgarten,[4] ein Park,[5] oder ein freier Platz,[6] auch wohl ein Baumgarten.[7] — Nur ver-

---

[1] ed. Gaisford 3065. Küster sagt schon: est interpretatio obscura vel potius inepta. Vgl. Dahler in Stephanus 1, 1, 447 (Londini 1816).

[2] Allegor. Iliadis 8, 86: *Οἱ Ἕλληνες δὲ φεύγοντες ἐπλήρωσαν τὸν τόπον ὅσος ὑπῆρχεν ἐξ αὐτῆς τῆς τάφρου πρὸς τὸ τεῖχος, ἔνδον ἀπὸ τον τείχους τε πάλιν ὡς πρὸς τὰ πλοῖα, ὃ λέγεται πωμήριον κατα Λατίνων γλῶσσαν.* So auch die Scholien bei Cramer, Ined. Oxon. 3, 383: *πωμήριον λέγεται τὸ ἀπὸ τῆς τάφρου μέχρι τοῦ τείχους διάστημα καὶ τὸ ἐντὸς ἀπὸ τοῦ τείχους μέχρι τῶν οἰκιῶν.*

[3] Mommsen, röm. Forsch. 2. 26, 11 sagt irriger Weise, dass Rodbertus das ursprüngliche Pomerium zwischen Mauer und Graben lege.

[4] Jacobus de Vitriaco, Gesta Dei per Francos (Bongars) S. 1129 sagt von Cairo: „Circa hanc civitatem sunt optima pomeria et viridaria multa.“

[5] Ao. 1139 Miraeus, Cod. donat. piar. c. 94 „videlicet totum pomoerium cum quatuor mansionibus ei adjacentibus“.

[6] Ao. 1340 Hontheim, Hist. Trev. 2, p. 144 „Area quae vulgariter pomerium dicitur“.

[7] Vgl. Haltaus v. Baumgarten: „pomarium s. ut olim fere

einzelt treffen wir auf den Versuch, diese Begriffe zu sondern, wie dies z. B. die Cyrillsche Glosse [1] thut, welche pomerium als „ὁ ἐντὸς ἢ ἐκτὸς τείχους κῆπος, παράδεισος“, pomoerium als „ὁ περὶ τὸ τεῖχος τόνος (τόπος), περὶ τὸ τεῖχος“ erklärt. Aber selbst durch dieses Bestreben scheint die Vermengung in Gestalt der Mauer hindurch, und so können wir uns nicht wundern, wenn wir schliesslich im 17. Jahrhundert mit offenbarem Anklang an Varro dahin belehrt werden, dass Pomarium, Pomerium und Postmurium dasselbe sei, weil — man Obstbäume gern post muros ziehe. Die Tesca des alten Stadttemplum ist zum Obstspalier geworden!

---

scribebatur pomerium locus habendis judiciis et conventibus destinatus et aptus ob ramorum umbracula“. Daher auch für Gerichtsstätte; „Jemand uppe den Bomgarden verklagen“. So giebt Guill. Briton, vocab. latin-français (Remarques sur le Patois, Douai 1851) Pomerium mit „gardins“ wieder; du Cange hat ein ausführlicheres Mscr. gesehen, er citirt: ubi poma ponuntur: pomarium, ubi nascuntur : pomerium.

[1] Die Zeit dieser Glosse ist streitig; einige legen sie dem Cyrill von Alexandrien (444) bei, andere setzen sie in das 13. Jahrh., ich glaube nicht, dass man im 5. Jahrhundert diese Vermengung machte. Nissen, pompej. Studien 471, 488 hat diese Glosse citirt nach der Ausgabe von Labbaeus Paris 1679 S. 140. Mommsen, röm. Forsch. 2, 26, 12 citirt: p. 578 Steph. und 551. Karlowa 1, 61, 1 citirt auch p. 551 Steph. Es ist mir nicht gelungen dies Citat zu finden. Ich citire Stephanus, London 1816 ff., 1, 2, S. 298. Weder Mommsen noch Nissen noch Karlowa ist darauf aufmerksam geworden, dass diese Glosse nicht zwei Erklärungen desselben Wortes, sondern eine Erklärung von zwei Wörtern giebt.

[2] Lexicon (nach 1623) in A. Mai, Classici autores, vol. 8, p. 458 v. Pomum . . . . locus ubi poma crescunt, quod hoc pomarium et hoc pomerium dicitur. Invenimus etiam hoc postmurium . . . quasi post muros positum eo quod virgulta solent esse post muros.

FSC
www.fsc.org
MIX
Papier | Fördert gute Waldnutzung
FSC® C083411

Kolibri 360 GmbH
Ferdinand-Jühlke-Straße 7
99095 Erfurt, Deutschland
produktsicherheit@kolibri360.de